营业税改征增值税
账务处理与纳税操作指南

（第三版）

赵 静 编著

人 民 邮 电 出 版 社
北 京

图书在版编目（CIP）数据

营业税改征增值税账务处理与纳税操作指南 / 赵静编著. -- 3版. -- 北京 : 人民邮电出版社, 2016.5 （2016.11 重印）
ISBN 978-7-115-42399-3

Ⅰ. ①营… Ⅱ. ①赵… Ⅲ. ①增值税－税收会计－基本知识－中国 Ⅳ. ①F812.42

中国版本图书馆CIP数据核字(2016)第095823号

内容提要

本书围绕我国当前正在全面积极推行的营业税改征增值税改革，从增值税和营业税的基本特点出发，在详细介绍本次税改宗旨的基础上，具体诠释了营业税改征增值税实施办法，并对税改后一般纳税人和小规模纳税人的会计处理与纳税申报、简易计税、销售额差额扣除与特殊事项的会计处理、零税率应税服务等多方面内容进行了具体介绍，为涉及营改增的企业提供了全程操作指导。

本书适合企业各级财会人员和管理者使用，同时也适合高校相关专业师生阅读参考。

◆ 编　　著　赵　静
　责任编辑　李宝琳
　责任印制　焦志炜
◆ 人民邮电出版社出版发行　　北京市丰台区成寿寺路 11 号
　邮编 100164　　电子邮件 315@ptpress.com.cn
　网址 http://www.ptpress.com.cn
　北京中石油彩色印刷有限责任公司印刷
◆ 开本：800×1000　1/16
　印张：18　　2016 年 5 月第 3 版
　字数：250 千字　　2016 年 11 月北京第 3 次印刷

定　价：45.00 元

读者服务热线：（010）81055656　印装质量热线：（010）81055316
反盗版热线：（010）81055315
广告经营许可证：京东工商广字第 8052 号

前　言

营业税改征增值税自2012年1月1日起在上海试点，税改涉及服务行业中的交通运输业和研发与技术服务、信息技术服务、文化创意服务、物流辅助服务、有形动产租赁服务、鉴证咨询服务6项部分现代服务业中的类型，故而此次营改增改革称为“1+6”模式。2012年年底在该模式基础上增加了服务行业中的广播影视服务，地域范围也扩大到全国十几个省区，并于2013年8月1日在全国范围内推广开来。2014年度又先后扩展增加了铁路运输业、邮政业和电信业。2016年3月23日，财政部、国家税务总局下发了《关于全面推开营业税改征增值税试点的通知》（财税【2016】36号），同时规定自2016年5月1日开始实施。该文件的出台标志着一场历经近五年的营业税改征增值税税制改革，从制度制定上来说算是划上了完美的句号。这一次营改增的全面推行，不仅地域范围为全国；而且从行业范围上讲，增加了建筑服务、销售不动产和无形资产、金融业、生活类服务业，也即2016年5月1日前尚未营改增的行业本次营改增全部包括在内，营业税在经历一段时间过渡后将彻底退出历史舞台。尽管国家税务总局、试点省市税务机关对此次税改做了大量的宣传和培训工作，但就试点企业会计处理来讲，内容讲解仍不够系统和全面，很多涉及该项改革的企业财务人员还存在不少困惑之处。为此，我们组织专家和实务工作者共同探讨、实地调研，修订编写了这本《营业税改征增值税账务处理与纳税操作指南（第三版）》，希望能给广大读者提供一些帮助。

全书共分七章二十二节，不仅全面诠释了《关于全面推开营业税改征增值税试点的通知》（财税【2016】36号），同时还详细介绍了试点纳税人申报表的填列、税款缴纳和账务处理方法，并通过实务提示的方法介绍了实际工作中的操作细节。本书重点在于介绍营业税改征增值税的会计处理实务，所以也可以作为营业税改征增值税税务会计参考用书。

本书适用于税改期间相关企业财务和税务工作人员、税务机关和培训组织以及企业税收筹划人员。

本书在编写过程中参考了大量书籍，在此向相关作者表示感谢，并向给予了很多帮助的税务机关工作人员、专家、企业表示感谢。

由于编写时间仓促以及编者能力有限，本书尚存在不足之处，在此恳请读者谅解，并欢迎广大读者提出宝贵意见和建议，以便以后修订再版。

目　录

第 1 章　营业税改征增值税概述

1.1 增值税概述

增值税是对在我国境内销售货物或者提供加工、修理修配劳务，以及进口货物的单位和个人，以其增值额为课税对象，采用税款抵扣办法征收的一种流转税。

1.1.1 增值税的征税范围

1.1.1.1 征税范围的基本规定

（1）销售货物；

（2）进口货物；

（3）提供加工、修理修配劳务。

货物是指有形动产，包括电力、热力、气体。

1.1.1.2 征税范围中的特殊项目

（1）货物期货在期货的实物交割环节纳税；

（2）银行销售金银的业务，应当征收增值税；

（3）典当业的死当销售业务、寄售业销售寄售物品业务，应当征收增值税；

（4）集邮商品的生产、调拨，以及邮政部门以外的其他单位和个人销售的，应当征收增值税；

（5）电力公司向发电企业收取的过网费，应当征收增值税。

1.1.1.3 征税范围中的特殊行为

（1）视同销售行为

单位或个体工商户的下列行为，视同销售货物，应当征收增值税：

①将货物交由他人代销；

②销售代销货物；

③设有两个以上机构并实行统一核算的纳税人，将货物从一个机构移送至另一个机构用于销售，但相关机构设在同一县（市）的除外；

④将自产或委托加工的货物用于非应税项目；

⑤将自产或委托加工的货物用于集体福利或个人消费；

⑥将自产、委托加工或购买的货物对其他单位投资；

⑦将自产、委托加工或购买的货物分配给股东或投资者；

⑧将自产、委托加工或购买的货物无偿赠送他人。

（2）混合销售行为

混合销售行为是指一项销售行为既涉及增值税应税货物，又涉及营业税应税劳务的行为。

对主营货物的生产、批发或零售的纳税人，其销售行为应全部视为销售货物征收增值税，而不征收营业税；对非主营货物的生产、批发或零售的其他纳税人，其销售行为应全部视为营业税应税劳务，而不征收增值税。

（3）兼营行为

①兼营不同税率的货物或者应税劳务

纳税人兼营不同税率的货物或者应税劳务，应当分别核算不同税率的货物或者应税劳务的销售额，分别计税。未分别核算销售额的，从高适用税率。

②兼营非应税项目

纳税人兼营非应税项目的，应分别核算货物或者应税劳务的销售额和非应税劳务的营业额。未分别核算的，由主管税务机关核定其销售额。

1.1.2 增值税的纳税人

在中华人民共和国境内销售货物或者提供加工、修理修配劳务以及进口货物的单位和个人，都是增值税的纳税义务人。《增值税暂行条例》将纳税人按其经营规模大小及会计核算健全与否划分为一般纳税人和小规模纳税人。

1.1.2.1 一般纳税人

生产货物或提供应税劳务的纳税人，或以生产货物或提供应税劳务为主，并兼营货物批发或零售的纳税人，年应税销售额在 50 万元以上的；从事货物批发或零售的纳税人，年应税销售额在 80 万元以上的，为增值税一般纳税人。

1.1.2.2 小规模纳税人

生产货物或提供应税劳务的纳税人，或以生产货物或提供应税劳务为主，并兼营货物批发或零售的纳税人，年应税销售额在50万元以下的；从事货物批发或零售的纳税人，年应税销售额在80万元以下的，为小规模纳税人。

1.1.3 增值税的税率

1.1.3.1 一般纳税人适用的税率

（1）基本税率

增值税一般纳税人销售货物或者进口货物、提供应税劳务，除适用低税率的货物外，一般适用17%的基本税率。

（2）低税率

增值税一般纳税人销售或者进口下列货物，适用13%的低税率：

①粮食、食用植物油、鲜奶；

②自来水、暖气、冷气、热水、煤气、石油液化气、天然气、沼气、居民用煤炭制品；

③图书、报纸、杂志；

④饲料、化肥、农药、农机、农膜；

⑤国务院规定的其他货物：农产品、音像制品、电子出版物、二甲醚。

（3）零税率

纳税人出口货物，税率为零；但是，国务院另有规定的除外。

1.1.3.2 小规模纳税人的征收率

小规模纳税人适用的征收率为3%。

除此之外，还应注意以下两种情况。

（1）纳税人兼营不同税率的货物或者应税劳务，应当分别核算不同税率货物或者应税劳务的销售额，未分别核算销售额的，从高适用税率。

（2）典当业销售的死当物品，寄售商店代销的寄售物品，按4%的征收率计算征收增值税。

1.1.4 增值税会计账户设置

为了准确反映增值税一般纳税人应纳增值税的计算与缴纳情况，按照规定，一般纳税人应在“应交税费”科目下设置“应交增值税”和“未交增值税”等二级明细科目，进行增值税会计核算。

（1）“应交税费——应交增值税”账户

“应交税费——应交增值税”明细账采用多栏式。在借方设置“进项税额”“已交税金”“减免税款”“出口抵减内销产品应纳税额”和“转出未交增值税”五个栏目；在贷方设置“销项税额”“出口退税”“进项税额转出”和“转出多交增值税”四个栏目。

各栏目核算内容如下。

①“进项税额”专栏，记录企业购入货物或接受应税劳务而支付的、准予从销项税额中抵扣的增值税额。购入货物或接受劳务支付的进项税额，用蓝字登记；退回所购货物应冲销的进项税额，用红字登记。

②“已交税金”专栏，核算企业当月应交而实际已缴纳的增值税额。

③“减免税款”专栏，反映企业按规定直接减免的增值税款。

④“出口抵减内销产品应纳税额”专栏，反映企业按规定的退税率计算的出口货物的进项税额抵减内销产品的应纳税额。

⑤“转出未交增值税”专栏，核算一般纳税企业月终转出应交未交的增值税。

⑥“销项税额”专栏，记录企业销售货物、提供应税劳务收取的增值税额。销货时用蓝字登记。退货时应冲销的销项税额用红字登记。

⑦“出口退税”专栏，记录企业出口适用零税率的货物，向海关办理出口手续后，凭出口报关单等有关凭证，向税务机关申报办理出口退税而收到退回的税款。出口货物退回的增值税额，用蓝字登记；出口货物办理退税后发生退货或者退关而补交已退的税款，用红字登记。

⑧“进项税额转出”专栏，记录企业的购进货物，在产品、产成品等发生非正常损失以及其他原因而不应从销项税额中抵扣，按规定转出的进项税额。

⑨“转出多交增值税”专栏，核算一般纳税企业月中转出多交的增

值税。

月度终了，企业将本月应交未交或多交的增值税额自“应交税费——应交增值税”账户转入“应交税费——未交增值税”账户。结转后，“应交税费——应交增值税”账户的期末借方余额，反映企业尚未抵扣的增值税。

（2）“应交税费——未交增值税”账户

“应交税费——未交增值税”明细账采用三栏式。

月度终了，企业应将本月应交未交增值税自“应交税费——应交增值税”账户转入“应交税费——未交增值税”账户，会计分录为：

借：应交税费——应交增值税（转出未交增值税）

　　贷：应交税费——未交增值税

月度终了，如果企业本月有多交的增值税，应将其自“应交税费——应交增值税”账户转入“应交税费——未交增值税”账户。会计分录为：

借：应交税费——未交增值税

　　贷：应交税费——应交增值税（转出多交增值税）

企业在本月缴纳上期应交未交的增值税时，

借：应交税费——未交增值税

　　贷：银行存款

纳税期限届满或月末，“应交税费——未交增值税”账户的贷方余额，反映企业欠交的增值税；若为借方余额，反映企业多交的增值税。

1.1.5 增值税一般纳税人应纳税额的计算

1.1.5.1 销项税额

销项税额是纳税人销售货物或提供应税劳务，按照销售额或应税劳务收入和税法规定的税率计算应向购买方收取的增值税税额。

（1）销项税额的计算公式

销项税额 = 销售额 × 适用税率

其中，公式中的“销售额”为不含增值税的销售额。

（2）不含税销售额的计算公式

不含税销售额＝含税销售额÷（1＋17%）

（3）视同销售行为销售额的确定

纳税人发生视同销售行为而无销售额的，或者销售货物、提供应税劳务的价格明显偏低且无正当理由的，按下列顺序确定其销售额：

①按纳税人最近时期同类货物的平均销售价格确定；

②按其他纳税人最近时期同类货物的平均销售价格确定；

③按组成计税价格确定：

组成计税价格＝成本×（1＋成本利润率）

其中，公式中的“成本利润率”由国家税务总局确定，一般为10%。

1.1.5.2 进项税额

进项税额是纳税人购进货物或接受应税劳务所支付或负担的增值税额。

（1）准予从销项税额中抵扣的进项税额

①从销售方取得的增值税专用发票上注明的增值税额。

②从海关取得的完税凭证上注明的增值税额。

③一般纳税人购进农产品，按照农产品收购发票上注明的买价和13%的扣除率计算进项税额，准予扣除。

进项税额＝买价×13%

④一般纳税人购进或者销售货物以及在生产经营过程中支付运输费用，按运输费用结算单据上注明的运输费用金额和7%的扣除率计算进项税额，准予扣除。

进项税额＝运输费用×7%

其中，运输费用不包括装卸费、保险费等其他杂费。

目前在营业税改征增值税过程中，运输企业已经由原来的营业税纳税人改为增值税纳税人，上述计算方法已经不再适用，后面的章节会进行详细介绍。在此，仅作为增值税的概述供读者了解。

（2）不得从销项税额中抵扣的进项税额

①用于非应税项目的购进货物或者应税劳务。

②用于免税项目的购进货物或者应税劳务。

③用于集体福利或者个人消费的购进货物或者应税劳务。

④非正常损失的购进货物。

⑤非正常损失的在产品、产成品所耗用的购进货物或者应税劳务。

1.1.5.3 应纳税额

应纳增值税额 = 当期销项税额 – 当期进项税额

当期销项税额小于当期进项税额不足抵扣时，其不足部分可以结转下期继续抵扣。

1.2 营业税概述

营业税是对在中华人民共和国境内提供应税劳务、转让无形资产或销售不动产的单位和个人就其营业收入为征收对象的一种税。

本节所讲营业税是对2008年12月15日颁布的《中华人民共和国营业税暂行条例实施细则》进行概述，该实施细则中涉及的交通运输业等已经改征增值税。概述的目的是为了让读者了解营业税，便于掌握营业税改征增值税内容。

1.2.1 营业税的征税范围

1.2.1.1 征税范围的基本规定

（1）交通运输业

交通运输业是指使用运输工具或人力、畜力将货物或旅客送达目的地，使其空间位置发生转移的业务活动，具体包括陆路运输、水路运输、航空运输、管道运输和装卸搬运等。

（2）建筑业

建筑业是指建筑安装工程作业，具体包括建筑、安装、修缮、装饰和其他工程作业等内容。

（3）金融保险业

金融保险业是指经营金融、保险的业务。

金融是指经营货币资金融通活动的业务，包括贷款、融资租赁、金融商品转让、金融经纪业务和其他金融业务。

保险是指将通过契约形式集中起来的资金，用于补偿被保险人的经济利益的活动。

（4）邮电通信业

邮电通信业是指专门办理信息传递的业务，包括邮政、电信。

（5）文化体育业

文化体育业是指经营文化、体育活动的业务，包括文化业和体育业。

文化业是指经营文化活动的业务，包括表演、播映、经营游览场所和各种展览、培训活动，举办文学、艺术、科技讲座、讲演、报告会，图书馆的图书和资料的借阅业务等。

体育业是指举办各种体育比赛和为体育比赛或体育活动提供场所的业务。

（6）娱乐业

娱乐业是指为娱乐活动提供场所和服务的业务，包括经营歌厅、舞厅、卡拉 OK 歌舞厅、音乐茶座、台球、高尔夫球、保龄球场、网吧、游艺场等娱乐场所，以及娱乐场所为顾客进行娱乐活动提供服务的业务。

（7）服务业

服务业是指利用设备、工具、场所、信息或技能为社会提供服务的业务，包括代理业、旅店业、饮食业、旅游业、仓储业、租赁业、广告业和其他服务业。

（8）销售不动产或转让无形资产

销售不动产是指有偿转让不动产所有权的行为，包括销售建筑物和销售其他土地附着物。在销售不动产时连同不动产所占土地的使用权一并转让的行为，比照销售不动产征收营业税。

转让无形资产是指转让无形资产的所有权或使用权的行为，包括转让土地使用权、转让商标权、转让专利权、转让非专利技术、出租电影拷贝、转让著作权和转让商誉。

1.2.1.2 征税范围的特殊规定

（1）混合销售行为

对从事货物生产、批发或销售的企业、企业性单位及个体经营者的混合销售行为不征营业税。

（2）兼营行为

纳税人兼有不同税目的应当缴纳营业税的劳务、转让无形资产或者销售不动产，应当分别核算不同税目的营业额、转让额、销售额；未分别核算营业额的，从高适用税率。

1.2.2 营业税的纳税义务人

1.2.2.1 营业税的纳税义务人

凡在中华人民共和国境内提供应税劳务、转让无形资产和销售不动产的单位和个人，均为营业税的纳税人。

“在中华人民共和国境内”是指税收行政管辖权的区域，具体情况为：

（1）提供或者接受应税劳务的单位或者个人在境内；

（2）所转让的无形资产（不含土地使用权）的接收单位或者个人在境内；

（3）所转让或者出租土地使用权的土地在境内；

（4）所销售或者出租的不动产在境内。

“单位”是指企业、行政单位、事业单位、军事单位、社会团体以及其他单位。

“个人”是指个体工商户以及其他有经营行为的个人。

1.2.2.2 营业税的扣缴义务人

营业税的扣缴义务人主要有以下几种。

（1）委托金融机构发放贷款的，其应纳税款以受托发放贷款的金融机构为扣缴义务人。

（2）建筑安装业务实行分包或者转包的，其应纳税款以总承包人为扣缴义务人。

（3）单位或者个人进行演出，由他人售票的，其应纳税款以售票者为扣缴义务人；演出经纪人为个人的，其办理演出业务的应纳营业税税款也以售票者为扣缴义务人。

（4）个人转让专利权、非专利技术、商标权、著作权、商誉的，其应纳税款以受让者为扣缴义务人。

1.2.3 营业税的税率

营业税按照行业、类别的不同分别采用不同的比例税率，具体内容如下。

营业税税目与税率

序号	税目	税率
1	交通运输业	3%
2	建筑业	3%
3	金融保险业	5%
4	邮电通信业	3%
5	文化体育业	3%
6	娱乐业	5% ~20%
7	服务业	5%
8	转让无形资产	5%
9	销售不动产	5%

1.2.4 营业税计税依据的规定

纳税人提供应税劳务、转让无形资产或者销售不动产，应按照营业额和规定的适用税率计算应纳税额。计算公式为：

应纳税额 = 营业额 × 税率

1.2.4.1 营业税计税依据的一般规定

营业税的计税依据是营业额，营业额为纳税人提供应税劳务、转让无形资产或者销售不动产向对方收取的全部价款和价外费用。

1.2.4.2 营业税计税依据的具体规定

（1）交通运输业

①纳税人将承揽的运输业务分给其他单位或者个人的，以其取得的全部价款和价外费用扣除其支付给其他单位或者个人的运输费用后的余额作为营业额。

②运输企业自中华人民共和国境内运输旅客或者货物出境，在境外改由其他运输企业承运旅客或者货物，以全程运费减去支付给该承运企

业的运费后的余额作为营业额。

（2）建筑业

①建筑业的总承包人将工程分包或者转包给他人，以工程的全部承包额减去支付给分包人或者转包人的价款后的余额为营业额。

②自建行为及单位或者个人将不动产无偿赠与他人，由税务机关按照相关规定核定营业额。

（3）金融保险业

一般贷款、典当等中介服务，以取得的利息收入全额或手续费收入全额确定为营业额。

（4）邮电通信业

邮电通信业营业税的计税依据是纳税人提供邮政和电信业务所取得的全部价款和价外费用。

（5）文化体育业

文化体育业的计税营业额是指从事文化体育业的单位和个人所取得的全部价款和价外费用。

单位或个人进行演出，以全部票价收入或者包场收入减去支付给提供演出场所的单位、演出公司或者经纪人的费用后的余额为营业额。

（6）娱乐业

娱乐业的营业额为经营娱乐业收取的全部价款和价外费用，包括门票费、台位费、点歌费、烟酒、饮料、茶水、鲜花、小吃等的收费及经营娱乐业的其他各项收费。

（7）服务业

服务业的税目包括代理业、旅店业、饮食业、旅游业、仓储业、租赁业、广告业、其他服务业等。

①代理业以纳税人从事代理业务向委托方收取的报酬为营业额。

②广告代理业的营业额为代理者向委托方收取的全部价款和价外费用减去支付给广告发布者的广告发布费后的余额。

③旅游企业组织旅游团到中华人民共和国境外旅游，在境外改由其他旅游企业接团，以全程旅游费减去付给该接团企业的旅游费后的余额作为营业额。

④旅游企业组织旅游团在中华人民共和国境内旅游的，以收取的全部旅游费减去替旅游者支付给其他单位的房费、餐费、交通、门票或支付给其他接团旅游企业的旅游费用后的余额为营业额。

（8）销售不动产或受让土地使用权

①单位和个人销售或转让其购置的不动产或受让的土地使用权，以全部收入减去不动产或土地使用权的购置或受让原价后的余额为营业额。

②单位和个人销售或转让抵债所得的不动产、土地使用权的，以全部收入减去抵债时该不动产或土地使用权作价后的余额为营业额。

1.2.5 营业税会计科目设置

为了全面、准确地反映企业营业税的提取、上交和欠交，企业应设置“应交税费——应交营业税”科目。该科目贷方反映应交纳的营业税款，借方反映实际交纳的营业税款。

（1）销售业务计算营业税时，会计分录为：

借：营业税金及附加

　　贷：应交税费——应交营业税

（2）企业销售不动产时，按照销售额计算的营业税计入固定资产清理科目，会计分录为：

借：固定资产清理

　　贷：应交税费——应交营业税

（3）企业销售无形资产时，按照销售额计算的营业税计入其他业务成本等科目，会计分录为：

借：其他业务成本

　　贷：应交税费——应交营业税

（4）企业交纳营业税时，会计分录为：

借：应交税费——应交营业税

　　贷：银行存款

1.3 营业税改征增值税概述

增值税自 1954 年在法国开征以来，因其有效地解决了传统销售税的重复征税问题，迅速被世界其他国家采用。目前，已有 170 多个国家和地区开征了增值税，征税范围大多覆盖所有货物和劳务。我国 1979 年引入增值税，最初仅在襄樊、上海、柳州等城市针对机器机械等 5 类货物试行。1984 年国务院发布增值税条例（草案），在全国范围内对机器机械、汽车、钢材等 12 类货物征收增值税。1994 年税制改革，将增值税征税范围扩大到所有货物和加工、修理修配劳务，对其他劳务、无形资产和不动产征收营业税。2009 年，为了鼓励投资，促进技术进步，在地区试点的基础上全面实施增值税转型改革，将机器设备纳入增值税抵扣范围。当前，我国正处于加快转变经济发展方式的攻坚时期，大力发展第三产业尤其是现代服务业，对推进经济结构调整和提高国家综合实力具有重要意义。因此，按照建立健全有利于科学发展的财税制度要求，将营业税改征增值税，有利于完善税制，消除重复征税；有利于社会专业化分工，促进三次产业融合；有利于降低企业税收成本，增强企业发展能力；有利于优化投资、消费和出口结构，促进国民经济健康协调发展。

根据党的十七届五中全会精神，按照《中华人民共和国国民经济和社会发展第十二个五年规划纲要》确定的税制改革目标和 2011 年《政府工作报告》的要求，财政部、国家税务总局制定、印发了《营业税改征增值税试点方案》（即财税【2011】110 号），该方案对营业税改征增值税的指导思想、基本原则、主要内容和试点期间的过渡政策做了详细规定。

1.3.1 改革方案指导思想和基本原则

1.3.1.1 指导思想

建立健全有利于科学发展的税收制度，促进经济结构调整，支持现代服务业的发展。

1.3.1.2 基本原则

（1）统筹设计、分步实施

正确处理改革、发展、稳定的关系，统筹兼顾经济社会发展要求，结合全面推行改革需要和当前实际，科学设计，稳步推进。

（2）规范税制、合理负担

在保证增值税规范运行的前提下，根据财政承受能力和不同行业发展特点，合理设置税制要素，改革试点行业总体税负不增加或略有下降，基本消除重复征税。

（3）全面协调、平稳过渡

妥善处理试点前后增值税与营业税政策的衔接、试点纳税人与非试点纳税人税制的协调，建立健全适应第三产业发展的增值税管理体系，确保改革试点有序运行。

1.3.2 改革试点的主要内容

1.3.2.1 改革试点的范围与时间

综合考虑服务业发展状况、财政承受能力、征管基础条件等因素，先期选择经济辐射效应明显、改革示范作用较强的地区开展试点。

国家首先选择在上海地区进行试点，其原因主要有：一是上海市申请试点最早最积极，并且希望通过试点为加快推进上海市“四个中心”建设，实现“四个率先”创造良好的税制环境；二是上海市服务业门类齐全，辐射作用明显，选择上海市先行试点，有利于为全面实施改革积累经验；三是上海市国税局和地税局实行合署办公，具有各税种统一管理的独特优势，改革试点不涉及国税和地税征管体制调整问题，可以为改革提供良好的运行环境和管理基础。

试点地区先在交通运输业、部分现代服务业等生产性服务业开展试点，逐步推广至其他行业。条件成熟时，可选择部分行业在全国范围内进行全行业试点。

选择交通运输业进行试点，主要出于以下考虑：一是交通运输业与生产流通联系紧密，在生产性服务业中占有重要地位；二是运输费用属于现行增值税进项税额抵扣范围，运费发票已纳入增值税管理体系，改革的基础较好。选择部分现代服务业进行试点，主要出于以下考虑：一是现代服务业是衡量一个国家经济社会发达程度的重要标志，通过改革支持其发展有利于提升国家综合实力；二是选择与制造业关系密切的部分现代服务业进行试点，可以减少产业分工细化存在的重复征税因素，既有利于现代服务业的发展，也有利于制造业产业升级和技术进步。

试点于2012年1月1日开始，并根据情况及时完善方案，择机扩大试点范围。

1.3.2.2 改革试点的主要税制安排

（1）税率

在现行增值税17%标准税率和13%低税率基础上，新增11%和6%两档低税率。租赁有形动产等适用17%税率，交通运输业、建筑业等适用11%税率，其他部分现代服务业适用6%税率。备注：按照试点行业营业税实际税负测算，陆路运输、水路运输、航空运输等交通运输业转换的增值税税率水平基本在11%～15%，研发和技术服务、信息技术、文化创意、物流辅助、鉴证咨询服务等现代服务业基本在6%～10%。为使试点行业总体税负不增加，改革试点选择了11%和6%两档低税率，分别适用于交通运输业和部分现代服务业。从世界范围来看，目前实行增值税的170多个国家和地区中，税率结构既有单一税率，也有多档税率。改革试点将我国增值税税率档次由目前的两档调整为四档，这是一种必要的过渡性安排，今后将会根据改革的需要适时简并税率档次。

（2）计税方式

交通运输业、建筑业、邮电通信业、现代服务业、文化体育业、销售不动产和转让无形资产，原则上适用增值税一般计税方法。金融保险业和生活性服务业，原则上适用增值税简易计税方法。

（3）计税依据

纳税人计税依据原则上为发生应税交易取得的全部收入。对一些存在大量代收转付或代垫资金的行业，例如，从事广告代理业务的企业，存在向其他广告公司或广告发布者（包括媒体、载体）支付广告发布费的情况；纳税人将承揽的运输业务分给其他单位或者个人的，也要向其他单位或者个人支付运输费用，等等，其代收代垫金额可予以合理扣除。

（4）服务贸易进出口

服务贸易进口在国内环节征收增值税，出口实行零税率或免税制度。

1.3.3 改革试点期间过渡性政策安排

1.3.3.1 税收收入归属

试点期间保持现行财政体制基本稳定，原归属试点地区的营业税收入，改征增值税后收入仍归属试点地区，税款分别入库。因试点产生的财政减收，按现行财政体制由中央和地方分别负担。

1.3.3.2 税收优惠政策过渡

国家给予试点行业的原营业税优惠政策可以延续，但对于通过改革能够解决重复征税问题的，予以取消。试点期间针对具体情况采取适当的过渡政策。

1.3.3.3 跨地区税种协调

试点纳税人以机构所在地作为增值税纳税地点，其在异地缴纳的营业税，允许在计算缴纳增值税时抵减。非试点纳税人在试点地区从事经营活动的，继续按照现行营业税有关规定申报缴纳营业税。

1.3.3.4 增值税抵扣政策的衔接

现有增值税纳税人向试点纳税人购买服务取得的增值税专用发票，可按现行规定抵扣进项税额。

由于增值税和营业税的制度差异，加之本次改革试点仅在个别地区的部分行业实施，必然带来试点地区与非试点地区、试点行业与非试点行业、试点纳税人与非试点纳税人之间的税制衔接问题。为妥善处理好这些问题，财政部、国家税务总局在制定营改增试点税收政策时，主要从以下四个方面做出了安排。

一是不同地区之间的税制衔接。纳税地点和适用税种，以纳税人机构所在地作为基本判定标准。试点纳税人在非试点地区从事经营活动就地缴纳营业税的，允许其在计算增值税时予以抵减。

二是不同纳税人之间的税制衔接。对试点纳税人与非试点纳税人从事同类经营活动，在分别适用增值税和营业税的同时，就运输费用抵扣、差额征税等事项，分不同情形做出了规定。

三是不同业务之间的税制衔接。对纳税人从事混业经营的，分别在适用税种、适用税率、起征点标准、计税方法、进项税额抵扣等方面做出了细化处理规定。

四是为保持现行营业税优惠政策的连续性，对现行部分营业税免税政策，在改征增值税后继续予以免征；对部分营业税减免税优惠，调整为即征即退政策；对税负增加较多的部分行业，给予了适当的税收优惠。

1.3.3.5 增值税抵扣政策的衔接组织实施

财政部和国家税务总局根据本方案制定具体实施办法、相关政策和预算管理及缴库规定，做好政策宣传和解释工作。经国务院同意，选择确定试点地区和行业。

营业税改征的增值税，由国家税务局负责征管。国家税务总局负责制定改革试点的征管办法，扩展增值税管理信息系统和税收征管信息系统，设计并统一印制货物运输业增值税专用发票，全面做好相关征管准备和实施工作。

1.3.4 改革试点的历史沿革

1.3.4.1 营业税改征增值税试点方案

根据党的十七届五中全会精神，按照《中华人民共和国国民经济和社会发展第十二个五年规划纲要》确定的税制改革目标和2011年《政府工作报告》的要求，财政部、国家税务总局制定、印发了《营业税改征增值税试点方案》（财税【2011】110号），该方案对营业税改征增值税的指导思想、基本原则、主要内容和试点期间的过渡政策做了详细规定。

《营业税改征增值税试点方案》的制定、印发标志着我国营业税改征增值税的帷幕正式拉开。

1.3.4.2 上海试点营业税改征增值税

2011年11月16日财政部、国家税务总局下发《财政部 国家税务总局关于在上海市开展交通运输业和部分现代服务业营业税改征增值税试点的通知》（财税【2011】111号），自2012年1月1日上海开始营业税改征增值税试点，涉及服务行业中交通运输业和6项现代服务业的“1+6”个具体的企业类型业务。

上海营业税改征增值税中涉及的《中华人民共和国营业税暂行条例》《营业税暂行条例实施细则》中的内容，不在上海试点内适用。

1.3.4.3 营业税改征增值税试点区域扩展

2012 年 7 月 31 日财政部、国家税务总局下发《财政部 国家税务总局关于在北京等 8 省市开展交通运输业和部分现代服务业营业税改征增值税试点的通知》（财税【2012】71 号），营业税改征增值税扩展到 8 个省份，并在几个月内将地域范围扩大到 11 个省份，涉及的服务行业从"1 +6"扩展到"1 +7"个具体的企业类型业务，同时废止财税【2011】111 号文件。

1.3.4.4 营业税改征增值税试点全国推开

2013 年 5 月 24 日财政部、国家税务总局下发《关于在全国开展交通运输业和部分现代服务业营业税改征增值税试点税收政策的通知》（财税【2013】37 号），文件规定自 2013 年 8 月 1 日营业税改征增值税试点在全国范围内推开，同时废止财税【2012】71 号文件。

1.3.4.5 营业税改征增值税试点行业扩展

2013 年 12 月 12 日财政部、国家税务总局下发《财政部 国家税务总局关于将铁路运输和邮政业纳入营业税改征增值税试点的通知》（财税【2013】106 号），至此，营改增试点范围由"1 +7"模式进化为交通运输业、邮政业和 7 项现代服务业的"2 +7"模式。文件规定自 2014 年 1 月 1 日起执行，同时废止财税【2013】37 号文件。

2014 年 5 月 14 日国家税务总局又制定了《电信企业增值税征收管理暂行办法》（国家税务总局【2014】第 26 号公告），并要求自 2014 年 6 月 1 日起施行。

至此，营改增试点范围由"2 +7"模式进化为交通运输业、邮政业、电信业和 7 项现代服务业的"3 +7"模式。

1.3.4.6 营业税改征增值税全国范围全面彻底推开

2016 年 3 月 23 日财政部、国家税务总局下发《关于全面推开营业税改征增值税试点的通知》（财税【2016】36 号），并作为附件配套下发了营业税改征增值税试点实施办法、营业税改征增值税试点有关事项的规定、营业税改征增值税试点过渡政策的规定、跨境应税行为适用增值税零税率和免税政策的规定。

至此，营业税改征增值税全国范围内全面彻底推开，营业税在一段时间过渡后将彻底退出历史舞台。

同时，通知要求自2016年5月1日起施行。《财政部 国家税务总局关于将铁路运输和邮政业纳入营业税改征增值税试点的通知》（财税【2013】106号）、《财政部 国家税务总局关于铁路运输和邮政业营业税改征增值税试点有关政策的补充通知》（财税【2013】121号）、《财政部 国家税务总局关于将电信业纳入营业税改征增值税试点的通知》（财税【2014】43号）、《财政部 国家税务总局关于国际水路运输增值税零税率政策的补充通知》（财税【2014】50号）和《财政部 国家税务总局关于影视等出口服务适用增值税零税率政策的通知》（财税【2015】118号），除另有规定的条款外，相应废止。

本书正是对该通知和公告进行解读，并依据该通知和公告进行账务处理示范和纳税实务操作指导。

第 2 章 营业税改征增值税实施办法诠释

依据财政部和国家税务总局联合下发的《关于全面推开营业税改征增值税试点的通知》（财税【2016】36 号）及其附件，试点期间，所涉及的原营业税纳税人将执行本通知及其附件。附件主要内容为《营业税改征增值税试点实施办法》（以下简称试点实施办法），该办法内容区别于我们当前执行的《营业税暂行条例》和《增值税暂行条例》。截止到 2016 年 5 月 1 日，一场历经近五年的营业税改征增值税税制改革，从制度文件上来讲可以说是划上了完美的句号。但是在具体实行过程中，可能还有这样那样的问题，所以营业税改征增值税目前我们仍称之为试点期间。只是较 2016 年 5 月 1 日之前，我们已经无需再界定试点地区。伴随着税改在全国范围内全面彻底地推开和成熟，上述办法必将作为增值税的内容并入《增值税暂行条例》。但现阶段，我们应该学习并掌握《营业税改征增值税试点实施办法》，以便执行好税改期间的涉税事项办理、纳税核算、账务处理。

2.1 纳税人和扣缴义务人

2. 1. 1 试点纳税人界定和征收范围的基本规定

试点纳税人是指在中华人民共和国境内（以下称境内）销售服务、无形资产或者不动产（以下称应税行为）的单位和个人。

上述纳税人为增值税纳税人，应当按照本办法缴纳增值税，不再缴纳营业税。

所称试点纳税人是指按照 2016 年 3 月 23 日财政部、国家税务总局下发的《关于全面推开营业税改征增值税试点的通知》（财税【2016】36 号），以及作为附件配套下发的营业税改征增值税试点实施办法、营业税改征增值税试点有关事项的规定、营业税改征增值税试点过渡政策的规定、跨境应税行为适用增值税零税率和免税政策的规定，缴纳增值税的纳税人。

在具体实务中，为了便于理解和界定，我们也可以将“营业税改征增值税改革前全部的营业税纳税人”，界定为本次改革后的增值税纳税人。

2.1.1.1 试点纳税人的范围界定

试点纳税人应当是试点行业内的单位和个人，以及向境内试点行业内的单位和个人提供应税服务的境外单位和个人。

试点行业指试点实施办法所列举的提供营业税改征增值税应税服务项目的行业。

以接受方为扣缴义务人的，接受方机构所接受的是营业税改征增值税应税服务项目，则应按照试点实施办法代扣代缴增值税，否则仍按照现行有关规定代扣代缴营业税。

向试点行业内的单位和个人提供应税服务的境外单位和个人，在境内未设有经营机构，以境内代理人为扣缴义务人；境内无代理人的，以接受方的机构为扣缴义务人。

2.1.1.2 试点纳税人的组织形式界定

试点实施办法所称“单位”包括企业、行政单位、事业单位、军事单位、社会团体及其他单位。

试点实施办法所称“个人”包括个体工商户和其他个人。其他个人是指除了个体工商户外的自然人。

2.1.1.3 试点纳税人的应税行为界定

试点纳税人必须有发生在中华人民共和国境内的应税行为，且应税行为的范围限于应税服务，应税行为包括在中华人民共和国境内销售服务、无形资产或者不动产。具体的应税服务包括交通运输服务、邮政服务、电信服务、建筑服务、金融服务、现代服务、生活服务、销售无形资产、销售不动产。同时符合两个条件的纳税人行为即为试点纳税人应税行为，应按照试点实施办法缴纳增值税，不再缴纳营业税。

2.1.1.4 试点油气田企业的特殊规定

试点的油气田企业提供应税服务，按照本办法缴纳增值税，不再执行《油气田企业增值税管理办法》。

《油气田企业增值税管理办法》（财税【2009】8 号）自 2009 年 1 月

1日执行以来，油气田企业为生产原油、天然气提供的生产性劳务应缴纳增值税，增值税税率规定为17%。油气田企业是指在中华人民共和国境内从事原油、天然气生产的企业，包括中国石油天然气集团公司和中国石油化工集团公司重组改制后设立的油气田分（子）公司、存续公司和其他石油天然气生产企业，还包括油气田企业持续重组改制继续提供生产性劳务的企业，以及2009年1月1日以后新成立的油气田企业参股、控股的企业，不包括经国务院批准适用5%征收率缴纳增值税的油气田企业。缴纳增值税的生产性劳务仅限于油气田企业间相互提供，油气田企业与非油气田企业之间相互提供的生产性劳务不缴纳增值税。其劳务范围包括地质勘探、钻井（含侧钻）、测井、录井、试井、固井、试油（气）、井下作业、油（气）集输、采油采气、海上油田建设、供排水、供电、供热、通信、油田基本建设、环境保护、为维持油气田的正常生产而互相提供的其他劳务共计十五大项，具体解释见《油气田企业增值税管理办法》所列附件《增值税生产性劳务征收范围注释》。

试点实施办法规定的应税服务范围与《增值税生产性劳务征收范围注释》的劳务范围并不一致，对于试点的油气田企业发生的涉及交通运输和部分现代服务业试点劳务，如《增值税生产性劳务征税范围注释》中的第一项地质勘探、第九项油（气）集输及第十五项其他中的运输、设计、提供信息、检测、计量、数据处理、租赁生产所需的仪器、材料、设备等服务，应按照试点实施办法缴纳增值税，不再执行《油气田企业增值税管理办法》。并且，提供应税服务的范围以试点实施办法规定的服务项目界定，包括油气田企业之间提供的应税服务，也包括油气田企业与非油气田企业之间相互提供应税服务。

试点的油气田企业应将应税服务与原生产性劳务取得的经营收入分别核算，未分别核算的，从高适用税率。

2.1.2 承包、承租、挂靠经营方式的具体规定

2.1.2.1 承包、承租、挂靠经营方式的界定

承包经营企业是指发包方在不改变企业所有权的前提下，将企业发包给经营者承包，经营者以企业名义从事经营活动，并按合同分享经营

成果的经营形式。

承租经营企业是在所有权不变的前提下，出租方将企业租赁给承租方经营，承租方向出租方交付租金并对企业实行自主经营，在租赁关系终止时返还所租财产。

挂靠经营是指企业、合伙组织、个体户或者自然人与另外的一个经营主体达成依附协议，依附的企业、个体户或者自然人将其经营的财产纳入被依附的经营主体名下，并对外以该经营主体的名义进行独立核算的经营活动。

2.1.2.2 承包、承租、挂靠纳税人的界定

承包、承租、挂靠同时满足以发包人名义对外经营且由发包人承担相关法律责任方式经营的，以发包人为纳税人。

承包、承租、挂靠未同时满足以发包人名义对外经营且由发包人承担相关法律责任方式经营的，以承包人为纳税人。

2.1.3 试点纳税人分类、划分标准的规定

2.1.3.1 试点纳税人分类

我国现行增值税的管理模式采取对增值税纳税人实行分类管理，在本次营业税改征增值税改革试点中，仍予以沿用，将试点纳税人分为一般纳税人和小规模纳税人。小规模纳税人与一般纳税人的划分，以应税服务年销售额及会计核算制度是否健全为主要标准。两者在其计税方法、凭证管理等方面都不同，需作区别对待。

2.1.3.2 试点纳税人的划分标准

增值税一般纳税人实行凭发票注明税款抵扣的制度，需要试点纳税人有健全的会计核算，能够按会计制度和税务机关的要求，准确核算销项税额、进项税额和应纳税额。在试点纳税人小规模纳税人标准的确定上，充分考虑原有营业税纳税人规模较小、会计核算及纳税申报比较简单的现状，为了稳步推进增值税改革试点，财政部、国家税务总局将小规模纳税人标准暂定为应税服务年销售额 500 万元（含本数）以下。纳税人提供应税服务销售额超过小规模纳税人标准的，应申请认定为一般纳税人。随着试点工作的开展，财政部和国家税务总局将根据试点工作

的需要，对小规模纳税人的应税服务年销售额标准进行调整。

应税服务年销售额，是指纳税人在连续不超过12个月的经营期内累计应征增值税销售额，含减/免税销售额、提供境外服务销售额以及按规定已从销售额中差额扣除的部分。如果该销售额为含税的，应按照应税劳务的适用税率或征收率换算为不含税的销售额。

应税服务年销售额超过规定标准但不经常提供应税服务的单位和个体工商户可选择按照小规模纳税人纳税。

2.1.3.3 试点纳税人划分标准的特殊规定

试点纳税人中除个体工商户外的其他自然人，现实生活中可能偶然发生应税行为，销售额也可能很高，但要求自然人按照一般纳税人的申报方法去申报缴纳增值税不太现实。因此，为保持税制简化，明确其他个人仍按照小规模纳税人征税。

非企业性单位、不经常提供应税劳务的企业和个体工商户可以选择按照小规模纳税人纳税，也可以申请一般纳税人资格认定，即可以根据自身经营情况选择试点纳税人类型。

2.1.4 小规模纳税人申请一般纳税人资格的认定

小规模纳税人申请一般纳税人资格，需要有固定的经营场所、健全的会计核算、能够提供准确的税务资料。

会计核算健全是指能够按照国家统一的会计制度规定设置账簿，根据合法、有效凭证核算。例如，有专职或者兼职的专业会计人员，能按照财务会计制度规定，设置总账和有关明细账进行会计核算；能准确核算增值税销项税额、进项税额和应纳税额；能按规定编制会计报表，真实反映企业的生产、经营状况。能够准确提供税务资料，一般是指能够按照规定如实填报增值税纳税申报表、附表及其他税务资料，按期申报纳税。是否做到“会计核算健全”和“能够准确提供税务资料”，由小规模纳税人的主管税务机关来认定。

2.1.5 一般纳税人资格的具体规定

符合试点实施办法第四条和第五条规定的一般纳税人条件的试点纳税人必须主动向主管税务机关申请一般纳税人资格认定。除特别规定的情形外，试点纳税人年销售额超过小规模纳税人年销售额标准，未主动申请一般纳税人资格认定的，应当按照一般纳税人的适用税率计算销售额和应纳增值税税额，但不得抵扣进项税额，也不得使用增值税专用发票。

试点纳税人一经认定为一般纳税人后，不得再转为小规模纳税人。

试点的原增值税一般纳税人兼有应税服务，不需要重新办理一般纳税人认定手续，由主管税务机关制作、送达《税务事项通知书》，告知纳税人将应税服务由计征营业税改为增值税。

2.1.6 境外机构向境内机构提供应税服务的具体规定

2.1.6.1 跨境应税服务的监管

现行增值税对跨境货物的监管由海关管理，但受现行海关管理对象的限制，仅对进出口货物进行管理，各类劳务尚未纳入海关管理范畴。因此，对涉及跨境提供劳务的行为，由税务机关进行管理。

2.1.6.2 跨境应税服务纳税人的确定

提供跨境应税服务在境内设立了机构，则以设立机构为纳税人。

2.1.6.3 跨境应税服务扣缴义务人的确定

境外单位或者个人在境内提供应税服务，在境内未设有经营机构的，以其代理人为增值税扣缴义务人。以境内代理人为扣缴义务人的，境内代理人和接受方的机构所在地或者居住地必须均在试点地区，否则仍按照现行有关规定代扣代缴营业税。

境外单位或者个人在境内提供应税服务，在境内未设有经营机构且在境内没有代理人的，以购买方为增值税扣缴义务人。

2.1.7 两个或者两个以上的试点纳税人合并纳税的规定

两个或者两个以上的试点纳税人如果存在共同利益，根据会计是否独立核算或税务登记的隶属关系，可以采用合并纳税的方法，合并纳税的批准主体是财政部和国家税务总局。具体办法按照财政部和国家税务总局制定的《总分机构试点纳税人增值税计算缴纳暂行办法》执行。

财政部 国家税务总局关于重新印发《总分机构试点纳税人增值税计算缴纳暂行办法》的通知

财税【2013】74号

各省、自治区、直辖市、计划单列市财政厅（局）、国家税务局、地方税务局，新疆生产建设兵团财务局：

根据营业税改征增值税试点政策和现行增值税有关规定，现将修订后的《总分机构试点纳税人增值税计算缴纳暂行办法》（见附件）印发给你们，请遵照执行。

附件：《总分机构试点纳税人增值税计算缴纳暂行办法》

财政部 国家税务总局

2013年10月24日

附件：

总分机构试点纳税人增值税计算缴纳暂行办法

一、经财政部和国家税务总局批准的总机构试点纳税人及其分支机构，按照本办法的规定计算缴纳增值税。

二、总机构应当汇总计算总机构及其分支机构发生《应税服务范围注释》所列业务的应交增值税，抵减分支机构发生《应税服务范围注释》所列业务已缴纳的增值税税款（包括预缴和补缴的增值税税款）后，在总机构所在地解缴入库。总机构销售货物、提供加工修理修配劳务，按照增值税暂行条例及相关规定就地申报缴纳增值税。

三、总机构汇总的应征增值税销售额，为总机构及其分支机构发生《应税服务范围注释》所列业务的应征增值税销售额。

四、总机构汇总的销项税额，按照本办法第三条规定的应征增值税销售额和增值税适用税率计算。

五、总机构汇总的进项税额，是指总机构及其分支机构因发生《应税服务范围注释》所列业务而购进货物或者接受加工修理修配劳务和应税服务，支付或者负担的增值税税额。总机构及其分支机构用于发生《应税服务范围注释》所列业务之外的进项税额不得汇总。

六、分支机构发生《应税服务范围注释》所列业务，按照应征增值税销售额和预征率计算缴纳增值税。计算公式如下：

应预缴的增值税＝应征增值税销售额×预征率

预征率由财政部和国家税务总局规定，并适时予以调整。

分支机构销售货物、提供加工修理修配劳务，按照增值税暂行条例及相关规定就地申报缴纳增值税。

七、分支机构发生《应税服务范围注释》所列业务当期已预缴的增值税税款，在总机构当期增值税应纳税额中抵减不完的，可以结转下期继续抵减。

八、每年的第一个纳税申报期结束后，对上一年度总分机构汇总纳税情况进行清算。总机构和分支机构年度清算应交增值税，按照各自销售收入占比和总机构汇总的上一年度应交增值税税额计算。分支机构预缴的增值税超过其年度清算应交增值税的，通过暂停以后纳税申报期预缴增值税的方式予以解决。分支机构预缴的增值税小于其年度清算应交增值税的，差额部分在以后纳税申报期由分支机构在预缴增值税时一并就地补缴入库。

九、总机构及其分支机构的其他增值税涉税事项，按照营业税改征增值税试点政策及其他增值税有关政策执行。

十、总分机构试点纳税人增值税具体管理办法由国家税务总局另行制定。

2.2 应税服务范围

2.2.1 应税服务行业的划分规定

试点实施办法所称应税服务包括销售服务、销售无形资产和不动产。

销售服务是指提供交通运输服务、邮政服务、电信服务、建筑服务、金融服务、现代服务、生活服务。

销售无形资产，是指转让无形资产所有权或者使用权的业务活动。无形资产，是指不具实物形态，但能带来经济利益的资产，包括技术、商标、著作权、商誉、自然资源使用权和其他权益性无形资产。

销售不动产是指转让不动产所有权的业务活动。不动产，是指不能移动或者移动后会引起性质、形状改变的财产，包括建筑物、构筑物等。

2.2.1.1 交通运输服务的具体范围

交通运输服务是指使用运输工具将货物或者旅客送达目的地，使其空间位置发生转移的业务活动，包括陆路运输服务、水路运输服务、航空运输服务和管道运输服务。

（1）陆路运输服务

陆路运输服务是指通过陆路（地上或者地下）运送货物或者旅客的运输业务活动，包括铁路运输服务和其他陆路运输服务。

①铁路运输服务是指通过铁路运送货物或者旅客的运输业务活动。

②其他陆路运输服务是指铁路运输以外的陆路运输业务活动，包括公路运输、缆车运输、索道运输、地铁运输、城市轻轨运输等。

出租车公司向使用本公司自有出租车的出租车司机收取的管理费用，按陆路运输服务征收增值税。

（2）水路运输服务

水路运输服务是指通过江、河、湖、川等天然、人工水道或者海洋航道运送货物或者旅客的运输业务活动。

远洋运输的程租、期租业务，属于水路运输服务。

①程租业务是指远洋运输企业为租船人完成某一特定航次的运输任务并收取租赁费的业务。

②期租业务是指远洋运输企业将配备有操作人员的船舶承租给他人使用一定期限，租赁期内听候承租方调遣，不论是否经营，均按天向承租方收取租赁费，发生的固定费用均由船东承担的业务。

（3）航空运输服务

航空运输服务是指通过空中航线运送货物或者旅客的运输业务活动。

①航空运输的湿租业务，属于航空运输服务。

湿租业务是指航空运输企业将配备有机组人员的飞机承租给他人使用一定期限，租赁期内听候承租方调遣，不论是否经营，均按一定标准向承租方收取租赁费，发生的固定费用均由承租方承担的业务。

②航天运输服务按照航空运输服务征收增值税。

航天运输服务是指利用火箭等载体将卫星、空间探测器等空间飞行器发射到空间轨道的业务活动。

（4）管道运输服务

管道运输服务是指通过管道设施输送气体、液体、固体物质的运输业务活动。

无运输工具承运业务同样按照交通运输服务缴纳增值税。

无运输工具承运业务是指经营者以承运人身份与托运人签订运输服务合同，收取运费并承担承运人责任，然后委托实际承运人完成运输服务的经营活动。

2.2.1.2 邮政服务的具体范围

邮政业，是指中国邮政集团公司及其所属邮政企业提供邮件寄递、邮政汇兑、机要通信和邮政代理等邮政基本服务的业务活动，包括邮政普遍服务、邮政特殊服务和其他邮政服务。

（1）邮政普遍服务

邮政普遍服务是指函件、包裹等邮件寄递，以及邮票发行、报刊发行和邮政汇兑等业务活动。

函件是指信函、印刷品、邮资封片卡、无名址函件和邮政小包等。

包裹是指按照封装上的名址递送给特定个人或者单位的独立封装的物品，其重量不超过五十千克，任何一边的尺寸不超过一百五十厘米，长、宽、高合计不超过三百厘米。

（2）邮政特殊服务

邮政特殊服务是指义务兵平常信函、机要通信、盲人读物和革命烈士遗物的寄递等业务活动。

（3）其他邮政服务

其他邮政服务，是指邮册等邮品销售、邮政代理等业务活动。

2.2.1.3 电信业的具体范围

电信业是指利用有线、无线的电磁系统或者光电系统等各种通信网络资源，提供语音通话服务，传送、发射、接收或者应用图像、短信等电子数据和信息的业务活动，包括基础电信服务和增值电信服务。

（1）基础电信服务

基础电信服务是指利用固网、移动网、卫星、互联网，提供语音通话服务的业务活动，以及出租或者出售带宽、波长等网络元素的业务活动。

（2）增值电信服务

增值电信服务是指利用固网、移动网、卫星、互联网、有线电视网络，提供短信和彩信服务、电子数据和信息的传输及应用服务、互联网接入服务等业务活动。卫星电视信号落地转接服务，按照增值电信服务计算缴纳增值税。

2.2.1.4 现代服务的具体范围

现代服务是指围绕制造业、文化产业、现代物流产业等提供技术性、知识性服务的业务活动，包括研发和技术服务、信息技术服务、文化创意服务、物流辅助服务、有形动产租赁服务、鉴证咨询服务、广播影视服务、商务辅助服务和其他现代服务。

（1）研发和技术服务

研发和技术服务，包括研发服务、合同能源管理服务、工程勘察勘探服务、专业技术服务，其具体范围如下。

①研发服务也称技术开发服务，研发服务是指就新技术、新产品、新工艺或者新材料及其系统进行研究与试验开发的业务活动。

②合同能源管理服务是指节能服务公司与用能单位以契约形式约定节能目标，节能服务公司提供必要的服务，用能单位以节能效果支付节能服务公司投入及其合理报酬的业务活动。

③工程勘察勘探服务是指在采矿、工程施工以前，对地形、地质构造、地下资源蕴藏情况进行实地调查的业务活动。

④专业技术服务是指气象服务、地震服务、海洋服务、测绘服务、城市规划、环境与生态监测服务等专项技术服务。

（2）信息技术服务

信息技术服务是指利用计算机、通信网络等技术对信息进行生产、收集、处理、加工、存储、运输、检索和利用，并提供信息服务的业务活动，包括软件服务、电路设计及测试服务、信息系统服务、业务流程管理服务和信息系统增值服务，其具体范围如下。

①软件服务是指提供软件开发服务、软件咨询服务、软件维护服务、软件测试服务的业务活动。

②电路设计及测试服务是指提供集成电路和电子电路产品设计、测试及相关技术支持服务的业务活动。

③信息系统服务是指提供信息系统集成、网络管理、桌面管理与维护、信息系统应用、基础信息技术管理平台整合、信息技术基础设施管理、数据中心、托管中心、信息安全服务、在线杀毒、虚拟主机等业务活动，包括网站对非自有的网络游戏提供的网络运营服务。

④业务流程管理服务是指依托计算机信息技术提供的人力资源管理、财务经济管理、审计管理、税务管理、物流信息管理、经营信息管理和呼叫中心等服务的活动。

⑤信息系统增值服务是指利用信息系统资源为用户附加提供的信息技术服务，包括数据处理、分析和整合、数据库管理、数据备份、数据存储、容灾服务、电子商务平台等。

（3）文化创意服务

文化创意服务包括设计服务、知识产权服务、广告服务和会议展览服务，其具体范围如下。

①设计服务是指把计划、规划、设想通过文字、语言、图画、声音、视觉等形式传递出来的业务活动，包括工业设计、内部管理设计、业务运作设计、供应链设计、造型设计、服装设计、环境设计、平面设计、包装设计、动漫设计、网游设计、展示设计、网站设计、机械设计、工程设计、广告设计、创意策划、文印晒图等。

②知识产权服务是指处理知识产权事务的业务活动，包括对专利、商标、著作权、软件、集成电路布图设计的登记、鉴定、评估、认证、检索服务。

③广告服务是指利用图书、报纸、杂志、广播、电视、电影、幻灯、路牌、招贴、橱窗、霓虹灯、灯箱、互联网等各种形式为客户的商品、经营服务项目、文体节目或者通告、声明等委托事项进行宣传和提供相关服务的业务活动，包括广告代理和广告的发布、播映、宣传、展示等。

④会议展览服务是指为商品流通、促销、展示、经贸洽谈、民间交流、企业沟通、国际往来等举办或者组织安排的各类展览和会议的业务活动。

（4）物流辅助服务

物流辅助服务，包括航空服务、港口码头服务、货运客运场站服务、打捞救助服务、装卸搬运服务、仓储服务和收派服务，其具体范围如下。

①航空服务包括航空地面服务和通用航空服务。

航空地面服务是指航空公司、飞机场、民航管理局、航站等向在我国境内航行或者在我国境内机场停留的境内外飞机或者其他飞行器提供的导航等劳务性地面服务的业务活动，包括旅客安全检查服务、停机坪管理服务、机场候机厅管理服务、飞机清洗消毒服务、空中飞行管理服务、飞机起降服务、飞行通信服务、地面信号服务、飞机安全服务、飞机跑道管理服务、空中交通管理服务等。

通用航空服务是指为专业工作提供飞行服务的业务活动，包括航空摄影、航空测量、航空勘探、航空护林、航空吊挂播洒、航空降雨、航空气象探测、航空海洋监测、航空科学实验等。

②港口码头服务是指港务船舶调度服务、船舶通信服务、航道管理服务、航道疏浚服务、灯塔管理服务、航标管理服务、船舶引航服务、理货服务、系解缆服务、停泊和移泊服务、海上船舶溢油清除服务、水上交通管理服务、船只专业清洗消毒检测服务和防止船只漏油服务等为船只提供服务的业务活动。

港口设施经营人收取的港口设施保安费按照“港口码头服务”征收增值税。

③货运客运场站服务是指货运客运场站提供的货物配载服务、运输组织服务、中转换乘服务、车辆调度服务、票务服务、货物打包整理、铁路线路使用服务、加挂铁路客车服务、铁路行包专列发送服务、铁路到达和中转服务、铁路车辆编解服务、车辆挂运服务、铁路接触网服务、铁路机车牵引服务、车辆停放服务等业务活动。

④打捞救助服务是指提供船舶人员救助、船舶财产救助、水上救助和沉船沉物打捞服务的业务活动。

⑤装卸搬运服务是指使用装卸搬运工具或者人力、畜力将货物在运输工具之间、装卸现场之间或者运输工具与装卸现场之间进行装卸和搬运的业务活动。

⑥仓储服务是指利用仓库、货场或者其他场所代客贮放、保管货物的业务活动。

⑦收派服务是指接受寄件人委托，在承诺的时限内完成函件和包裹的收件、分拣、派送服务的业务活动。

收件服务是指从寄件人收取函件和包裹，并运送到服务提供方同城的集散中心的业务活动。

分拣服务是指服务提供方在其集散中心对函件和包裹进行归类、分发的业务活动。

派送服务是指服务提供方从其集散中心将函件和包裹送达同城的收件人的业务活动。

（5）租赁服务

租赁服务，包括融资租赁服务和经营租赁服务，其具体范围如下。

①融资租赁服务是指具有融资性质和所有权转移特点的租赁活动，即出租人根据承租人所要求的规格、型号、性能等条件购入有形动产或者不动产租赁给承租人，合同期内租赁物所有权属于出租人，承租人只拥有使用权，合同期满付清租金后，承租人有权按照残值购入租赁物，以拥有其所有权。不论出租人是否将租赁物销售给承租人，均属于融资租赁。

按照标的物的不同，融资租赁服务可分为有形动产融资租赁服务和不动产融资租赁服务。

融资性售后回租不按照本税目缴纳增值税。

②经营租赁服务是指在约定时间内将有形动产或者不动产转让他人使用且租赁物所有权不变更的业务活动。

按照标的物的不同，经营租赁服务可分为有形动产经营租赁服务和不动产经营租赁服务。

将建筑物、构筑物等不动产或者飞机、车辆等有形动产的广告位出租给其他单位或者个人用于发布广告，按照经营租赁服务缴纳增值税。

车辆停放服务、道路通行服务（包括过路费、过桥费、过闸费等）等按照不动产经营租赁服务缴纳增值税。

水路运输的光租业务、航空运输的干租业务，属于经营租赁。

光租业务是指运输企业将船舶在约定的时间内出租给他人使用，不配备操作人员，不承担运输过程中发生的各项费用，只收取固定租赁费的业务活动。

干租业务是指航空运输企业将飞机在约定的时间内出租给他人使用，不配备机组人员，不承担运输过程中发生的各项费用，只收取固定租赁费的业务活动。

（6）鉴证咨询服务

鉴证咨询服务包括认证服务、鉴证服务和咨询服务，其具体范围如下。

①认证服务是指具有专业资质的单位利用检测、检验、计量等技术，证明产品、服务、管理体系符合相关技术规范、相关技术规范的强制性要求或者标准的业务活动。

②鉴证服务是指具有专业资质的单位，为委托方的经济活动及有关资料进行鉴证，发表具有证明力的意见的业务活动，包括会计鉴证、税务鉴证、法律鉴证、工程造价鉴证、资产评估、环境评估、房地产土地评估、建筑图纸审核、医疗事故鉴定等。

③咨询服务是指提供信息、建议、策划、顾问等服务的活动，包括金融、软件、技术、财务、税收、法律、内部管理、业务运作、流程管理、健康等方面的咨询。

翻译服务和市场调查服务按照咨询服务缴纳增值税。

（7）广播影视服务

广播影视服务，包括广播影视节目（作品）的制作服务、发行服务和播映（含放映，下同）服务。

①广播影视节目（作品）制作服务是指进行专题（特别节目）、专栏、综艺、体育、动画片、广播剧、电视剧、电影等广播影视节目和作品制作的服务，具体包括与广播影视节目和作品相关的策划、采编、拍摄、录音、音视频文字图片素材制作、场景布置、后期的剪辑、翻译（编译）、字幕制作、片头、片尾、片花制作、特效制作、影片修复、编目和确权等业务活动。

②广播影视节目（作品）发行服务是指以分账、买断、委托、代理等方式，向影院、电台、电视台、网站等单位和个人发行广播影视节目（作品）以及转让体育赛事等活动的报道及播映权的业务活动。

③广播影视节目（作品）播映服务是指在影院、剧院、录像厅及其他场所播映广播影视节目（作品），以及通过电台、电视台、卫星通信、互联网、有线电视等无线或有线装置播映广播影视节目（作品）的业务活动。

（8）商务辅助服务

商务辅助服务包括企业管理服务、经纪代理服务、人力资源服务、安全保护服务，其具体范围如下。

①企业管理服务是指提供总部管理、投资与资产管理、市场管理、物业管理、日常综合管理等服务的业务活动。

②经纪代理服务是指各类经纪、中介、代理服务，包括金融代理、知识产权代理、货物运输代理、代理报关、法律代理、房地产中介、职业中介、婚姻中介、代理记账、拍卖等。

货物运输代理服务是指接受货物收货人、发货人、船舶所有人、船舶承租人或者船舶经营人的委托，以委托人的名义，为委托人办理货物运输、装卸、仓储和船舶进出港口、引航、靠泊等相关手续的业务活动。

代理报关服务是指接受进出口货物的收、发货人委托，代为办理报关手续的业务活动。

③人力资源服务是指提供公共就业、劳务派遣、人才委托招聘、劳动力外包等服务的业务活动。

④安全保护服务是指提供保护人身安全和财产安全，维护社会治安等的业务活动，包括场所住宅保安、特种保安、安全系统监控以及其他安保服务。

（9）其他现代服务

其他现代服务是指除研发和技术服务、信息技术服务、文化创意服务、物流辅助服务、租赁服务、鉴证咨询服务、广播影视服务和商务辅助服务以外的现代服务。

2.2.1.5 建筑服务的具体范围

建筑服务是指各类建筑物、构筑物及其附属设施的建造、修缮、装饰，线路、管道、设备、设施等的安装以及其他工程作业的业务活动，其具体范围如下。

（1）工程服务

工程服务是指新建、改建各种建筑物、构筑物的工程作业，包括与建筑物相连的各种设备或者支柱、操作平台的安装或者装设工程作业，以及各种窑炉和金属结构工程作业。

（2）安装服务

安装服务是指生产设备、动力设备、起重设备、运输设备、传动设备、医疗实验设备以及其他各种设备、设施的装配、安置工程作业，包括与被安装设备相连的工作台、梯子、栏杆的装设工程作业，以及被安装设备的绝缘、防腐、保温、油漆等工程作业。

固定电话、有线电视、宽带、水、电、燃气、暖气等经营者向用户收取的安装费、初装费、开户费、扩容费以及类似收费，按照安装服务缴纳增值税。

（3）修缮服务

修缮服务是指对建筑物、构筑物进行修补、加固、养护、改善，使之恢复原来的使用价值或者延长其使用期限的工程作业。

（4）装饰服务

装饰服务是指对建筑物、构筑物进行修饰装修，使之美观或者具有特定用途的工程作业。

（5）其他建筑服务

其他建筑服务是指上列工程作业之外的各种工程作业服务，如钻井（打井）、拆除建筑物或者构筑物、平整土地、园林绿化、疏浚（不包括航道疏浚）、建筑物平移、搭脚手架、爆破、矿山穿孔、表面附着物（包括岩层、土层、沙层等）剥离和清理等工程作业。

2.2.1.6 金融服务的具体范围

金融服务是指经营金融保险的业务活动，其具体范围如下。

（1）贷款服务

贷款是指将资金贷与他人使用而取得利息收入的业务活动。

各种占用、拆借资金取得的收入，包括金融商品持有期间（含到期）的利息（保本收益、报酬、资金占用费、补偿金等）收入、信用卡透支利息收入、买入返售金融商品利息收入、融资融券收取的利息收入，以及融资性售后回租、押汇、罚息、票据贴现、转贷等业务取得的利息及利息性质的收入，按照贷款服务缴纳增值税。

融资性售后回租是指承租方以融资为目的，将资产出售给从事融资性售后回租业务的企业后，从事融资性售后回租业务的企业将该资产出租给承租方的业务活动。

以货币资金投资收取的固定利润或者保底利润，按照贷款服务缴纳增值税。

（2）直接收费金融服务

直接收费金融服务是指为货币资金融通及其他金融业务提供相关服务并且收取费用的业务活动，包括提供货币兑换、账户管理、电子银行、信用卡、信用证、财务担保、资产管理、信托管理、基金管理、金融交易场所（平台）管理、资金结算、资金清算、金融支付等服务。

（3）保险服务

保险服务是指投保人根据合同约定，向保险人支付保险费，保险人对于合同约定的可能发生的事故因其发生所造成的财产损失承担赔偿保险金责任，或者当被保险人死亡、伤残、疾病或者达到合同约定的年龄、期限等条件时承担给付保险金责任的商业保险行为，包括人身保险服务和财产保险服务。

人身保险服务是指以人的寿命和身体为保险标的的保险业务活动。

财产保险服务是指以财产及其有关利益为保险标的的保险业务活动。

（4）金融商品转让

金融商品转让是指转让外汇、有价证券、非货物期货和其他金融商品所有权的业务活动。

其他金融商品转让包括基金、信托、理财产品等各类资产管理产品和各种金融衍生品的转让。

2.2.1.7 生活服务的具体范围

生活服务，是指为满足城乡居民日常生活需求提供的各类服务活动，其具体范围如下。

（1）文化体育服务

文化体育服务包括文化服务和体育服务。

①文化服务是指为满足社会公众文化生活需求提供的各种服务，包括文艺创作、文艺表演、文化比赛，图书馆的图书和资料借阅，档案馆的档案管理，文物及非物质文化遗产保护，组织举办宗教活动、科技活动、文化活动，提供游览场所。

②体育服务是指组织举办体育比赛、体育表演、体育活动，以及提供体育训练、体育指导、体育管理的业务活动。

（2）教育医疗服务

教育医疗服务包括教育服务和医疗服务。

①教育服务是指提供学历教育服务、非学历教育服务、教育辅助服务的业务活动。

学历教育服务是指根据教育行政管理部门确定或者认可的招生和教学计划组织教学，并颁发相应学历证书的业务活动，包括初等教育、初级中等教育、高级中等教育、高等教育等。

非学历教育服务包括学前教育、各类培训、演讲、讲座、报告会等。

教育辅助服务包括教育测评、考试、招生等服务。

②医疗服务是指提供医学检查、诊断、治疗、康复、预防、保健、接生、计划生育、防疫服务等方面的服务，以及与这些服务有关的提供药品、医用材料器具、救护车、病房住宿和伙食的业务。

（3）旅游娱乐服务

旅游娱乐服务包括旅游服务和娱乐服务。

①旅游服务是指根据旅游者的要求，组织安排交通、游览、住宿、餐饮、购物、文娱、商务等服务的业务活动。

②娱乐服务是指为娱乐活动同时提供场所和服务的业务，具体包括歌厅、舞厅、夜总会、酒吧、台球、高尔夫球、保龄球、游艺（包括射击、狩猎、跑马、游戏机、蹦极、卡丁车、热气球、动力伞、射箭、飞镖）。

（4）餐饮住宿服务

餐饮住宿服务包括餐饮服务和住宿服务。

①餐饮服务是指通过同时提供饮食和饮食场所的方式为消费者提供饮食消费服务的业务活动。

②住宿服务是指提供住宿场所及配套服务等的活动，包括宾馆、旅馆、旅社、度假村和其他经营性住宿场所提供的住宿服务。

（5）居民日常服务

居民日常服务是指主要为满足居民个人及其家庭日常生活需求提供

的服务，包括市容市政管理、家政、婚庆、养老、殡葬、照料和护理、救助救济、美容美发、按摩、桑拿、氧吧、足疗、沐浴、洗染、摄影扩印等服务。

（6）其他生活服务

其他生活服务是指除文化体育服务、教育医疗服务、旅游娱乐服务、餐饮住宿服务和居民日常服务之外的生活服务。

2.2.1.8 销售无形资产的具体范围

销售无形资产是指转让无形资产所有权或者使用权的业务活动。无形资产，是指不具实物形态，但能带来经济利益的资产，包括技术、商标、著作权、商誉、自然资源使用权和其他权益性无形资产。

技术包括专利技术和非专利技术。

自然资源使用权包括土地使用权、海域使用权、探矿权、采矿权、取水权和其他自然资源使用权。

其他权益性无形资产包括基础设施资产经营权、公共事业特许权、配额、经营权（包括特许经营权、连锁经营权、其他经营权）、经销权、分销权、代理权、会员权、席位权、网络游戏虚拟道具、域名、名称权、肖像权、冠名权、转会费等。

2.2.1.9 销售不动产的具体范围

销售不动产是指转让不动产所有权的业务活动。不动产，是指不能移动或者移动后会引起性质、形状改变的财产，包括建筑物、构筑物等。

建筑物包括住宅、商业营业用房、办公楼等可供居住、工作或者进行其他活动的建造物。

构筑物包括道路、桥梁、隧道、水坝等建造物。

转让建筑物有限产权或者永久使用权的，转让在建的建筑物或者构筑物所有权的，以及在转让建筑物或者构筑物时一并转让其所占土地的使用权的，按照销售不动产缴纳增值税。

2.2.2 有偿与非经营活动的界定

有偿是确立销售服务、无形资产或者不动产行为是否缴纳增值税的条件之一；是否为经营活动是确立销售服务、无形资产或者不动产行为有偿且不缴纳增值税的例外。

2.2.2.1 有偿的界定

对于有偿的范围界定将直接影响一项劳务是否征税的判定。货币有偿形式包括现金、存款、应收账款、应收票据、准备持有至到期的债券投资以及债务的豁免等。货物或其他经济利益为非货币有偿形式，包括固定资产、生物资产、无形资产、股权投资、存货、不准备持有至到期的债券投资、劳务以及有关权益等。

2.2.2.2 非营业活动排除在应征增值税应税服务之外的原因

（1）税制设计的合理性。由于非营业活动中提供交通运输业和部分现代服务业服务的特殊性，不宜列入应征增值税应税服务范围。

（2）非营业活动本身一般不以盈利为目的。

（3）非营业活动一般是为了履行国家行政管理和公共服务职能的需要或自我提供服务。

（4）将非营业活动排除在应征增值税应税服务之外有利于防范税务机关的执法风险，完善税收制度。

2.2.2.3 非营业活动的具体内容

（1）非企业性单位提供非经营活动

非企业性单位是按照法律和行政法规的规定，为履行国家行政管理和公共服务职能收取政府性基金或者行政事业性收费的活动。不是为履行国家行政管理和公共服务职能的，应属于试点实施办法规定的应征增值税的劳务范围。

非企业性单位所获取收入的性质是政府性基金或者行政事业性收费，这里所指的政府性基金或者行政事业性收费，应当同时符合下列条件：

①由国务院或者财政部批准设立的政府性基金，由国务院或者省级人民政府及其财政、价格主管部门批准设立的行政事业性收费；

②收取时开具省级以上财政部门印制的财政票据；

③所收款项全额上缴财政。

（2）单位或个体工商户聘用的员工提供非经营活动

单位或个体工商户聘用的员工为本单位或雇主提供销售服务，虽然发生有偿行为但不属于应税服务的增值税征收范围，即自我服务不征收增值税。对于这条规定，可以从以下两个方面来理解。

①只有单位或个体工商户聘用的员工为本单位或者雇主提供服务才不缴纳应税服务的增值税。核心在于员工身份的确立，关键在于如何划分员工和非员工。

员工的含义依据《中华人民共和国劳动合同法》第十条是这样规定的："建立劳动关系，应当订立书面劳动合同。已建立劳动关系，未同时订立书面劳动合同的，应当自用工之日起一个月内订立书面劳动合同。用人单位与劳动者在用工前订立劳动合同的，劳动关系自用工之日起建立。"另外《财政部 国家税务总局关于促进残疾人就业税收优惠政策的通知》（财税【2007】92号）也规定："单位在职职工是指与单位建立劳动关系并依法应当签订劳动合同或服务协议的雇员""为安置的每位残疾人按月足额缴纳了单位所在区县人民政府根据国家政策规定的基本养老保险、基本医疗保险、失业保险和工伤保险等社会保险"。

根据《中华人民共和国劳动合同法》和财税【2007】92号文件的规定，员工应该必须同时符合两个条件：与用人单位建立劳动关系并依法签订劳动合同；用人单位支付其社会保险。

②员工为本单位或者雇主提供的应税服务不缴纳增值税，只限定在其提供的职务性劳务范围内。

员工为本单位或者雇主提供的非职务性劳务按规定纳税。例如员工利用自己的交通工具为本单位运输货物收取运费等，对这些情况如果不征税，相对于其他单位和个人不公平，因此，员工为本单位或者雇主提供的服务不征税应仅限于员工为本单位或雇主提供职务性劳务。

（3）单位或个体工商户为员工提供的非经营活动

单位或者个体工商户为员工提供销售服务，即使发生有偿行为，也不属于应征增值税的劳务范围。

2.2.3 服务提供方与接受方的境内应税服务界定

2.2.3.1 境内应税服务

单位或者个人在境内接受应税服务，包括境内单位或者个人在境内接受应税服务和境外单位或者个人在境内接受应税服务。

（1）属人原则

属人原则是指境内的单位或者个人提供的应税服务都属于境内应税服务，也就是说境内的单位或者个人提供的应税服务，无论发生在境内或者境外都属于境内提供应税服务。

（2）收入来源地原则

收入来源地原则是指接受应税服务的单位或者个人在境内，也就是说应税收入来源于境内。换言之，应税服务接受方在境内，无论提供方是否在境内，都属于境内应税服务。

2.2.3.2 非境内应税服务

（1）完全境外消费

境外单位或者个人向境内单位或者个人提供的应税服务完全发生在境外并在境外消费，不属于在境内提供应税服务。

完全发生在境外并在境外消费的应税服务主要包含三层意思：

①应税服务的提供方为境外单位或者个人；

②境内单位或者个人在境外接受应税服务；

③所接受的服务必须从开始到结束整个环节都连续、完整地发生在境外。

（2）完全境外使用

境外单位或者个人向境内单位或者个人出租完全在境外使用的有形动产的服务，不属于在境内提供应税服务。

出租的有形资产完全在境外使用主要包含两层意思：

①有形动产本身在境外；

②有形动产的使用必须从开始到结束整个环节都连续、完整地发生在境外。

2.2.4 视同应税服务的界定

单位和个体工商户向其他单位或者个人无偿提供服务视同应税服务，提供方以公益活动为目的或者以社会公众为对象的除外。

无偿提供应税服务与有偿提供应税服务同等对待，全部纳入应税服务的范畴，体现了税收制度的公平性和完整性。同时，将以公益活动为目的或者以社会公众为对象的排除在视同提供应税服务范围之外，也有利于促进社会公益事业的发展。

2.3 税率和征收率

2.3.1 增值税税率规定

2.3.1.1 增值税税率17%

有形动产租赁服务的适用税率为增值税基本税率17%。有形动产租赁，包括有形动产融资租赁和有形动产经营性租赁。

远洋运输的光租业务和航空运输的干租业务，属于有形动产经营性租赁，适用税率为增值税基本税率17%。

2.3.1.2 增值税税率11%

交通运输业、邮政业服务、基础电信服务、建筑、不动产租赁服务、销售不动产和转让土地使用权的适用税率为11%。

远洋运输企业从事程租、期租业务和航空运输企业从事湿租业务，按照交通运输业服务征税，适用的税率为11%。

2.3.1.3 现代服务业服务税率

现代服务、金融服务、生活服务的适用税率为6%。

2.3.1.4 零税率的规定

对于适用零税率的应税服务的具体范围，由财政部和国家税务总局另行规定。零税率的设定对于应税服务进入国际市场，调整完善我国出口贸易结构，促进服务贸易出口具有深远的影响。

2.3.2 增值税征收率规定

征收率是指应税服务在某一征税环节的应纳税额与计税依据的比率。小规模纳税人提供应税服务的征收率为3%。一般纳税人如有符合规定的特定项目，也可以选择征收率为3%的简易计税方法。

2.3.3 增值税税率及征收率一览表

根据《财政部 国家税务总局关于兼并增值税征税率政策的通知》

（财税【2014】57 号）、《国家税务总局关于简并增值税征税率有关问题的公告》（国家税务总局公告【2014】36 号）规定，自 2014 年 7 月 1 日起，简并和统一增值税征收率，将 6% 和 4% 的增值税征税率统一调整为 3% 。为方便纳税人正确划分适用税率及征收率，特梳理《增值税税率及征收率一览表》，以供读者参考。

增值税税率及征收率一览表

税率及征收率	类型	适用项目	计算应纳税额的方法	说明
17%	税率	1. 货物	应纳税额 = 销项税额 - 进项税额 销项税额 = 销售额（不含税）×17% 不含税销售额 = 含税销售额/（1 +17%）	
		2. 应税劳务		
		3. 有形动产租赁服务		
13%	税率	1. 粮食、食用植物油	应纳税额 = 销项税额 - 进项税额 销项税额 = 销售额（不含税）×13% 不含税销售额 = 含税销售额/（1 +13%）	
		2. 自来水、暖气、冷气、热水、煤气、石油液化气、天然气、沼气、居民用煤炭产品		
		3. 图书、报纸、杂志		
		4. 饲料、化肥、农药、农机、农膜		
		5. 国务院规定的其他货物		
11%	税率	1. 交通运输业（含铁路运输）服务	应纳税额 = 销项税额 - 进项税额 销项税额 = 销售额（不含税）×11% 不含税销售额 = 含税销售额/（1 +11%）	
		2. 邮政业服务		
		3. 基础电信服务		

（续表）

税率及征收率	类型	适用项目	计算应纳税额的方法	说明
6%	税率	1. 研发和技术服务	应纳税额 = 销项税额 − 进项税额 销项税额 = 销售额（不含税）×6% 不含税销售额 = 含税销售额/（1 +6%）	本次简并和统一征收率是对6%、4%的增值税征收率的调整。一般纳税人提供部分“营改增”应税服务仍适用6%税率，不在本次调整范围
		2. 信息技术服务		
		3. 文化创意服务		
		4. 物流辅助服务		
		5. 鉴证咨询服务		
		6. 广播影视服务		
		7. 增值电信服务		
5%	征收率	中外合作油（气）田开采（含中外双方签订石油合同开采陆上）的原油、天然气	应纳税额 = 销售额（不含税）×5% 不含税销售额 = 含税销售额/（1 +5%）	1. 未纳入简并征收率范围 2. 不得抵扣进项税额，可以按征收率开具增值税专用发票
3%	征收率	1. 小规模纳税人销售货物、提供应税劳务或“营改增”试点应税服务	应纳税额 = 销售额（不含税）×3% 不含税销售额 = 含税销售额/（1 +3%）	不得抵扣进项税额，可以申请税务机关代开增值税专用发票
		2. 特定一般纳税人销售下列自产货物 （1）县级及县级以下小型水力发电单位生产的电力 （2）建筑用和生产建筑材料所用的沙、土、石料 （3）以自己采掘的沙、土、石料或其他矿物连续生产的砖、瓦、石灰	应纳税额 = 销售额（不含税）×3% 不含税销售额 = 含税销售额/（1 +3%）	1. 一般纳税人选择简易办法，36个月不得变更 2. 不得抵扣进项税额，可以按征收率开具增值税专用发票

（续表）

税率及征收率	类型	适用项目	计算应纳税额的方法	说明
3%	征收率	（4）用微生物、微生物代谢产物、动物毒素、人或动物的血液或组织制成的生物制品 （5）自来水 （6）商品混凝土（仅限于以水泥为原料生产的水泥混凝土）	应纳税额 = 销售额（不含税）×3% 不含税销售额 = 含税销售额/（1+3%）	1. 一般纳税人选择简易办法，36个月不得变更 2. 不得抵扣进项税额，可以按征收率开具增值税专用发票
		3. 一般纳税人销售货物属于下列情形 （1）寄售商店代销寄售物品（包括居民个人寄售的物品在内） （2）典当业销售死当物品	应纳税额 = 销售额（不含税）×3% 不含税销售额 = 含税销售额/（1+3%）	不得抵扣进项税额，可以按征收率开具增值税专用发票
		4. 一般纳税人的自来水公司销售自来水	应纳税额 = 销售额（不含税）×3% 不含税销售额 = 含税销售额/（1+3%）	不得抵扣自来水取得增值税扣税凭证上注明的增值税税款，可以按征收率开具增值税专用发票
		5. 固定业户（指增值税一般纳税人）临时到外省、市销售货物，对未持“外出经营活动税收管理证明”的，经营地税务机关按3%征收率征税	应纳税额 = 销售额（不含税）×3% 不含税销售额 = 含税销售额/（1+3%）	固定业户（指增值税一般纳税人）临时到外省、市销售货物的，必须向经营地税务机关出示“外出经营活动税收管理证明”回原地纳税，需要向购货方开具专用发票的，须回原地补开

（续表）

税率及征收率	类型	适用项目	计算应纳税额的方法	说明
3%	征收率	6. 拍卖行受托拍卖增值税应税货物	应纳税额 = 销售额（不含税）×3% 不含税销售额 = 含税销售额/（1+3%）	拍卖货物属免税货物范围的，经拍卖行所在地县级主管税务机关批准，可以免征增值税
		7. 属于增值税一般纳税人的单采血浆站销售非临床用人体血液	应纳税额 = 销售额（不含税）×3% 不含税销售额 = 含税销售额/（1+3%）	1. 人体血液的增值税适用税率为17% 2. 属于增值税一般纳税人的单采血浆站销售非临床用人体血液，可以按照简易办法依照3%征收率计算应纳税额，但不得对外开具增值税专用发票；也可以按照销项税额抵扣进项税额的办法依照增值税适用税率计算应纳税额。纳税人选择计算缴纳增值税的办法后，36个月内不得变更
		8. 营改增试点一般纳税人提供的公共交通运输服务	应纳税额 = 销售额（不含税）×3% 不含税销售额 = 含税销售额/（1+3%）	一般纳税人选择简易办法，36个月不得变更，不得抵扣进项税额
		9. 营改增试点一般纳税人以该地区试点实施之日前购进或自制的有形动产为标的物提供的经营租赁服务		

（续表）

税率及征收率	类型	适用项目	计算应纳税额的方法	说明
3%	征收率	10. 2017年12月31日前，被认定为动漫企业的营改增试点一般纳税人提供的相关动漫服务	应纳税额 = 销售额（不含税）×3% 不含税销售额 = 含税销售额/（1+3%）	一般纳税人选择简易办法，36个月不得变更，不得抵扣进项税额
		11. 营改增试点一般纳税人提供的电影放映服务、仓储服务、装卸搬运服务和收派服务		
		12. 2015年12月31日前，提供电信业服务的境内单位中的一般纳税人通过卫星提供的语音通话服务、电子数据和信息的传输服务		
		13. 药品经营企业销售生物制品	应纳税额 = 销售额（不含税）×3% 不含税销售额 = 含税销售额/（1+3%）	2013年10月1日至2015年12月31日，国家电网公司所属企业应按照发电户应纳税额的50%代征增值税税款，同时由国家电网公司所属企业开具普通发票
		14. 光伏发电项目发电户（个人和不经常发生应税行为的非企业性单位）销售电力产品，按税法规定应缴增值税的，可由国家电网公司所属企业按照3%征收率代征增值税税款		
2%	征收率	下列项目可依照3%征收率减按2%征收增值税 1. 销售自己使用过的固定资产		

（续表）

税率及征收率	类型	适用项目	计算应纳税额的方法	说明
2%	征收率	（1）小规模纳税人销售自己使用过的固定资产 （2）特定一般纳税人销售自己使用过的固定资产 ①原增值税一般纳税人销售自己使用过的，扩大增值税抵扣范围试点地区试点以前，非试点地区2009年1月1日增值税转型改革以前，购进或自制的固定资产 ②营改增试点实施之前购进或者自制的固定资产 ③一般纳税人销售自己使用过的属于增值税暂行条例第十条规定不得抵扣且未抵扣进项税额的固定资产 ④购进或者自制固定资产时为小规模纳税人，认定为一般纳税人后销售该固定资产 ⑤发生按简易办法征收增值税应税行为，销售其按照规定不得抵扣且未抵扣进项税额的固定资产 2. 销售旧货 （1）小规模纳税人销售旧货 （2）一般纳税人销售旧货	应纳税额 = 销售额（不含税）×2% 销售额（不含税）= 含税销售额/（1+3%）	1. 小规模纳税人销售自己使用过的除固定资产以外的物品，按3%征收率计税 2. 小规模纳税人销售自己使用过的固定资产，应开具普通发票，不得由税务机关代开增值税专用发票 3. 一般纳税人销售自己使用过的除固定资产以外的物品，应当按照适用税率征收增值税 4. 一般纳税人销售自己使用过的固定资产，应开具普通发票，不得开具增值税专用发票 5. 纳税人（含一般纳税人、小规模纳税人）销售旧货，应开具普通发票，不得自行开具或者由税务机关代开增值税专用发票
0	税率	出口货物、财政部和国家税务总局规定的应税服务，但国务院另有规定的除外		

2.4 应纳税额的计算

2.4.1 增值税计税方法的规定

增值税的计税方法，包括一般计税方法和简易计税法。一般情况下，一般纳税人适用一般计税方法，即按照销项税额减去进项税额的差额作为应纳税额。小规模纳税人适用简易计税方法，即按照销售额与征收率的乘积作为应纳税额。

2.4.2 一般纳税人计税方法

2.4.2.1 一般计税方法

一般纳税人提供应税服务适用一般计税方法。在一般计税方法下，纳税人提供的应税服务和销售货物、提供加工修理修配劳务采用一致的计税方法。

其计算公式如下：

应纳增值税额 = 当期销项税额 - 当期进项税额

当期销项税额小于当期进项税额不足抵扣时，其不足部分可以结转下期继续抵扣。

2.4.2.2 简易计税方法

一般纳税人如果提供了发生财政部和国家税务总局规定的特定应税行为，可适用简易计税方法来计算征收增值税。但对于增值税一般纳税人而言，对于同一项特定应税服务，可自行选择按一般计税方法或按简易计税方法征收，一经选定，36 个月内不得调整计税方法。

2.4.2.3 一般纳税人简易计税方法特定项目

一般纳税人部分特定项目可以选择简易计税方法来计算征收增值税。

（1）公共交通运输服务

试点纳税人中的一般纳税人提供的公共交通运输服务，可以选择按照简易计税方法计算缴纳增值税。公共交通运输服务，包括轮客渡、公交客运、地铁、城市轻轨、出租车、长途客运、班车。其中，班车是指按固定路线、固定时间运营并在固定站点停靠的运送旅客的陆路运输。

试点纳税人中的一般纳税人，以该地区试点实施之日前购进或者自制的有形动产为标的物提供的经营租赁服务，试点期间可以选择按照简易计税方法计算缴纳增值税。

（2）动漫企业

被认定为动漫企业的试点纳税人中的一般纳税人，为开发动漫产品提供的动漫脚本编撰、形象设计、背景设计、动画设计、分镜、动画制作、摄制、描线、上色、画面合成、配音、配乐、音效合成、剪辑、字幕制作、压缩转码（面向网络动漫、手机动漫格式适配）服务，以及在境内转让动漫版权（包括动漫品牌、形象或者内容的授权及再授权），可以选择按照简易计税方法计算缴纳增值税。

动漫企业和自主开发、生产动漫产品的认定标准和认定程序，按照《文化部 财政部 国家税务总局关于印发〈动漫企业认定管理办法（试行）〉的通知》（文市发【2008】51 号）的规定执行。

（3）电影放映与仓储、装卸、收派、文化体育服务

试点纳税人中的一般纳税人提供的电影放映服务、仓储服务、装卸搬运服务、收派服务和文化体育服务，可以选择按照简易计税办法计算缴纳增值税。

试点纳税人中的一般纳税人兼有销售货物、提供加工修理修配劳务的，凡未规定可以选择按照简易计税方法计算缴纳增值税的，其全部销售额应一并按照一般计税方法计算缴纳增值税。

（4）有形动产特殊规定项目

以纳入营改增试点之日前取得的有形动产为标的物提供的经营租赁服务，适用简易征税方法。

在纳入营改增试点之日前签订的尚未执行完毕的有形动产租赁合同，适用简易征税方法。

（5）建筑服务特殊项目

建筑服务是 2016 年 3 月 23 日财政部、国家税务总局《关于全面推开营业税改征增值税试点的通知》中，涉及营业税改征增值税的重点行业，涉及的特殊规定项目比较多，这些特殊规定项目适用简易征税方法。

①一般纳税人以清包工方式提供的建筑服务，可以选择适用简易计

税方法计税。

以清包工方式提供建筑服务是指施工方不采购建筑工程所需的材料或只采购辅助材料，并收取人工费、管理费或者其他费用的建筑服务。

②一般纳税人为甲供工程提供的建筑服务，可以选择适用简易计税方法计税。

甲供工程是指全部或部分设备、材料、动力由工程发包方自行采购的建筑工程。

③一般纳税人为建筑工程老项目提供的建筑服务，可以选择适用简易计税方法计税。

建筑工程老项目是指《建筑工程施工许可证》注明的合同开工日期在 2016 年 4 月 30 日前的建筑工程项目；未取得《建筑工程施工许可证》的，建筑工程承包合同注明的开工日期在 2016 年 4 月 30 日前的建筑工程项目。

④一般纳税人跨县（市）提供建筑服务，适用一般计税方法计税的，应以取得的全部价款和价外费用为销售额计算应纳税额。纳税人应以取得的全部价款和价外费用扣除支付的分包款后的余额，按照 2% 的预征率在建筑服务发生地预缴税款后，向机构所在地主管税务机关进行纳税申报。

一般纳税人跨县（市）提供建筑服务，选择适用简易计税方法计税的，应以取得的全部价款和价外费用扣除支付的分包款后的余额为销售额，按照 3% 的征收率计算应纳税额。纳税人应按照上述计税方法在建筑服务发生地预缴税款后，向机构所在地主管税务机关进行纳税申报。

试点纳税人中的小规模纳税人（以下称小规模纳税人）跨县（市）提供建筑服务，应以取得的全部价款和价外费用扣除支付的分包款后的余额为销售额，按照 3% 的征收率计算应纳税额。纳税人应按照上述计税方法在建筑服务发生地预缴税款后，向机构所在地主管税务机关进行纳税申报。

（6）销售不动产特殊项目

销售不动产业务就是我们传统意义上说的房地产企业销售房屋，与建筑服务同样是 2016 年 3 月 23 日财政部、国家税务总局《关于全面推开营业税改征增值税试点的通知》中，涉及营业税改征增值税的重点行业。包括个人销售不动产在内涉及的特殊规定项目应当适用简易征税方法。

①一般纳税人销售其2016年4月30日前取得（不含自建）的不动产，可以选择适用简易计税方法，以取得的全部价款和价外费用减去该项不动产购置原价或者取得不动产时的作价后的余额为销售额，按照5%的征收率计算应纳税额。纳税人应按照上述计税方法在不动产所在地预缴税款后，向机构所在地主管税务机关进行纳税申报。

②一般纳税人销售其2016年4月30日前自建的不动产，可以选择适用简易计税方法，以取得的全部价款和价外费用为销售额，按照5%的征收率计算应纳税额。纳税人应按照上述计税方法在不动产所在地预缴税款后，向机构所在地主管税务机关进行纳税申报。

③一般纳税人销售其2016年5月1日后取得（不含自建）的不动产，应适用一般计税方法，以取得的全部价款和价外费用为销售额计算应纳税额。纳税人应以取得的全部价款和价外费用减去该项不动产购置原价或者取得不动产时的作价后的余额，按照5%的预征率在不动产所在地预缴税款后，向机构所在地主管税务机关进行纳税申报。

④一般纳税人销售其2016年5月1日后自建的不动产，应适用一般计税方法，以取得的全部价款和价外费用为销售额计算应纳税额。纳税人应以取得的全部价款和价外费用，按照5%的预征率在不动产所在地预缴税款后，向机构所在地主管税务机关进行纳税申报。

⑤小规模纳税人销售其取得（不含自建）的不动产（不含个体工商户销售购买的住房和其他个人销售不动产），应以取得的全部价款和价外费用减去该项不动产购置原价或者取得不动产时的作价后的余额为销售额，按照5%的征收率计算应纳税额。纳税人应按照上述计税方法在不动产所在地预缴税款后，向机构所在地主管税务机关进行纳税申报。

⑥小规模纳税人销售其自建的不动产，应以取得的全部价款和价外费用为销售额，按照5%的征收率计算应纳税额。纳税人应按照上述计税方法在不动产所在地预缴税款后，向机构所在地主管税务机关进行纳税申报。

⑦房地产开发企业中的一般纳税人，销售自行开发的房地产老项目，可以选择适用简易计税方法按照5%的征收率计税。

⑧房地产开发企业中的小规模纳税人，销售自行开发的房地产项目，按照5%的征收率计税。

⑨房地产开发企业采取预收款方式销售所开发的房地产项目，在收到预收款时按照3%的预征率预缴增值税。

⑩个体工商户销售购买的住房，应按照附件3《营业税改征增值税试点过渡政策的规定》第五条的规定免征增值税。纳税人应按照上述计税方法在不动产所在地预缴税款后，向机构所在地主管税务机关进行纳税申报。

其他个人销售其取得（不含自建）的不动产（不含其购买的住房），应以取得的全部价款和价外费用减去该项不动产购置原价或者取得不动产时的作价后的余额为销售额，按照5%的征收率计算应纳税额。

（7）动产经营租赁特殊项目

①一般纳税人出租其2016年4月30日前取得的不动产，可以选择适用简易计税方法，按照5%的征收率计算应纳税额。纳税人出租其2016年4月30日前取得的与机构所在地不在同一县（市）的不动产，应按照上述计税方法在不动产所在地预缴税款后，向机构所在地主管税务机关进行纳税申报。

②公路经营企业中的一般纳税人收取试点前开工的高速公路的车辆通行费，可以选择适用简易计税方法，减按3%的征收率计算应纳税额。

试点前开工的高速公路是指相关施工许可证明上注明的合同开工日期在2016年4月30日前的高速公路。

③一般纳税人出租其2016年5月1日后取得的、与机构所在地不在同一县（市）的不动产，应按照3%的预征率在不动产所在地预缴税款后，向机构所在地主管税务机关进行纳税申报。

④小规模纳税人出租其取得的不动产（不含个人出租住房），应按照5%的征收率计算应纳税额。纳税人出租与机构所在地不在同一县（市）的不动产，应按照上述计税方法在不动产所在地预缴税款后，向机构所在地主管税务机关进行纳税申报。

⑤其他个人出租其取得的不动产（不含住房），应按照5%的征收率计算应纳税额。

个人出租住房，应按照5%的征收率减按1.5%计算应纳税额。

2.4.3 小规模纳税人计税方法

小规模纳税人的计税方法比较简单，采用简易计税方法计算应纳税额。

简易计税方法的应纳税额，是指按照销售额和增值税征收率计算的增值税额，不得抵扣进项税额。应纳税额计算公式如下：

应纳税额 = 销售额 × 征收率

简易计税方法的销售额不包括其应纳税额，纳税人采用销售额和应纳税额合并定价方法的，按照下列公式计算销售额：

销售额 = 含税销售额 ÷ （1 + 征收率）

2.4.4 境外单位或者个人计税方法

2.4.4.1 境外单位或者个人计税方法的一般规定

境外单位或个人在境内向试点纳税人提供应税服务，在中国境内扣缴税款。

（1）适用于境外单位或者个人在境内向试点纳税人提供应税服务的，且在境内未设立经营机构的情况；

（2）范围限定于提供应税服务，提供非试点范围劳务不在本条规定的范围内；

（3）对接受应税服务方支付价款为含税价格，在计算应扣缴税额时，应转换为不含税价格。

例如，境外公司为试点纳税人A提供系统支持、咨询服务，合同价款106万元，该境外公司在试点地区未设立经营机构，则该项业务应当扣缴的税额计算如下：

应扣缴增值税额 = 106 ÷ （1 + 6%） × 6% = 6（万元）

2.4.4.2 境外单位或者个人计税方法特别规定

未与我国政府达成双边运输免税安排的国家和地区的单位或者个人，向境内单位或者个人提供的应税服务，在境内未设有经营机构的，以其购买人为增值税扣缴义务人；在境内没有代理人的，以接受方为增值税扣缴义务人的，试点期间扣缴义务人暂按3%的征收率代扣代缴增值税。

2.4.5 一般计税方法应纳税额的计算方法

目前我国采用的是购进扣税法，也就是纳税人在购进货物时按照销售额支付税款为进项税额，在销售货物时也按照销售额收取税款为销项税额，允许从销项税额中扣除进项税额，这样就相当于仅对货物、加工修理修配劳务和应税服务的增值部分征税。当销项税额小于进项税额时，目前的做法是结转下期继续抵扣。

例如，某试点一般纳税人2014年3月取得交通运输收入111万元（含税），当月外购汽油10万元，购入运输车辆20万元（不含税金额，取得增值税专用发票），发生的联运支出50万元（不含税金额，由试点纳税人提供增值税专用发票）。

该纳税人2014年3月应纳税额 $=111\div(1+11\%)\times11\%-10\times17\%-20\times17\%-50\times11\%=11-1.7-3.4-5.5=0.4$（万元）

2.4.6 销项税额的计算方法

2.4.6.1 销项税额的折算计算方法

在确定一般纳税人应税服务的销售额时，可能会遇到一般纳税人由于销售对象的不同、开具发票种类的不同而将销售额和销项税额合并定价的情况。对此，实施办法规定，一般纳税人销售货物或者应税服务，采用销售额和销项税额合并定价方法的，按照销售额 = 含税销售额 ÷（1 + 税率）计算销售额。

本规定对应税服务纳税人确认营业收入有一定影响。应税服务原征收营业税时，纳税人根据实际取得的价款确认营业收入，按照营业收入和营业税率的乘积确认应交营业税。在应税服务征收增值税后，一般纳税人取得的含税销售额，先进行价税分离计算不含税销售额，再根据不含税销售额乘以税率计算出销项税额。

2.4.6.2 销项税额的折算计算方法

（1）贷款服务以提供贷款服务取得的全部利息及利息性质的收入为销售额。

（2）直接收费金融服务，以提供直接收费金融服务收取的手续费、佣金、酬金、管理费、服务费、经手费、开户费、过户费、结算费、转托管费等各类费用为销售额。

（3）金融商品转让，按照卖出价扣除买入价后的余额为销售额。

转让金融商品出现的正负差，按盈亏相抵后的余额为销售额。若相抵后出现负差，可结转下一纳税期与下期转让金融商品销售额相抵，但年末时仍出现负差的，不得转入下一个会计年度。

金融商品的买入价可以选择按照加权平均法或者移动加权平均法进行核算，选择后 36 个月内不得变更。

金融商品转让，不得开具增值税专用发票。

（4）经纪代理服务，以取得的全部价款和价外费用，扣除向委托方收取并代为支付的政府性基金或者行政事业性收费后的余额为销售额。向委托方收取的政府性基金或者行政事业性收费，不得开具增值税专用发票。

（5）融资租赁和融资性售后回租业务。

①经人民银行、银监会或者商务部批准从事融资租赁业务的试点纳税人，提供融资租赁服务，以取得的全部价款和价外费用，扣除支付的借款利息（包括外汇借款和人民币借款利息）、发行债券利息和车辆购置税后的余额为销售额。

②经人民银行、银监会或者商务部批准从事融资租赁业务的试点纳税人，提供融资性售后回租服务，以取得的全部价款和价外费用（不含本金），扣除对外支付的借款利息（包括外汇借款和人民币借款利息）、发行债券利息后的余额作为销售额。

③试点纳税人根据 2016 年 4 月 30 日前签订的有形动产融资性售后回租合同，在合同到期前提供的有形动产融资性售后回租服务，可继续按照有形动产融资租赁服务缴纳增值税。

继续按照有形动产融资租赁服务缴纳增值税的试点纳税人，经人民银行、银监会或者商务部批准从事融资租赁业务的，根据 2016 年 4 月 30 日前签订的有形动产融资性售后回租合同，在合同到期前提供的有形动产融资性售后回租服务，可以选择以下 A 或 B 两种方法之一计算销售额。

A. 以向承租方收取的全部价款和价外费用，扣除向承租方收取的价款本金，以及对外支付的借款利息（包括外汇借款和人民币借款利息）、发行债券利息后的余额为销售额。

纳税人提供有形动产融资性售后回租服务，计算当期销售额时可以扣除的价款本金，为书面合同约定的当期应当收取的本金。无书面合同或者书面合同没有约定的，为当期实际收取的本金。

试点纳税人提供有形动产融资性售后回租服务，向承租方收取的有形动产价款本金，不得开具增值税专用发票，可以开具普通发票。

B. 以向承租方收取的全部价款和价外费用，扣除支付的借款利息（包括外汇借款和人民币借款利息）、发行债券利息后的余额为销售额。

④经商务部授权的省级商务主管部门和国家经济技术开发区批准的从事融资租赁业务的试点纳税人，2016 年 5 月 1 日后实收资本达到 1.7 亿元的，从达到标准的当月起按照上述规定执行；2016 年 5 月 1 日后实收资本未达到 1.7 亿元但注册资本达到 1.7 亿元的，在 2016 年 7 月 31 日前仍可按照上述规定执行，2016 年 8 月 1 日后开展的融资租赁业务和融资性售后回租业务不得按照上述规定执行。

（6）航空运输企业的销售额，不包括代收的机场建设费和代售其他航空运输企业客票而代收转付的价款。

（7）试点纳税人中的一般纳税人（以下称一般纳税人）提供客运场站服务，以其取得的全部价款和价外费用，扣除支付给承运方运费后的余额为销售额。

（8）试点纳税人提供旅游服务，可以选择以取得的全部价款和价外费用，扣除向旅游服务购买方收取并支付给其他单位或者个人的住宿费、餐饮费、交通费、签证费、门票费和支付给其他接团旅游企业的旅游费用后的余额为销售额。

选择上述办法计算销售额的试点纳税人，向旅游服务购买方收取并支付的上述费用，不得开具增值税专用发票，可以开具普通发票。

（9）试点纳税人提供建筑服务适用简易计税方法的，以取得的全部价款和价外费用扣除支付的分包款后的余额为销售额。

（10）房地产开发企业中的一般纳税人销售其开发的房地产项目（选择简易计税方法的房地产老项目除外），以取得的全部价款和价外费用，扣除受让土地时向政府部门支付的土地价款后的余额为销售额。

房地产老项目，是指《建筑工程施工许可证》注明的合同开工日期在2016年4月30日前的房地产项目。

（11）试点纳税人按照上述第4款至第10款的规定从全部价款和价外费用中扣除的价款，应当取得符合法律、行政法规和国家税务总局规定的有效凭证，否则不得扣除。

上述凭证是指：

①支付给境内单位或者个人的款项，以发票为合法有效凭证；

②支付给境外单位或者个人的款项，以该单位或者个人的签收单据为合法有效凭证，税务机关对签收单据有疑议的，可以要求其提供境外公证机构的确认证明；

③缴纳的税款，以完税凭证为合法有效凭证；

④扣除的政府性基金、行政事业性收费或者向政府支付的土地价款，以省级以上（含省级）财政部门监（印）制的财政票据为合法有效凭证；

⑤国家税务总局规定的其他凭证。

纳税人取得的上述凭证属于增值税扣税凭证的，其进项税额不得从销项税额中抵扣。

2.4.7 进项税额的计算方法

部分应税服务改征增值税以后，对于营业税纳税人最大的变化就是，取得的发票或合法凭证从原有的不作为增值税扣税凭证变为了增值税扣税凭证（即进项税额）。同时，现行税法对增值税扣税凭证规定了认证抵扣期限。纳税人不仅要注意票据凭证发生了变化，而且要注意会计核算也发生了变化。

纳税人购进货物、加工修理修配劳务或接受应税服务，所支付或者负担的增值税额为进项税额。只有增值税一般纳税人才涉及进项税额的抵扣问题；产生进项税额的行为必须是购进货物、加工修理修配劳务和接受应税服务；支付或者负担的进项税额是指支付给销货方或者应由购买方自己负担的增值税额。

对纳税人会计核算而言，部分应税服务改征增值税后，其核算进项税额的情况也发生了一定的变化。在原会计核算下，试点纳税人取得的票据凭证，直接计入主营业务成本（或营业成本、费用），在新会计核算下，试点纳税人取得的增值税专用发票，根据发票注明的价款计入主营业务成本（或营业成本、费用），根据发票上注明的增值税额计入应交税费——应交增值税（进项税额）。

同时，本次营改增过程中涉及的不动产、无形资产、金融产品等，国家对其进项税额作了特殊规定。

（1）适用一般计税方法的试点纳税人，2016 年 5 月 1 日后取得并在会计制度上按固定资产核算的不动产或者 2016 年 5 月 1 日后取得的不动产在建工程，其进项税额应自取得之日起分 2 年从销项税额中抵扣，第一年抵扣比例为 60%，第二年抵扣比例为 40%。

取得不动产，包括以直接购买、接受捐赠、接受投资入股、自建以及抵债等各种形式取得不动产，不包括房地产开发企业自行开发的房地产项目。

融资租入的不动产以及在施工现场修建的临时建筑物、构筑物，其进项税额不适用上述分 2 年抵扣的规定。

（2）按照《试点实施办法》规定不得抵扣且未抵扣进项税额的固定资产、无形资产、不动产，发生用途改变，用于允许抵扣进项税额的应税项目，可在用途改变的次月按照下列公式计算可以抵扣的进项税额：

可以抵扣的进项税额 = 固定资产、无形资产、不动产净值/（1 + 适用税率）×适用税率

上述可以抵扣的进项税额应取得合法有效的增值税扣税凭证。

（3）纳税人接受贷款服务向贷款方支付的与该笔贷款直接相关的投融资顾问费、手续费、咨询费等费用，其进项税额不得从销项税额中抵扣。

2.4.8 进项税额准予从销项税额中扣除的依据

2.4.8.1 增值税专用发票

纳税人从货物销售方、加工修理修配劳务或者应税服务提供方取得的增值税专用发票（包括货物运输专用的增值税专用发票、税控机动车销售统一发票，下同）上注明的增值税额准予从销项税额中抵扣。

增值税专用发票是为加强增值税抵扣管理，根据增值税的特点设计的，专供一般纳税人使用的一种发票。增值税专用发票是一般纳税人从销项税额中抵扣进项税额的扣税凭证，是目前最主要的一种扣税凭证。增值税专用发票目前的抵扣期限是自开票之日起180天内进行认证抵扣。

2.4.8.2 海关进口增值税专用缴款书

纳税人从海关取得的海关进口增值税专用缴款书上注明的增值税额，准予从销项税额中抵扣。

根据当前税法规定，进口环节的增值税是由海关代征的，试点纳税人在进口货物办理报关进口手续时，需向海关申报缴纳进口增值税并从海关取得完税证明，其取得的海关进口专用缴款书可申报抵扣。海关进口专用缴款书目前抵扣的期限是自报关进口之日起180天内进行抵扣。

2.4.8.3 农产品收购发票或者销售发票扣除依据

购进农产品，除取得增值税专用发票或者海关进口增值税专用缴款书外，按照农产品收购发票或者销售发票上注明的农产品买价和13%的扣除率计算的进项税额，准予从销项税额中抵扣。计算公式为：

$$进项税额 = 买价 \times 扣除率$$

买价，是指纳税人购进农产品在农产品收购发票或者销售发票上注明的价款和按照规定缴纳的烟叶税。

购进农产品，按照《农产品增值税进项税额核定扣除试点实施办法》抵扣进项税额的除外。

农产品增值税进项税额核定方法如下。

（一）试点纳税人以购进农产品为原料生产货物的，农产品增值税进项税额可按照以下方法核定。

1. 投入产出法

参照国家标准、行业标准（包括行业公认标准和行业平均耗用值）确定销售单位数量货物耗用外购农产品的数量（以下称农产品单耗数量）。

当期允许抵扣农产品增值税进项税额依据农产品单耗数量、当期销售货物数量、农产品平均购买单价（含税，下同）和农产品增值税进项税额扣除率（以下简称“扣除率”）计算。计算公式为：

当期允许抵扣农产品增值税进项税额＝当期农产品耗用数量×农产品平均购买单价×扣除率÷（1＋扣除率）

当期农产品耗用数量＝当期销售货物数量（不含采购除农产品以外的半成品生产的货物数量）×农产品单耗数量

对以单一农产品原料生产多种货物或者多种农产品原料生产多种货物的，在核算当期农产品耗用数量和平均购买单价时，应依据合理的方法归集和分配。

平均购买单价是指购买农产品期末平均买价，不包括买价之外单独支付的运费和入库前的整理费用。期末平均买价计算公式：

期末平均买价＝（期初库存农产品数量×期初平均买价＋当期购进农产品数量×当期买价）÷（期初库存农产品数量＋当期购进农产品数量）

2. 成本法

依据试点纳税人年度会计核算资料，计算确定耗用农产品的外购金额占生产成本的比例（以下称农产品耗用率）。当期允许抵扣农产品增值税进项税额依据当期主营业务成本、农产品耗用率以及扣除率计算。计算公式为：

当期允许抵扣农产品增值税进项税额＝当期主营业务成本×农产品耗用率×扣除率÷（1＋扣除率）

农产品耗用率＝上年投入生产的农产品外购金额÷上年生产成本×100%

农产品外购金额（含税）不包括不构成货物实体的农产品（包括包装物、辅助材料、燃料、低值易耗品等）和在购进农产品之外单独支付的运费、入库前的整理费用。

对以单一农产品原料生产多种货物或者多种农产品原料生产多种货物的，在核算当期主营业务成本以及核定农产品耗用率时，试点纳税人应依据合理的方法进行归集和分配。

农产品耗用率由试点纳税人向主管税务机关申请核定。

年度终了，主管税务机关应根据试点纳税人本年实际对当年已抵扣的农产品增值税进项税额进行纳税调整，重新核定当年的农产品耗用率，并作为下一年度的农产品耗用率。

3. 参照法

新办的试点纳税人或者试点纳税人新增产品的，试点纳税人可参照所属行业或者生产结构相近的其他试点纳税人确定农产品单耗数量或者农产品耗用率。次年，试点纳税人向主管税务机关申请核定当期的农产品单耗数量或者农产品耗用率，并据此计算确定当年允许抵扣的农产品增值税进项税额，同时对上一年增值税进项税额进行调整。核定的进项税额超过实际抵扣增值税进项税额的，其差额部分可以结转下期继续抵扣；核定的进项税额低于实际抵扣增值税进项税额的，其差额部分应按现行增值税的有关规定将进项税额做转出处理。

（二）试点纳税人购进农产品直接销售的，农产品增值税进项税额按照以下方法核定扣除：

当期允许抵扣农产品增值税进项税额＝当期销售农产品数量÷（1－损耗率）×农产品平均购买单价×13%÷（1＋13%）

损耗率＝损耗数量÷购进数量×100%

（三）试点纳税人购进农产品用于生产经营且不构成货物实体的（包括包装物、辅助材料、燃料、低值易耗品等），增值税进项税额按照以下方法核定扣除：

当期允许抵扣农产品增值税进项税额＝当期耗用农产品数量×农产品平均购买单价×13%÷（1＋13%）

农产品单耗数量、农产品耗用率和损耗率统称为农产品增值税进项税额扣除标准。

2.4.8.4 代扣代缴增值税取得的通用税收缴款书扣除依据

接受境外单位或者个人提供应税服务，代扣代缴增值税而取得的中华人民共和国通用税收缴款书上注明的增值税额，准予从销项税额中抵扣。

境外单位或者个人向境内提供应税服务的，应由代理人或境内接受劳务的试点纳税人作为扣缴义务人。扣缴义务人按照本实施办法扣缴应税服务税款后，向主管税务机关申报缴纳相应税款，并由主管税务机关出具中华人民共和国通用税收缴款书。扣缴义务人凭中华人民共和国通用税收缴款书上注明的增值税额，从应税服务的销项税额中抵扣。

扣缴义务人按照下列公式计算应扣缴税额：

应扣缴税额 = 接受方支付的价款 ÷（1 + 税率）× 税率

2.4.9 进项税额不得作为销项税额扣除依据的规定

在增值税征收管理中，纳税人购进货物或者接受应税服务，所支付或者负担的增值税额是否属于可抵扣的进项税额，是以增值税扣税凭证作为依据的。因此，实施办法对纳税人取得的增值税扣税凭证做出了规定，即不符合法律、行政法规或者国家税务总局有关规定的，其进项税额不得从销项税额中抵扣。如此规定，主要是为了督促纳税人按照规定取得扣税凭证，提高税法遵从度。

纳税人取得的增值税扣税凭证不符合法律、行政法规或者国家税务总局有关规定的，其进项税额不得从销项税额中抵扣。

增值税扣税凭证包括增值税专用发票、海关进口增值税专用缴款书、农产品收购发票、农产品销售发票和完税凭证。

纳税人凭完税凭证抵扣进项税额的，应当具备书面合同、付款证明和境外单位的对账单或者发票。资料不全的，其进项税额不得从销项税额中抵扣。

2.4.9.1 扣除依据时间规定

（1）试点后，原增值税一般纳税人从试点的单位或个人取得的，且在该试点以前开具的运输费用结算单据，应当自开具之日起 180 天内按照《增值税暂行条例》及有关规定计算进项税额并申报抵扣。试点纳税人从试点纳税人取得的在该试点之日（含）以后开具的运输费用结算单据（主要是指铁路运输费用结算单据），不得作为增值税扣税凭证。

（2）试点后，增值税一般纳税人从试点的单位和个人取得的，且在该试点之日（含）以后开具的运输费用结算单据，不得作为增值税扣税凭证。

2.4.9.2 扣除依据附属资料规定

试点纳税人凭中华人民共和国税收通用缴款书（以下简称通用缴款书）抵扣进项税额的，应当向主管税务机关提供书面合同、付款证明和境外单位的对账单或发票备查，对试点纳税人无法提供资料或提供资料不全的，其进项税额不得从销项税额中抵扣。

2.4.10 进项税额不得从销项税额中扣除范围的规定

（1）用于简易计税方法计税项目、非增值税应税项目、免征增值税项目、集体福利或者个人消费的购进货物、接受加工修理修配劳务、销售不动产和无形资产或者应税服务均不得从销项税额中扣除。

其中涉及的固定资产、专利技术、非专利技术、商誉、商标、著作权、有形动产租赁，仅指专用于上述项目的固定资产、专利技术、非专利技术、商誉、商标、著作权、有形动产租赁。

（2）非正常损失的购进货物、加工修理修配劳务和应税服务和非正常损失的在产品、产成品所耗用的购进货物、加工修理修配劳务或者应税服务的进项税额，不得从销项税额中抵扣。

非正常损失包括货物丢失、被盗、发生霉烂变质等管理不善损失。这些非正常损失是由纳税人自身原因造成导致征税对象实体的灭失，为保证税负公平，其损失不应由国家承担，因而纳税人无权要求抵扣进项税额。这里所指的在产品，是指仍处于生产过程中的产品，与产成品对应，包括正在各个生产工序加工的产品和已加工完毕但尚未检验或者已检验但尚未办理入库手续的产品。产成品是指已经完成全部生产过程并验收入库，可以按照合同规定的条件送交订货单位，或者可以作为商品对外销售的产品。

（3）一般纳税人接受的旅客运输劳务的进项税额不得从销项税额中抵扣。

旅客运输劳务主要接受对象是个人。对于一般纳税人购买的旅客运输劳务，难以准确地界定接受劳务的对象是企业还是个人，因此，一般纳税人接受的旅客运输劳务的进项税额，不得从销项税额中抵扣。

（4）非正常损失的在产品、产成品所耗用的购进货物（不包括固定资产）、加工修理修配劳务和交通运输服务。

货物是指构成不动产实体的材料和设备，包括建筑装饰材料和给排水、采暖、卫生、通风、照明、通信、煤气、消防、中央空调、电梯、电气、智能化楼宇设备及配套设施。

固定资产是指使用期限超过 12 个月的机器、机械、运输工具以及其他与生产经营有关的设备、工具、器具等有形动产。

（5）非正常损失的不动产，以及该不动产所耗用的购进货物、设计服务和建筑服务。

（6）非正常损失的不动产在建工程所耗用的购进货物、设计服务和建筑服务。

纳税人新建、改建、扩建、修缮、装饰不动产，均属于不动产在建工程。

2.4.11 非正常损失已抵扣税额的规定

2.4.11.1 非正常损失已抵扣税额

已抵扣进项税额的购进货物（不含固定资产）、劳务、服务，发生非正常损失规定情形（简易计税方法计税项目、免征增值税项目除外）的，应当将该进项税额从当期进项税额中扣减；无法确定该进项税额的，按照当期实际成本计算应扣减的进项税额。

已抵扣进项税额的固定资产、无形资产或者不动产，发生非正常损失规定情形的，按照下列公式计算不得抵扣的进项税额：

不得抵扣的进项税额 = 固定资产、无形资产或者不动产净值 × 适用税率

固定资产、无形资产或者不动产净值是指纳税人根据财务会计制度计提折旧或摊销后的余额。

2.4.11.2 销售无形资产与不动产的界定

通常，我们对于用途难以划分的货物采用应税产品销售额的方式来划分可抵扣的进项税额，固定资产纳入增值税抵扣范围以后，和货物的抵扣范围相比有一定的特殊性，主要是由于固定资产使用用途是可变的。例如，一台车床，既可以用来生产免税军品，也可以用来生产应税的民用物品，但是二者没有绝对的界限，因此，有必要对固定资产的抵扣作出专门的解释。按照本条的规定，只有那些专门用于不征收增值税项目或者应作进项税额转出的项目，包括非增值税应税项目、免税项目、集体福利和个人消费，其固定资产进项税额才是不能抵扣的。只要该项固定资产用于增值税应税项目（不含免征增值税项目），那么即便它同时又用于非增值税应税项目、免税项目、集体福利和个人消费，该项固定资产的全部进项税额仍然是可以抵扣的。

固定资产是从会计核算角度对某一类货物的概括性称呼，其本质仍然是货物，但在具体的判断上，对固定资产的分类容易产生争议。为此，目前对固定资产规定为，使用期限超过12个月的机器、机械、运输工具以及其他与生产经营有关的设备、工具、器具等均属固定资产。此项规定主要是为了解决固定资产范围的界定问题。

2.4.12 不得抵扣进项税额的划分及计算

2.4.12.1 不得抵扣进项税额的计算公式

不得抵扣的进项税额 = 当期无法划分的全部进项税额 ×（当期简易计税方法计税项目销售额 + 非增值税应税劳务营业额 + 免税增值税项目销售额）÷（当期全部销售额 + 当期全部营业额）

2.4.12.2 不得抵扣进项税额的划分计算情况

（1）在纳税人生产经营活动中，兼营行为是很常见的，经常出现进项税额不能准确划分的情形。比较典型的是耗用的水和电力。但同时也有很多进项税额是可以划分清楚用途的，例如领用的原材料，由于用途是确定的，所对应的进项税额也就可以准确划分。

通常来说，增值税一般纳税人的财务核算制度是比较健全的，不能分开核算的只是少数产品，但如果存在兼营行为，就要将全部进项税额按照上述公式换算，不考虑其他可以划分用途的进项税额，使得少数行为影响多数行为，不够公允。因此，计算公式只是对不能准确划分的进项税额部分按照公式进行换算，这就避免了一刀切的不合理现象，兼顾了税收管理与纳税人自身核算的两方面要求。

（2）按照销售额比例进行换算是税收管理中常用的方法，与此同时还存在其他具体的划分方法。一般情况下，按照销售额的比例划分是较为简单的方法，操作性很强，也便于纳税人和税务机关操作。引入年度清算的概念，对于纳税人而言，进项税额转出是按月进行的，但由于年度内取得进项税额的不均衡性，有可能会造成按月计算的进项税额转出与按年度计算的进项税额转出产生差异，主管税务机关可在年度终了对纳税人进项税额转出进行清算，对相关差异进行调整。

2.4.13 已抵扣进项税额的剔除办法

已经抵扣进项税额的情况，不包括尚未抵扣进项税额的用于简易计税方法计税项目、免税项目和非增值税应税服务，此三者的进项税额应按照适用换算公式来扣减进项税额，而不能按照实际成本来扣减。

纳税人有时会先抵扣进项税额，然后发生不得抵扣进项税额的情形，例如将购进货物申报抵扣后，又将其分配给本单位员工作为福利。为了保持征扣税一致，就必须规定相应的进项税额应当从已申报的进项税额中予以扣减。对于无法确定的进项税额，则统一按照当期实际成本来扣减。

按照当期实际成本来扣减进项税额的计算依据不是按该货物、应税劳务或者应税服务原来的进价，而是按发生上述行为的当期实际成本计算。实际成本是企业在取得各项财产时付出的采购成本、加工成本以及达到目前场所和状态所发生的其他成本，是相对于历史成本而言的一个概念。

例如，某运输企业2013年1月购入一辆车作为运输工具，车辆不含税价格为30万元，增值税专用发票上注明的增值税税款为5.1万元，企业对增值税发票进行了认证抵扣。2014年12月，由于经营需要，运输企业将车辆作为接送员工上下班工具使用。车辆折旧期限为5年，采用直线法折旧。该运输企业需将原已抵扣的进项税额按照实际成本进行扣减，扣减的进项税额为$5.1 \div 5 \times 3 = 3.06$（万元）。

2.4.14 应税服务中止、购进货物退出或折让的处理

从销售方的角度看，发生服务中止或折让时，计算征收增值税的销售额减少，因此可以扣减自己的销项税额，减少纳税义务。而从购买方的角度看，发生服务中止、购进货物退出或折让时对方应纳增值税减少，相应要扣减自己的进项税额。这样可以保证销货方按照扣减后的税额计税，购买方同样按照扣减后的进项税额申报抵扣，避免销售方减少了销项税额但购买方不减少进项税额的情况发生，保证国家税款能够足额征收。

2.4.15 不得使用增值税专用发票的情况

为了加强对符合一般纳税人条件的纳税人的管理，防止他们利用一般纳税人和小规模纳税人的两种不同的征税办法达到少缴税的目的，实施办法制定了一项特殊的制度。对一般纳税人会计核算不健全，或者不能够提供准确税务资料的，对试点纳税人销售额超过小规模纳税人标准，未申请办理一般纳税人认定手续的，按销售额依照增值税税率计算应纳税额，不得抵扣进项税额，也不得使用增值税专用发票。

该措施是一项带有惩罚性质的政策，其目的在于防止纳税人利用一般纳税人和小规模纳税人两种不同的征税办法少缴税款。此外，进一步明确了会计核算不健全的情况，只适用于一般纳税人。

2.4.16 简易计税方法概述

简易计税方法所指销售额为不含税销售额。为了平衡一般计税方法和简易计税方法的税负，对简易计税方法规定了较低的征收率，因此简易计税方法在计算应纳税额时不得抵扣进项税额。小规模纳税人采用简易计税方法计税，一般纳税人提供的特定应税服务可以选择适用简易计税方法。

2.4.17 简易计税方法销售额计算

简易计税方法中如何将含税销售额转换为不含税销售额。和一般计税方法相同，简易计税方法中的销售额也不包括向购买方收取的税额。

例如，某试点企业某项交通运输服务含税销售额为103元，在计算时应先进行价税分离扣除税额，即不含税销售额为103÷（1+3%）=100（元），用于计算应纳税额的销售额100元，则应纳增值税额为100×3%=3（元）。

2.4.18 简易计税方法应税服务中止、折让的规定

当纳税人提供的是用简易计税方法计税的应税服务时，由于提供服务质量不符合要求等合理原因发生服务中止或者折让而退还销售额给接受方的，所退的款项可以在退款当期扣减销售额。如果退款当期销售额不足扣减，多缴税款的剩余部分可以从以后的应纳税额中扣减。

实际申报时，发生多交税款的部分从应纳税额中扣减情况的，纳税

人可以从当期销售额中扣减退还销售额来实现。

例如，某试点小规模纳税人仅经营某项应税服务，2013 年 1 月发生一笔销售额为 1 000 元的业务并就此缴纳税款，2 月该业务由于合理原因发生退款（销售额皆为不含税销售额）。

第一种情况：2 月该应税服务销售额为 5 000 元

在 2 月的销售额中扣除退款的 1 000 元，2 月最终的计税销售额为 5 000 - 1 000 = 4 000（元），2 月交纳的增值税为 4 000 × 3% = 120（元）。

第二种情况：2 月该应税服务销售额为 600 元，3 月该应税服务销售额为 5 000 元

在 2 月的销售额中扣除退款中的 600 元，2 月最终的计税销售额为 600 - 600 = 0（元），2 月应纳增值税额为 0 × 3% = 0（元）；在 3 月的销售额中扣除退款 400 元，3 月最终的计税销售额为 5 000 - 400 = 4 600（元），3 月应纳增值税额为 4 600 × 3% = 138（元）。

2.4.19 销售额价款和价外费用

销售额是指纳税人提供应税服务取得的全部价款和价外费用。

价外费用是指价外收取的各种性质的价外收费，但不包括同时符合下列条件代为收取的政府性基金或者行政事业性收费：

（1）由国务院或者财政部批准设立的政府性基金，由国务院或者省级人民政府及其财政、价格主管部门批准设立的行政事业性收费；

（2）收取时开具省级以上财政部门印制的财政票据；

（3）所收款项全额上缴财政。

价外费用具体范围的问题，在增值税暂行条例及营业税暂行条例实施细则中都做了详尽的列举；但考虑到实际业务性质的复杂性，可能存在列举不尽的情况，因此，在增值税暂行条例及营业税暂行条例实施细则中对价外费用包括的项目基础上，将政府性基金和行政事业性收费之外的费用全部作为价外费用。

根据税改方案的设计原则，营业税改征增值税试点工作应尽量不增加纳税人税收负担，因此对于原来营业税可以差额征税的纳税人，在符合规定的情况下可以在计算销售额时进行扣除。在试点事项规定中，对

纳税人扣除销售额的问题进行了规定。

2.4.19.1 销售额价款和价外费用的一般规定

价外费用具体范围的问题，在增值税暂行条例及营业税暂行条例实施细则中都做了详尽的列举；但考虑到实际业务性质的复杂性，可能存在列举不尽的情况，因此，在增值税暂行条例及营业税暂行条例实施细则中对价外费用包括的项目基础上，将政府性基金和行政事业性收费之外的费用全部作为价外费用。

2.4.19.2 销售额价款和价外费用的扣除依据

试点纳税人从全部价款和价外费用中扣除价款，应取得符合法律、行政法规和国家税务总局有关规定的凭证。否则，不得扣除。

上述凭证是指以下这些凭证。

（1）支付给境内单位或者个人的款项，以发票为合法有效凭证。

（2）支付给境外单位或者个人的款项，以该单位或者个人的签收单据为合法有效凭证，税务机关对签收单据有疑义的，可以要求其提供境外公证机构的确认证明。

（3）缴纳的税款，以完税凭证为合法有效凭证。

（4）融资性售后回租服务中向承租方收取的有形动产价款本金，以承租方开具的发票为合法有效凭证。

（5）扣除政府性基金或者行政事业性收费，以省级以上财政部门印制的财政票据为合法有效凭证。

（6）国家税务总局规定的其他凭证。

2.4.20 销售额的计量单位

人民币是我国的法定货币，销售额以人民币计算，是人民币作为法定货币的要求和体现，也是国家主权的体现。

纳税人按照人民币以外的货币结算销售额的，应当折合成人民币计算。试点纳税人提供应税服务，属于原营业税政策规定差额征收营业税项目的，如其取得的全部价款和价外费用是以人民币以外的货币结算，需按照上述规定人民币折合率确定销售额。

原增值税和营业税条例细则中规定纳税人应当在事先确定采用何种

折合率，且1年内不得变更。税改后确定为12个月内不得变更，由于纳税人习惯于会计年度或企业财务年度的概念，可能会在此“1年”的概念上有所混淆，明确提出“12个月”更加直观地告诉纳税人，方便其理解操作。

2.4.21 不同税率或者征收率下适用税率的确定

营业税改征增值税范围内从事兼营行为的税收处理方法，与原增值税和营业税税收政策的精神相同，纳税人提供适用不同税率或者征收率的应税服务，应当分别核算适用不同税率或者征收率的销售额；未分别核算的，从高适用税率。

2.4.22 不同应税项目下销售额的确定

纳税人兼营应税服务和混合销售应税项目，与原增值税和营业税税收政策的精神相同。兼营、混合销售不同税率的项目应分别核算。如果未分别核算，由主管税务机关进行核定。

一项销售行为如果既涉及服务又涉及货物，为混合销售。从事货物的生产、批发或者零售的单位和个体工商户的混合销售行为，按照销售货物缴纳增值税；其他单位和个体工商户的混合销售行为，按照销售服务缴纳增值税。

从事货物的生产、批发或者零售的单位和个体工商户，包括以从事货物的生产、批发或者零售为主，并兼营销售服务的单位和个体工商户在内。

试点纳税人兼有不同税率或征收率的销售货物、提供加工修理修配劳务或者应税服务的，应当分别核算适用不同税率或征收率的销售额，未分别核算销售额的，按照以下方法适用税率或征收率：

（1）兼有不同税率的销售货物、提供加工修理修配劳务或者应税服务的，从高适用税率；

（2）兼有不同征收率销售货物、提供加工修理修配劳务或者应税服务的，从高适用征收率；

（3）兼有不同税率和征收率的销售货物、提供加工修理修配劳务或者应税服务的，从高适用税率。

原增值税和营业税政策中对于混合销售的规定是一致的，即一项销售行为如果既涉及货物又涉及营业税应税劳务，为混合销售行为。在今后营业税全面改征增值税后，由于对货物和现营业税应税劳务都征收增值税，混合销售的概念也随之消失。虽然混合销售的概念消失，但对在实际业务中，同一交易行为含 2 个以上税率或征收率的情况，在试点实施办法和试点事项规定中称之为混业经营。

在试点过程中，由于并非所有原营业税应税劳务都纳入试点增值税应税范围，所以在一项销售行为中，既涉及剩余未纳入试点范围的营业税应税劳务，又涉及货物的，仍适用《中华人民共和国增值税暂行条例》和《中华人民共和国营业税暂行条例》及其实施细则中混合销售的规定。

2.4.23 兼营免税、减税项目销售额的确定

为了使纳税人能够准确核算和反映免税、减税项目的销售额，将分别核算作为纳税人减免税的前置条件。未单独核算销售额的，应按照试点实施办法规定，不得实行免税、减税。

2.4.24 红字专用发票的规定

2.4.24.1 红字专用发票的开具情况规定

对于应税服务而言，接受应税服务方如果对一般纳税人提供的应税服务不满意，有可能会存在以下情况：（1）接受方对应税服务不满意，要求提供方在收取款项时提供折扣；（2）接受方对应税服务不满意，要求提供方部分退款；（3）接受方对应税服务不满意，要求中止劳务。

一般纳税人提供应税服务发生退款等情形而扣减销项税额和进项税额以及开具红字专用发票。这体现了权利与义务对等的原则，从销售方的角度看，发生退款时，计算征收增值税的销售额减少，因此可以扣减自己的销项税额，减少纳税义务。而从购买方的角度看，发生退款时对方应纳增值税减少，相应要扣减自己的进项税额。这样做，可以保证销货方按照扣减后的税额计税，购买方同样按照扣减后的进项税额申报抵扣，避免销售方减少了销项税额但购买方不减少进项税额的情况发生，保证国家税款能够足额征收。

2.4.24.2 红字发票扣减销项税额的规定

（1）纳税人发生销售行为并开具了增值税专用发票后，如果需要扣减销项税额，其条件是必须正确开具红字专用发票，否则不能从销项税额中扣减增值税额。

（2）纳税人开具红字发票是有限制条件的，只有在规定的情况下才能开具，不能由纳税人任意开具。这些情形包括发生退款和开票有误，除此之外都是不允许开具的。

（3）开具红字专用发票必须按照国家税务总局的规定，遵循相关审批程序才能开具。具体开具办法主要是根据《国家税务总局关于修订〈增值税专用发票使用规定〉的通知》（国税发【2006】156号）和《国家税务总局关于修订增值税专用发票使用规定的补充通知》（国税发【2007】18号）。纳税人只有依照税务机关的相关政策规定开具红字专用发票，才能最大限度地保护自己的利益。

2.4.25 价款和折扣额同票的规定

2.4.25.1 《营业税暂行条例》的规定

《中华人民共和国营业税暂行条例实施细则》中规定：纳税人发生应税行为，如果将价款与折扣额在同一张发票上注明的，以折扣后的价款为营业额；如果将折扣额另开发票的，不论其在财务上如何处理，均不得从营业额中扣除。

2.4.25.2 《试点办法》的规定

试点纳税人采取折扣方式销售货物，虽在同一发票上注明了销售额和折扣额，却将折扣额填写在发票的备注栏，是否允许抵减销售额的问题，可以参考国税函【2010】56号文件规定，即《国家税务总局关于印发〈增值税若干具体问题的规定〉的通知》（国税发【1993】154号）第二条第（二）项规定："纳税人采取折扣方式销售货物，如果销售额和折扣额在同一张发票上分别注明的，可按折扣后的销售额征收增值税"。纳税人采取折扣方式销售货物，销售额和折扣额在同一张发票上分别注明是指销售额和折扣额在同一张发票上的"金额"栏分别注明的，可按折扣后的销售额征收增值税。未在同一张发票"金额"栏注明折扣额，而仅在发票的“备注”栏注明折扣额的，折扣额不得从销售额中减除。

2.4.26 应税服务价格确定的方法

纳税人提供应税服务的价格明显偏低或者偏高且不具有合理商业目的的，或者发生视同提供应税服务而无销售额的，主管税务机关有权按照下列顺序确定销售额。

（一）按照纳税人最近时期提供同类应税服务的平均价格确定。

（二）按照其他纳税人最近时期提供同类应税服务的平均价格确定。

（三）按照组成计税价格确定。组成计税价格的计算公式为：

组成计税价格 = 成本 ×（1 + 成本利润率）

成本利润率由国家税务总局确定。

有关“提供应税服务价格明显偏低”“不具有合理商业目的”的情况的规定，在对原条例仅对价格明显偏低情况加以规范的基础上进行了补充，防止税改后由于存在扣额法计算销售额出现征管漏洞。

不具有合理商业目的是借鉴了国际上反避税条款的相关概念，对可能存在的以获取税收利益而非正常商业目的为主要目标的行为进行限制，体现了公平税负的原则。这里的“不具有合理商业目的”可以理解为主要目的在于获得税收利益，这些利益包括获得减少、免除、推迟缴纳税款；增加返还、退税收入；税法规定的其他收入款项等税收收益。

2.5 纳税、扣缴义务发生时间和地点

2.5.1 纳税、扣缴义务发生时间

2.5.1.1 提供应税服务并收讫销售款项的含义

（1）收到款项不能简单地确认为应税服务增值税纳税义务发生时间，应以提供应税服务为前提。

（2）收讫销售款项是指在应税服务开始提供后收到的款项，包括在应税服务发生过程中或者完成后收取的款项。

（3）除提供有形动产租赁服务采取预收款的方式外，应税服务提供前收到的款项不能以收到款项的当天确认纳税义务发生时间。应税服务

提供前收到的款项，其增值税纳税义务发生时间以按照财务会计制度的规定，该项预收性质的价款被确认为收入的时间为准。

2.5.1.2 纳税义务发生时间

纳税义务发生时间确认原则主要采纳了现行营业税关于纳税义务发生时间的相关规定并结合了现行增值税关于纳税义务发生时间的相关规定，对应税服务纳税义务发生时间予以明确，主要变化是在原先营业税关于纳税义务发生时间的基础上增加了先开具发票的，纳税义务发生时间为开具发票的当天的规定。

（1）先开具发票的，纳税义务发生时间为开具发票的当天。

应税服务营业税改征增值税后，由于增值税实行凭发票抵扣税款制，即纳税人抵扣进项税额以增值税扣税凭证上注明的增值税额为准，购买方在取得增值税扣税凭证后，即便是尚未向销售方支付款项，但却可以凭增值税专用发票去抵扣税款，这时如果再强调销售方的纳税义务发生时间为收讫销售款项或者取得索取销售款项凭据的当天的话，则会造成税款征收上的脱节，即一边（销售方）还没开始纳税，一边（购买方）却已经开始将税务机关未征收到的税款进行抵扣。此外，由于普通发票与增值税专用发票均属于商务凭证，征税原则应当保持一致。所以，为了避免此类税款征收脱节现象的发生，维护国家税收利益，同时保证征税原则的一致性，实施办法规定，如果纳税人提供应税服务时先开具发票的，纳税义务发生时间为开具发票的当天。

（2）提供应税服务并取得索取销售款项凭据的当天。

取得索取销售款项凭据的当天，是指书面合同约定的付款日期的当天；未约定付款日期的，为应税服务完成的当天。

签订书面合同并且有明确付款日期的，为书面合同确定的付款日期的当天；未签订书面合同或者书面合同未确定付款日期的，为应税行为完成的当天，这体现了“权责发生制原则”，同时也考虑到防止纳税人为了规避税收条款，延缓缴纳税款的问题。

（3）提供建筑服务、租赁服务并收取预收款的纳税人，增值税纳税义务发生时间为收到预收款的当天。

纳税人提供租赁业劳务，采取预收款方式的，以收到预收款的当天作为纳税义务发生时间。也就是说，对纳税人一次性收取若干年的租金收入应以收到租金的当天作为纳税义务发生时间，不再实行按月分摊按月缴纳营业税的方法，此条规定与现行营业税关于租赁的纳税义务发生时间一致。

（4）视同提供应税服务的纳税义务发生时间。

除以公益活动为目的或者以社会公众为对象外，向其他单位或者个人无偿提供交通运输业和现代服务业服务，应视同提供应税服务缴纳增值税。考虑到无偿提供应税服务的特点是不存在收讫销售款项或者取得索取销售款项凭据的情况，故将其纳税义务发生时间确定为应税服务完成的当天。

纳税人从事金融商品转让的，为金融商品所有权转移的当天。无形资产转让为完成的当天，不动产为权属变更的当天。

2.5.1.3 扣缴义务发生时间

增值税扣缴义务发生时间为纳税人增值税纳税义务发生的当天，扣缴义务的存在是以纳税义务的存在为前提，为了保证税款及时入库，同时也方便扣缴义务人代扣代缴税款，有必要使扣缴义务发生时间与纳税义务发生时间相衔接。所以扣缴义务发生时间为纳税义务发生的当天，与现行增值税相关规定一致。

2.5.2 纳税、扣缴地点

2.5.2.1 纳税地点

纳税地点是指纳税人依据税法规定向征税机关申报纳税的具体地点。它说明纳税人应向哪里的税务机关申报纳税，以及哪里的征税机关有权进行税收管辖的问题。目前，税法上规定的纳税地点主要是机构所在地，居住地等。

固定业户与非固定业户是实践中一直沿用的概念，主要是看纳税人的增值税纳税义务状况，是否在主管税务机关登记注册。

（1）固定业户应当向其机构所在地或者居住地主管税务机关申报纳税。

根据税收属地管辖原则，固定业户应当向其机构所在地的主管税务机关申报纳税，这是一般性规定。这里的机构所在地往往是指纳税人的注册登记地。如果固定业户存在分支机构，总机构和分支机构不在同一县（市）的，应当分别向各自所在地的主管税务机关申报纳税；经财政部和国家税务总局或者其授权的财政和税务机关批准，可以由总机构汇总向总机构所在地的主管税务机关申报纳税。

（2）非固定业户提供应税服务，应当向应税服务发生地的主管税务机关申报纳税。

非固定业户应当向应税服务发生地主管税务机关申报纳税；未申报纳税的，由其机构所在地或者居住地主管税务机关补征税款。

（3）扣缴义务人应当向其机构所在地或者居住地主管税务机关申报缴纳扣缴的税款。

（4）其他个人因未办理税务登记，应作为非固定业户处理，应当向应税服务发生地主管税务机关申报纳税。个人提供建筑服务，销售或者租赁不动产，转让自然资源使用权，应向建筑服务发生地、不动产所在地、自然资源所在地主管税务机关申报纳税。

2.5.2.2 扣缴地点

扣缴义务人应当向其机构所在地或者居住地的主管税务机关申报缴纳其扣缴的税款。对于扣缴义务人，为方便扣缴义务人、促使扣缴义务人履行扣缴义务，办法规定扣缴义务人向其机构所在地或者居住地的主管税务机关申报缴纳其扣缴的税款。

2.5.3 纳税、扣缴期限

纳税计算期是纳税人、扣缴义务人据以计算解缴税款的期间，一般分为两种。第一种是按次计算，以纳税人、扣缴义务人从事生产经营活动的次数作为纳税计算期。第二种是按期计算，以发生纳税义务、扣缴义务的一定期间作为纳税计算期。

增值税的纳税期限分别为1日、3日、5日、10日、15日、1个月或者1个季度。纳税人的具体纳税期限，由主管税务机关根据纳税人应纳税额的大小分别核定。以1个季度为纳税期限的规定适用于小规模纳税人、银行、财务公司、信托投资公司、信用社以及财政部和国家税务总局规定的其他纳税人。不能按照固定期限纳税的，可以按次纳税。

纳税人以 1 个月或者 1 个季度为 1 个纳税期的，自期满之日起 15 日内申报纳税；以 1 日、3 日、5 日、10 日或者 15 日为 1 个纳税期的，自期满之日起 5 日内预缴税款，于次月 1 日起 15 日内申报纳税并结清上月应纳税款。

扣缴义务人解缴税款的期限，按照上述时限规定执行。

2.6 税收减免

2.6.1 税收减免

我国的增值税优惠政策主要包括直接减免、减征税款、即征即退（税务部门）、先征后返（财政部门）等方式。《关于全面推开营业税改征增值税试点的通知》（财税【2016】36 号）附件《营业税改征增值税试点过渡政策的规定》（以下简称“试点过渡政策”）中，规定了免征、即征即退等减免方式。

增值税实际税负是指纳税人当期提供应税服务实际缴纳的增值税额占纳税人当期提供应税服务取得的全部价款和价外费用的比例。

试点实施之日前，如果试点纳税人已经按照有关政策规定享受了营业税税收优惠，在剩余税收优惠政策期限内，按照本规定享受有关增值税优惠。

2.6.1.1 免征的规定

直接免税是指对提供应税服务的某个环节或者全部环节直接免征增值税。纳税人用于免征增值税项目的购进货物或者应税服务，进项税额不得抵扣。提供免税应税服务不得开具专用发票。

按照试点过渡政策，下列项目免征增值税。

（1）个人转让著作权。

（2）残疾人本人为社会提供的服务。

（3）残疾人福利机构提供的育养服务。

（4）纳税人提供技术转让、技术开发和与之相关的技术咨询、技术服务。

①具体范围

技术转让是指转让者将其拥有的专利和非专利技术的所有权或者使用权有偿转让他人的行为。

技术开发是指开发者接受他人委托，就新技术、新产品、新工艺或者新材料及其系统进行研究开发的行为。

技术咨询是指就特定技术项目提供可行性论证、技术预测、专题技术调查、分析评价报告等。

与技术转让、技术开发相关的技术咨询、技术服务是指转让方（或受托方）根据技术转让或开发合同的规定，为帮助受让方（或委托方）掌握所转让（或委托开发）的技术，而提供的技术咨询、技术服务业务，且这部分技术咨询、服务的价款与技术转让（或开发）的价款应当开在同一张发票上。

②审批程序

试点纳税人申请免征增值税时，须持技术转让、开发的书面合同，到试点纳税人所在地省级科技主管部门进行认定，并持有关的书面合同和科技主管部门审核意见证明文件报主管国家税务局备查。

（5）符合条件的节能服务公司实施合同能源管理项目中提供的应税服务。

上述“符合条件”是指同时满足下列条件。

节能服务公司实施合同能源管理项目相关技术，应当符合国家质量监督检验检疫总局和国家标准化管理委员会发布的《合同能源管理技术通则》（GB/T24915－2010）规定的技术要求。

节能服务公司与用能企业签订《节能效益分享型》合同，其合同格式和内容，符合《中华人民共和国合同法》和国家质量监督检验检疫总局和国家标准化管理委员会发布的《合同能源管理技术通则》（GB/T24915－2010）等规定。

（6）养老机构提供的养老服务。

养老机构是指依照民政部《养老机构设立许可办法》（民政部令第48号）设立并依法办理登记的为老年人提供集中居住和照料服务的各类养老机构；养老服务是指上述养老机构按照民政部《养老机构管理办

法》（民政部令第 49 号）的规定，为收住的老年人提供的生活照料、康复护理、精神慰藉、文化娱乐等服务。

（7）我国台湾航运公司从事海峡两岸海上直航业务在大陆取得的运输收入。

我国台湾航运公司，是指取得交通运输部颁发的“台湾海峡两岸间水路运输许可证”且该许可证上注明的公司登记地址在我国台湾的航运公司。

（8）我国台湾航空公司从事海峡两岸空中直航业务在大陆取得的运输收入。

我国台湾航空公司，是指取得中国民用航空局颁发的“经营许可”或依据《海峡两岸空运协议》和《海峡两岸空运补充协议》规定，批准经营两岸旅客、货物和邮件不定期（包机）运输业务，且公司登记地址在我国台湾的航空公司。

（9）县级以上地方人民政府或自然资源行政主管部门出让、转让或收回自然资源使用权（不含土地使用权）。

（10）随军家属就业。

①为安置随军家属就业而新开办的企业，自领取税务登记证之日起，其提供的应税服务 3 年内免征增值税。

享受税收优惠政策的企业，随军家属必须占企业总人数的 60%（含）以上，并有军（含）以上政治和后勤机关出具的证明。

②从事个体经营的随军家属，自领取税务登记证之日起，其提供的应税服务 3 年内免征增值税。

随军家属必须有师以上政治机关出具的可以表明其身份的证明，但税务部门应当进行相应的审查认定。

主管税务机关在企业或个人享受免税期间，应当对此类企业进行年度检查，凡不符合条件的，取消其免税政策。

按照上述规定，每一名随军家属可以享受一次免税政策。

（11）军队转业干部就业。

①从事个体经营的军队转业干部，经主管税务机关批准，自领取税务登记证之日起，其提供的应税服务 3 年内免征增值税。

②为安置自主择业的军队转业干部就业而新开办的企业，凡安置自主择业的军队转业干部占企业总人数60%（含）以上的，经主管税务机关批准，自领取税务登记证之日起，其提供的应税服务3年内免征增值税。

享受上述优惠政策的自主择业的军队转业干部必须持有师以上部队颁发的转业证件。

（12）托儿所、幼儿园提供的保育和教育服务。

托儿所、幼儿园是指经县级以上教育部门审批成立、取得办园许可证的实施0~6岁学前教育的机构，包括公办和民办的托儿所、幼儿园、学前班、幼儿班、保育院、幼儿院。

公办托儿所、幼儿园免征增值税的收入是指在省级财政部门和价格主管部门审核报省级人民政府批准的收费标准以内收取的教育费、保育费。

民办托儿所、幼儿园免征增值税的收入是指在报经当地有关部门备案并公示的收费标准范围内收取的教育费、保育费。

超过规定收费标准的收费，以开办实验班、特色班和兴趣班等为由另外收取的费用以及与幼儿入园挂钩的赞助费、支教费等超过规定范围的收入，不属于免征增值税的收入。

（13）婚姻介绍服务。

（14）殡葬服务。

殡葬服务是指收费标准由各地价格主管部门会同有关部门核定，或者实行政府指导价管理的遗体接运（含抬尸、消毒）、遗体整容、遗体防腐、存放（含冷藏）、火化、骨灰寄存、吊唁设施设备租赁、墓穴租赁及管理等服务。

（15）医疗机构提供的医疗服务。

医疗机构是指依据国务院《医疗机构管理条例》（国务院令第149号）及卫生部《医疗机构管理条例实施细则》（卫生部令第35号）的规定，经登记取得《医疗机构执业许可证》的机构，以及军队、武警部队各级各类医疗机构，具体包括各级各类医院、门诊部（所）、社区卫生服务中心（站）、急救中心（站）、城乡卫生院、护理院（所）、疗养院、临床检验中心，各级政府及有关部门举办的卫生防疫站（疾病控制中心）、各种专科疾病防治站（所），各级政府举办的妇幼保健所（站）、母婴保健机构、儿童保健机构，各级政府举办的血站（血液中心）等医疗机构。

所称的医疗服务是指医疗机构按照不高于地（市）级以上价格主管部门会同同级卫生主管部门及其他相关部门制定的医疗服务指导价格（包括政府指导价和按照规定由供需双方协商确定的价格等）为就医者提供《全国医疗服务价格项目规范》所列的各项服务，以及医疗机构向社会提供卫生防疫、卫生检疫的服务。

（16）从事学历教育的学校提供的教育服务。

学历教育是指受教育者经过国家教育考试或者国家规定的其他入学方式，进入国家有关部门批准的学校或者其他教育机构学习，获得国家承认的学历证书的教育形式。

具体包括以下几类。

①初等教育：普通小学、成人小学。

②初级中等教育：普通初中、职业初中、成人初中。

③高级中等教育：普通高中、成人高中和中等职业学校（包括普通中专、成人中专、职业高中、技工学校）。

④高等教育：普通本专科、成人本专科、网络本专科、研究生（博士、硕士）、高等教育自学考试、高等教育学历文凭考试。

从事学历教育的学校，具体是指以下这些：

①普通学校；

②经地（市）级以上人民政府或者同级政府的教育行政部门批准成立、国家承认其学员学历的各类学校；

③经省级及以上人力资源社会保障行政部门批准成立的技工学校、高级技工学校；

④经省级人民政府批准成立的技师学院。

上述学校均包括符合规定的从事学历教育的民办学校，但不包括职业培训机构等国家不承认学历的教育机构。

提供教育服务免征增值税的收入是指对列入规定招生计划的在籍学

生提供学历教育服务取得的收入。

具体包括经有关部门审核批准并按规定标准收取的学费、住宿费、课本费、作业本费、考试报名费收入，以及学校食堂提供餐饮服务取得的伙食费收入。除此之外的收入，包括学校以各种名义收取的赞助费、择校费等，不属于免征增值税的范围。

学校食堂是指依照《学校食堂与学生集体用餐卫生管理规定》（教育部令第 14 号）管理的学校食堂。

（17）学生勤工俭学提供的服务。

（18）农业机耕、排灌、病虫害防治、植物保护、农牧保险以及相关技术培训业务，家禽、牲畜、水生动物的配种和疾病防治。

农业机耕是指在农业、林业、牧业中使用农业机械进行耕作（包括耕耘、种植、收割、脱粒、植物保护等）的业务；排灌，是指对农田进行灌溉或者排涝的业务；病虫害防治，是指从事农业、林业、牧业、渔业的病虫害测报和防治的业务；农牧保险，是指为种植业、养殖业、牧业种植和饲养的动植物提供保险的业务；相关技术培训，是指与农业机耕、排灌、病虫害防治、植物保护业务相关以及为使农民获得农牧保险知识的技术培训业务；家禽、牲畜、水生动物的配种和疾病防治业务的免税范围，包括与该项服务有关的提供药品和医疗用具的业务。

（19）纪念馆、博物馆、文化馆、文物保护单位管理机构、美术馆、展览馆、书画院、图书馆在自己的场所提供文化体育服务取得的第一道门票收入。

（20）寺院、宫观、清真寺和教堂举办文化、宗教活动的门票收入。

（21）行政单位之外的其他单位收取的符合《试点实施办法》第十条规定条件的政府性基金和行政事业性收费。

（22）个人销售自建自用住房。

（23）2018 年 12 月 31 日前，公共租赁住房经营管理单位出租公共租赁住房。

公共租赁住房是指纳入省、自治区、直辖市、计划单列市人民政府及新疆生产建设兵团批准的公共租赁住房发展规划和年度计划，并按照《关于加快发展公共租赁住房的指导意见》（建保【2010】87 号）和市、县人民政府制定的具体管理办法进行管理的公共租赁住房。

(24) 纳税人提供的直接或者间接国际货物运输代理服务。

纳税人提供直接或者间接国际货物运输代理服务，向委托方收取的全部国际货物运输代理服务收入，以及向国际运输承运人支付的国际运输费用，必须通过金融机构进行结算。

纳税人为大陆与香港、澳门、台湾地区之间的货物运输提供的货物运输代理服务参照国际货物运输代理服务有关规定执行。

委托方索取发票的，纳税人应当就国际货物运输代理服务收入向委托方全额开具增值税普通发票。

(25) 部分利息收入。

①2016 年 12 月 31 日前，金融机构农户小额贷款。

小额贷款，是指单笔且该农户贷款余额总额在 10 万元（含本数）以下的贷款。

农户是指长期（一年以上）居住在乡镇（不包括城关镇）行政管理区域内的住户，还包括长期居住在城关镇所辖行政村范围内的住户和户口不在本地而在本地居住一年以上的住户，国有农场的职工和农村个体工商户。位于乡镇（不包括城关镇）行政管理区域内和在城关镇所辖行政村范围内的国有经济的机关、团体、学校、企事业单位的集体户；有本地户口，但举家外出谋生一年以上的住户，无论是否保留承包耕地均不属于农户。农户以户为统计单位，既可以从事农业生产经营，也可以从事非农业生产经营。农户贷款的判定应以贷款发放时的承贷主体是否属于农户为准。

②国家助学贷款。

③国债、地方政府债。

④人民银行对金融机构的贷款。

⑤住房公积金管理中心用住房公积金在指定的委托银行发放的个人住房贷款。

⑥外汇管理部门在从事国家外汇储备经营过程中，委托金融机构发放的外汇贷款。

⑦统借统还业务中，企业集团或企业集团中的核心企业以及集团所

属财务公司按不高于支付给金融机构的借款利率水平或者支付的债券票面利率水平，向企业集团或者集团内下属单位收取的利息。

统借方向资金使用单位收取的利息，高于支付给金融机构借款利率水平或者支付的债券票面利率水平的，应全额缴纳增值税。

统借统还业务是指企业集团或者企业集团中的核心企业向金融机构借款或对外发行债券取得资金后，将所借资金分拨给下属单位（包括独立核算单位和非独立核算单位，下同），并向下属单位收取用于归还金融机构或债券购买方本息的业务；企业集团向金融机构借款或对外发行债券取得资金后，由集团所属财务公司与企业集团或者集团内下属单位签订统借统还贷款合同并分拨资金，并向企业集团或者集团内下属单位收取本息，再转付企业集团，由企业集团统一归还金融机构或债券购买方的业务。

（26）被撤销金融机构以货物、不动产、无形资产、有价证券、票据等财产清偿债务。

被撤销金融机构是指经人民银行、银监会依法决定撤销的金融机构及其分设于各地的分支机构，包括被依法撤销的商业银行、信托投资公司、财务公司、金融租赁公司、城市信用社和农村信用社。除另有规定外，被撤销金融机构所属、附属企业，不享受被撤销金融机构增值税免税政策。

（27）保险公司开办的一年期以上人身保险产品取得的保费收入。

一年期以上人身保险是指保险期间为一年期及以上返还本利的人寿保险、养老年金保险，以及保险期间为一年期及以上的健康保险。

人寿保险，是指以人的寿命为保险标的的人身保险。

养老年金保险是指以养老保障为目的，以被保险人生存为给付保险金条件，并按约定的时间间隔分期给付生存保险金的人身保险。

养老年金保险应当同时符合下列条件。

①保险合同约定给付被保险人生存保险金的年龄不得小于国家规定的退休年龄。

②相邻两次给付的时间间隔不得超过一年。

健康保险，是指以因健康原因导致损失为给付保险金条件的人身保险。

上述免税政策实行备案管理，具体备案管理办法按照《国家税务总局关于一年期以上返还性人身保险产品免征营业税审批事项取消后有关管理问题的公告》（国家税务总局公告2015年第65号）规定执行。

（28）部分金融商品转让收入。

①合格境外投资者（QFII）委托境内公司在我国从事证券买卖业务。

②香港市场投资者（包括单位和个人）通过沪港通买卖上海证券交易所上市A股。

③对我国香港市场投资者（包括单位和个人）通过基金互认买卖内地基金份额。

④证券投资基金（封闭式证券投资基金，开放式证券投资基金）管理人运用基金买卖股票、债券。

⑤个人从事金融商品转让业务。

（29）金融同业往来利息收入。

①金融机构与人民银行所发生的资金往来业务，包括人民银行对一般金融机构贷款，以及人民银行对商业银行的再贴现等。

②银行联行往来业务，是指同一银行系统内部不同行、处之间所发生的资金账务往来业务。

③金融机构间的资金往来业务，是指经人民银行批准，进入全国银行间同业拆借市场的金融机构之间通过全国统一的同业拆借网络进行的短期（一年以下含一年）无担保资金融通行为。

④金融机构之间开展的转贴现业务。

金融机构是指银行（包括人民银行、商业银行、政策性银行）；信用合作社；证券公司；金融租赁公司、证券基金管理公司、财务公司、信托投资公司、证券投资基金；保险公司；其他经人民银行、银监会、证监会、保监会批准成立且经营金融保险业务的机构等。

（30）同时符合下列条件的担保机构从事中小企业信用担保或者再担保业务取得的收入（不含信用评级、咨询、培训等收入）3年内免征增值税。

①已取得监管部门颁发的融资性担保机构经营许可证，依法登记注

册为企（事）业法人，实收资本超过 2 000 万元。

②平均年担保费率不超过银行同期贷款基准利率的 50%。

平均年担保费率 = 本期担保费收入/（期初担保余额 + 本期增加担保金额）×100%

③连续合规经营 2 年以上，资金主要用于担保业务，具备健全的内部管理制度和为中小企业提供担保的能力，经营业绩突出，对受保项目具有完善的事前评估、事中监控、事后追偿与处置机制。

④为中小企业提供的累计担保贷款额占其两年累计担保业务总额的 80% 以上，单笔 800 万元以下的累计担保贷款额占其累计担保业务总额的 50% 以上。

⑤对单个受保企业提供的担保余额不超过担保机构实收资本总额的 10%，且平均单笔担保责任金额最多不超过 3 000 万元人民币。

⑥担保责任余额不低于其净资产的 3 倍，且代偿率不超过 2%。

担保机构免征增值税政策采取备案管理方式。符合条件的担保机构应到所在地县（市）主管税务机关和同级中小企业管理部门履行规定的备案手续，自完成备案手续之日起，享受 3 年免征增值税政策。3 年免税期满后，符合条件的担保机构可按规定程序办理备案手续后继续享受该项政策。

具体备案管理办法按照《国家税务总局关于中小企业信用担保机构免征营业税审批事项取消后有关管理问题的公告》（国家税务总局公告 2015 年第 69 号）规定执行，其中税务机关的备案管理部门统一调整为县（市）级国家税务局。

（31）国家商品储备管理单位及其直属企业承担商品储备任务，从中央或者地方财政取得的利息补贴收入和价差补贴收入。

国家商品储备管理单位及其直属企业是指接受中央、省、市、县四级政府有关部门（或者政府指定管理单位）委托，承担粮（含大豆）、食用油、棉、糖、肉、盐（限于中央储备）6 种商品储备任务，并按有关政策收储、销售上述 6 种储备商品，取得财政储备经费或者补贴的商品储备企业。利息补贴收入，是指国家商品储备管理单位及其直属企业因承担上述商品储备任务从金融机构贷款，并从中央或者地方财政取得的用于偿还贷款利息的贴息收入。价差补贴收入包括销售价差补贴收入和轮换价差补贴收入。销售价差补贴收入，是指按照中央或者地方政府指令销售上述储备商品时，由于销售收入小于库存成本而从中央或者地方财政获得的全额价差补贴收入。轮换价差补贴收入，是指根据要求定期组织政策性储备商品轮换而从中央或者地方财政取得的商品新陈品质价差补贴收入。

（32）2017 年 12 月 31 日前，科普单位的门票收入，以及县级及以上党政部门和科协开展科普活动的门票收入。

科普单位是指科技馆、自然博物馆，对公众开放的天文馆（站、台）、气象台（站）、地震台（站），以及高等院校、科研机构对公众开放的科普基地。

科普活动是指利用各种传媒以浅显的、让公众易于理解、接受和参与的方式，向普通大众介绍自然科学和社会科学知识，推广科学技术的应用，倡导科学方法，传播科学思想，弘扬科学精神的活动。

（33）政府举办的从事学历教育的高等、中等和初等学校（不含下属单位），举办进修班、培训班取得的全部归该学校所有的收入。

全部归该学校所有，是指举办进修班、培训班取得的全部收入进入该学校统一账户，并纳入预算全额上缴财政专户管理，同时由该学校对有关票据进行统一管理和开具。

举办进修班、培训班取得的收入进入该学校下属部门自行开设账户的，不予免征增值税。

（34）政府举办的职业学校设立的主要为在校学生提供实习场所并由学校出资自办、由学校负责经营管理、经营收入归学校所有的企业，从事《销售服务、无形资产或者不动产注释》中“现代服务”（不含融资租赁服务、广告服务和其他现代服务）、“生活服务”（不含文化体育服务、其他生活服务和桑拿、氧吧）业务活动取得的收入。

（35）家政服务企业由员工制家政服务员提供家政服务取得的收入。

家政服务企业是指在企业营业执照的规定经营范围中包括家政服务内容的企业。

员工制家政服务员是指同时符合下列 3 个条件的家政服务员。

①依法与家政服务企业签订半年及半年以上的劳动合同或者服务协

议，且在该企业实际上岗工作。

②家政服务企业为其按月足额缴纳了企业所在地人民政府根据国家政策规定的基本养老保险、基本医疗保险、工伤保险、失业保险等社会保险。对已享受新型农村养老保险和新型农村合作医疗等社会保险或者下岗职工原单位继续为其缴纳社会保险的家政服务员，如果本人书面提出不再缴纳企业所在地人民政府根据国家政策规定的相应的社会保险，并出具其所在乡镇或者原单位开具的已缴纳相关保险的证明，可视同家政服务企业已为其按月足额缴纳了相应的社会保险。

③家政服务企业通过金融机构向其实际支付不低于企业所在地适用的经省级人民政府批准的最低工资标准的工资。

（36）福利彩票、体育彩票的发行收入。

（37）军队空余房产租赁收入。

（38）为了配合国家住房制度改革，企业、行政事业单位按房改成本价、标准价出售住房取得的收入。

（39）将土地使用权转让给农业生产者用于农业生产。

（40）涉及家庭财产分割的个人无偿转让不动产、土地使用权。

家庭财产分割包括离婚财产分割；无偿赠与配偶、父母、子女、祖父母、外祖父母、孙子女、外孙子女、兄弟姐妹；无偿赠与对其承担直接抚养或者赡养义务的抚养人或者赡养人；房屋产权所有人死亡，法定继承人、遗嘱继承人或者受遗赠人依法取得房屋产权。

（41）土地所有者出让土地使用权和土地使用者将土地使用权归还给土地所有者。

2.6.1.2 即征即退的规定

即征即退是由税务机关先足额征收增值税，再将已征的全部或部分增值税税款由税务部门定期退还给纳税人。纳税人可以开具增值税专用发票，并照常计算销项税额、进项税额和应纳税额。

按照试点过渡政策，下列项目实行增值税即征即退。

（1）一般纳税人提供管道运输服务，对其增值税实际税负超过3%的部分实行增值税即征即退政策。

（2）经人民银行、银监会或者商务部批准从事融资租赁业务的试点纳税人中的一般纳税人，提供有形动产融资租赁服务和有形动产融资性售后回租服务，对其增值税实际税负超过3%的部分实行增值税即征即退政策。商务部授权的省级商务主管部门和国家经济技术开发区批准的从事融资租赁业务和融资性售后回租业务的试点纳税人中的一般纳税人，2016年5月1日后实收资本达到1.7亿元的，从达到标准的当月起按照上述规定执行；2016年5月1日后实收资本未达到1.7亿元但注册资本达到1.7亿元的，在2016年7月31日前仍可按照上述规定执行，2016年8月1日后开展的有形动产融资租赁业务和有形动产融资性售后回租业务不得按照上述规定执行。

所称增值税实际税负是指纳税人当期提供应税服务实际缴纳的增值税额占纳税人当期提供应税服务取得的全部价款和价外费用的比例。

2.6.1.3 扣减增值税的规定

（1）退役士兵创业就业。

①对自主就业退役士兵从事个体经营的，在3年内按每户每年8 000元为限额依次扣减其当年实际应缴纳的增值税、城市维护建设税、教育费附加、地方教育附加和个人所得税。限额标准最高可上浮20%，各省、自治区、直辖市人民政府可根据本地区实际情况在此幅度内确定具体限额标准，并报财政部和国家税务总局备案。

纳税人年度应缴纳税款小于上述扣减限额的，以其实际缴纳的税款为限；大于上述扣减限额的，应以上述扣减限额为限。纳税人的实际经营期不足一年的，应当以实际月份换算其减免税限额。换算公式为：减免税限额＝年度减免税限额÷12×实际经营月数。

纳税人在享受税收优惠政策的当月，持《中国人民解放军义务兵退出现役证》或《中国人民解放军士官退出现役证》以及税务机关要求的相关材料向主管税务机关备案。

②对商贸企业、服务型企业、劳动就业服务企业中的加工型企业和街道社区具有加工性质的小型企业实体，在新增加的岗位中，当年新招用自主就业退役士兵，与其签订1年以上期限劳动合同并依法缴纳社会保险费的，在3年内按实际招用人数予以定额依次扣减增值税、城市维护建设税、教育费附加、地方教育附加和企业所得税优惠。定额标准为

每人每年4 000元，最高可上浮50%，各省、自治区、直辖市人民政府可根据本地区实际情况在此幅度内确定具体定额标准，并报财政部和国家税务总局备案。

所称服务型企业是指从事“不动产租赁服务”“商务辅助服务”（不含货物运输代理和代理报关服务）、“生活服务”（不含文化体育服务）范围内业务活动的企业以及按照《民办非企业单位登记管理暂行条例》（国务院令第251号）登记成立的民办非企业单位。

纳税人按企业招用人数和签订的劳动合同时间核定企业减免税总额，在核定减免税总额内每月依次扣减增值税、城市维护建设税、教育费附加和地方教育附加。纳税人实际应缴纳的增值税、城市维护建设税、教育费附加和地方教育附加小于核定减免税总额的，以实际应缴纳的增值税、城市维护建设税、教育费附加和地方教育附加为限；实际应缴纳的增值税、城市维护建设税、教育费附加和地方教育附加大于核定减免税总额的，以核定减免税总额为限。

纳税年度终了，如果企业实际减免的增值税、城市维护建设税、教育费附加和地方教育附加小于核定的减免税总额，企业在企业所得税汇算清缴时扣减企业所得税。当年扣减不足的，不再结转以后年度扣减。

计算公式为：

企业减免税总额＝∑每名自主就业退役士兵本年度在本企业工作月份÷12×定额标准

企业自招用自主就业退役士兵的次月起享受税收优惠政策，并于享受税收优惠政策的当月，持下列材料向主管税务机关备案。

①新招用自主就业退役士兵的《中国人民解放军义务兵退出现役证》或《中国人民解放军士官退出现役证》。

②企业与新招用自主就业退役士兵签订的劳动合同（副本），企业为职工缴纳的社会保险费记录。

③自主就业退役士兵本年度在企业工作时间表。

④主管税务机关要求的其他相关材料。

上述所称自主就业退役士兵是指依照《退役士兵安置条例》（国务院、中央军委令第608号）的规定退出现役并按自主就业方式安置的退役士兵。

上述税收优惠政策的执行期限为2016年5月1日至2016年12月31日，纳税人在2016年12月31日未享受满3年的，可继续享受至3年期满为止。

按照《财政部 国家税务总局 民政部关于调整完善扶持自主就业退役士兵创业就业有关税收政策的通知》（财税【2014】42号）规定享受营业税优惠政策的纳税人，自2016年5月1日起按照上述规定享受增值税优惠政策，在2016年12月31日未享受满3年的，可继续享受至3年期满为止。

（2）重点群体创业就业。

①对持《就业创业证》（注明“自主创业税收政策”或“毕业年度内自主创业税收政策”）或2015年1月27日前取得的《就业失业登记证》（注明“自主创业税收政策”或附着《高校毕业生自主创业证》）的人员从事个体经营的，在3年内按每户每年8 000元为限额依次扣减其当年实际应缴纳的增值税、城市维护建设税、教育费附加、地方教育附加和个人所得税。限额标准最高可上浮20%，各省、自治区、直辖市人民政府可根据本地区实际情况在此幅度内确定具体限额标准，并报财政部和国家税务总局备案。

纳税人年度应缴纳税款小于上述扣减限额的，以其实际缴纳的税款为限；大于上述扣减限额的，应以上述扣减限额为限。

上述人员是指：在人力资源社会保障部门公共就业服务机构登记失业半年以上的人员；零就业家庭、享受城市居民最低生活保障家庭劳动年龄内的登记失业人员；毕业年度内高校毕业生。高校毕业生是指实施高等学历教育的普通高等学校、成人高等学校毕业的学生；毕业年度是指毕业所在自然年，即1月1日至12月31日。

②对商贸企业、服务型企业、劳动就业服务企业中的加工型企业和街道社区具有加工性质的小型企业实体，在新增加的岗位中，当年新招用在人力资源社会保障部门公共就业服务机构登记失业半年以上且持《就业创业证》或2015年1月27日前取得的《就业失业登记证》（注明“企业吸纳税收政策”）人员，与其签订1年以上期限劳动合同并依法缴纳社会保险费的，在3年内按实际招用人数予以定额依次扣减增值税、

城市维护建设税、教育费附加、地方教育附加和企业所得税优惠。定额标准为每人每年4 000元，最高可上浮30%，各省、自治区、直辖市人民政府可根据本地区实际情况在此幅度内确定具体定额标准，并报财政部和国家税务总局备案。

按上述标准计算的税收扣减额应在企业当年实际应缴纳的增值税、城市维护建设税、教育费附加、地方教育附加和企业所得税税额中扣减，当年扣减不足的，不得结转下年使用。

所称服务型企业是指从事《销售服务、无形资产、不动产注释》中“不动产租赁服务”“商务辅助服务”（不含货物运输代理和代理报关服务）、“生活服务”（不含文化体育服务）范围内业务活动的企业以及按照《民办非企业单位登记管理暂行条例》（国务院令第251号）登记成立的民办非企业单位。

③享受上述优惠政策的人员按以下规定申领《就业创业证》。

按照《就业服务与就业管理规定》（劳动和社会保障部令第28号）第六十三条的规定，在法定劳动年龄内，有劳动能力，有就业要求，处于无业状态的城镇常住人员，在公共就业服务机构进行失业登记，申领《就业创业证》。其中，农村进城务工人员和其他非本地户籍人员在常住地稳定就业满6个月的，失业后可以在常住地登记。

零就业家庭凭社区出具的证明，城镇低保家庭凭低保证明，在公共就业服务机构登记失业，申领《就业创业证》。

毕业年度内高校毕业生在校期间凭学生证向公共就业服务机构按规定申领《就业创业证》，或委托所在高校就业指导中心向公共就业服务机构按规定代为其申领《就业创业证》；毕业年度内高校毕业生离校后直接向公共就业服务机构按规定申领《就业创业证》。

上述人员申领相关凭证后，由就业和创业地人力资源社会保障部门对人员范围、就业失业状态、已享受政策情况进行核实，在《就业创业证》上注明“自主创业税收政策”“毕业年度内自主创业税收政策”或“企业吸纳税收政策”字样，同时符合自主创业和企业吸纳税收政策条件的，可同时加注；主管税务机关在《就业创业证》上加盖戳记，注明减免税所属时间。

上述税收优惠政策的执行期限为2016年5月1日至2016年12月31日，纳税人在2016年12月31日未享受满3年的，可继续享受至3年期满为止。

按照《财政部 国家税务总局 人力资源社会保障部关于继续实施支持和促进重点群体创业就业有关税收政策的通知》（财税【2014】39号）规定享受营业税优惠政策的纳税人，自2016年5月1日起按照上述规定享受增值税优惠政策，在2016年12月31日未享受满3年的，可继续享受至3年期满为止。

2.6.1.4 个人住房销售的规定

个人将购买不足2年的住房对外销售的，按照5%的征收率全额缴纳增值税；个人将购买2年以上（含2年）的住房对外销售的，免征增值税。上述政策适用于北京市、上海市、广州市和深圳市之外的地区。

个人将购买不足2年的住房对外销售的，按照5%的征收率全额缴纳增值税；个人将购买2年以上（含2年）的非普通住房对外销售的，以销售收入减去购买住房价款后的差额按照5%的征收率缴纳增值税；个人将购买2年以上（含2年）的普通住房对外销售的，免征增值税。上述政策仅适用于北京市、上海市、广州市和深圳市。

办理免税的具体程序、购买房屋的时间、开具发票、非购买形式取得住房行为及其他相关税收管理规定，按照《国务院办公厅转发建设部等部门关于做好稳定住房价格工作意见的通知》（国办发【2005】26号）、《国家税务总局 财政部 建设部关于加强房地产税收管理的通知》（国税发【2005】89号）和《国家税务总局关于房地产税收政策执行中几个具体问题的通知》（国税发【2005】172号）的有关规定执行。

2.6.1.5 放弃免税的规定

免税是税法赋予某一特定行业纳税人减免应纳税的一项权利，根据增值税征扣税一致的原理，纳税人享受免税，其提供应税服务的销售额不再计算销项税额，相应的进项税额也不得抵扣，也不能向购买方开具专用发票。因此如果增值税的免税只是针对特定环节的纳税人，这种免税将造成增值税抵扣链条的中断。考虑到免税属于国家对纳税人给予的一种优惠，从法治公平意义角度上讲，纳税人可以选择接受或者不接受，因此有必要在法规中明确纳税人可以放弃免税的权利。

放弃减免的具体要求如下。

（1）纳税人一经放弃免税权、减税权，其生产销售的全部增值税应税货物或劳务以及应税服务均应按照适用税率征税，不得选择某一免税项目放弃免税权，也不得根据不同的销售对象选择部分货物或劳务以及应税服务放弃免税权。

（2）纳税人在免税期内购进用于免税项目的货物或者应税服务以及应税服务所取得的增值税扣税凭证，一律不得抵扣。

2.6.2 个人提供应税服务起征点的范围

个人提供应税服务的销售额未达到增值税起征点的，免征增值税；达到起征点的，全额计算缴纳增值税。

增值税起征点所指个人不包括认定为一般纳税人的个体工商户。

2.6.3 个人提供应税服务起征点的数额

2.6.3.1 个人提供应税服务起征点的数额规定

增值税起征点所称的销售额是指应税服务的销售额（不包括提供加工修理修配劳务和销售货物的销售额），不包括其应纳税额；采用销售额和应纳税额合并定价方法的，销售额的计算公式为：

$$销售额 = 含税销售额 \div (1 + 征收率)$$

（1）按期纳税的，为月销售额5 000～20 000元（含本数）；

（2）按次纳税的，为每次（日）销售额300～500元（含本数）。

2.6.3.2 个人提供应税服务起征点的数额相关的征免规定

起征点又称“征税起点”或“起税点”，是指税法规定对征税对象开始征税的起点数额，起征点不同于免征额，纳税人销售额未达到国务院财政、税务主管部门规定的起征点的，免征增值税；达到起征点的，全额计算缴纳增值税。

起征点的调整由财政部和国家税务总局规定。省、自治区、直辖市财政厅（局）和国家税务局应当在规定的幅度内，根据实际情况确定本地区适用的起征点，并报财政部和国家税务总局备案。

2.6.4 小规模纳税人提供应税服务起征点的数额

对增值税小规模纳税人中月销售额未达到2万元的企业或非企业性单位，免征增值税。其中，2017年12月31日前，对月销售额2万元（含本数）至3万元的增值税小规模纳税人，免征增值税。

2.7 税收管理

2.7.1 营业税改征增值税的征收机关

《实施办法》规定的应税服务原应征收营业税，由地方税务机关征收，现按照《实施办法》规定营业税改征增值税后，应税服务的增值税也明确由国家税务局负责征收。

纳税人销售取得的不动产和其他个人出租不动产的增值税，国家税务局暂委托地方税务局代为征收。

2.7.2 零税率应税服务的退（免）规定

纳税人发生适用零税率的应税服务，在满足试点实施办法规定的纳税义务发生时间有关规定以及国家对应税服务出口设定的有关条件后，免征其出口应税服务的增值税。对实际承担的增值税税收负担（进项税额），待财政部与国家税务总局出台具体规定后再行处理。

2.7.3 应税服务不得开具增值税专用发票的规定

在增值税的实际操作中，鉴别纳税人接受应税服务所支付或者负担的增值税额是否属于进项税额，是以增值税专用发票等扣税凭证为依据的。因此，本条针对接受应税服务对象的特点规定了不得开具增值税专用发票的两种情形：

（1）向消费者个人提供应税服务；

（2）适用免征增值税规定的应税服务。

2.7.4 小规模纳税人申请代开增值税专用发票的规定

小规模纳税人由于其自身不具有开具增值税专用发票的资格，如需开具增值税专用发票，可向主管税务机关申请代开。

2.7.5 营业税改征增值税税收征管法规适用

2.7.5.1 营业税改征增值税税收征管法规适用的一般规定

根据《中华人民共和国税收征收管理法》及其实施细则的规定，依法由税务机关征收的各种税收的征收管理，均适用该法。因此，《实施办法》中应税服务的征收管理也应适用该法。

2.7.5.2 营业税改征增值税税收征管法规适用的特别规定

（1）不征税增值税的特殊项目。

①根据国家指令无偿提供的铁路运输服务、航空运输服务，属于《试点实施办法》规定的用于公益事业的服务。

②存款利息。

③被保险人获得的保险赔付。

④房地产主管部门或者其指定机构、公积金管理中心、开发企业以及物业管理单位代收的住宅专项维修资金。

⑤在资产重组过程中，通过合并、分立、出售、置换等方式，将全部或者部分实物资产以及与其相关联的债权、负债和劳动力一并转让给其他单位和个人，其中涉及的不动产、土地使用权转让行为。

（2）申报方法。

一般纳税人销售其2016年4月30日前取得的不动产（不含自建），适用一般计税方法计税的，以取得的全部价款和价外费用为销售额计算应纳税额。上述纳税人应以取得的全部价款和价外费用减去该项不动产购置原价或者取得不动产时的作价后的余额，按照5%的预征率在不动产所在地预缴税款后，向机构所在地主管税务机关进行纳税申报。

房地产开发企业中的一般纳税人销售房地产老项目，以及一般纳税人出租其2016年4月30日前取得的不动产，适用一般计税方法计税的，应以取得的全部价款和价外费用，按照3%的预征率在不动产所在地预缴税款后，向机构所在地主管税务机关进行纳税申报。

一般纳税人销售其2016年4月30日前自建的不动产，适用一般计税方法计税的，应以取得的全部价款和价外费用为销售额计算应纳税额。纳税人应以取得的全部价款和价外费用，按照5%的预征率在不动产所在地预缴税款后，向机构所在地主管税务机关进行纳税申报。

（3）试点前发生的业务。

①试点纳税人发生应税行为，按照国家有关营业税政策规定差额征收营业税的，因取得的全部价款和价外费用不足以抵减允许扣除项目金额，截至纳入营改增试点之日前尚未扣除的部分，不得在计算试点纳税人增值税应税销售额时抵减，应当向原主管地税机关申请退还营业税。

②试点纳税人发生应税行为，在纳入营改增试点之日前已缴纳营业税，营改增试点后因发生退款减除营业额的，应当向原主管地税机关申请退还已缴纳的营业税。

③试点纳税人纳入营改增试点之日前发生的应税行为，因税收检查等原因需要补缴税款的，应按照营业税政策规定补缴营业税。

（4）销售使用过的固定资产。

一般纳税人销售自己使用过的、纳入营改增试点之日前取得的固定资产，按照现行旧货相关增值税政策执行。

使用过的固定资产，是指纳税人符合《试点实施办法》规定并根据财务会计制度已经计提折旧的固定资产。

（5）扣缴增值税适用税率。

境内的代理人和接受方为境外单位和个人扣缴增值税的，按照适用税率扣缴增值税。

（6）纳税地点。

①一般纳税人跨省（自治区、直辖市或者计划单列市）提供建筑服务或者销售、出租取得的与机构所在地不在同一省（自治区、直辖市或者计划单列市）的不动产，在机构所在地申报纳税时，计算的应纳税额小于已预缴税额，且差额较大的，由国家税务总局通知建筑服务发生地或者不动产所在地省级税务机关，在一定时期内暂停预缴增值税。

②属于固定业户的试点纳税人，总分支机构不在同一县（市），但在同一省（自治区、直辖市、计划单列市）范围内的，经省（自治区、直辖市、计划单列市）财政厅（局）和国家税务局批准，可以由总机构汇总向总机构所在地的主管税务机关申报缴纳增值税。

2.7.5.3 原增值税纳税人营业税改征增值税的规定

原增值税纳税人是指按照《中华人民共和国增值税暂行条例》（以下称《增值税暂行条例》）缴纳增值税的纳税人，原增值税纳税人业务涉及营业税改征增值税的有关政策规定。

（1）进项税额。

①原增值税一般纳税人接受试点纳税人提供的应税服务，取得的增值税专用发票上注明的增值税额为进项税额，准予从销项税额中抵扣。

2016 年 5 月 1 日后取得并在会计制度上按固定资产核算的不动产或者 2016 年 5 月 1 日后取得的不动产在建工程，其进项税额应自取得之日起分 2 年从销项税额中抵扣，第一年抵扣比例为 60%，第二年抵扣比例为 40%。

融资租入的不动产以及在施工现场修建的临时建筑物、构筑物，其进项税额不适用上述分 2 年抵扣的规定。

②原增值税一般纳税人自用的应征消费税的摩托车、汽车、游艇，其进项税额准予从销项税额中抵扣。

③原增值税一般纳税人接受境外单位或者个人提供的应税服务，按照规定应当扣缴增值税的，准予从销项税额中抵扣的进项税额为从税务机关或者代理人取得的解缴税款的税收缴款凭证上注明的增值税额。

纳税人凭税收缴款凭证抵扣进项税额的，应当具备书面合同、付款证明和境外单位的对账单或者发票。资料不全的，其进项税额不得从销项税额中抵扣。

④原增值税一般纳税人购进货物或者接受加工修理修配劳务，用于《应税服务范围注释》所列项目的，不属于《增值税暂行条例》第十条所称的用于非增值税应税项目，其进项税额准予从销项税额中抵扣。

（2）原增值税一般纳税人接受试点纳税人提供的应税服务，下列项目的进项税额不得从销项税额中抵扣。

①用于简易计税方法计税项目、非增值税应税项目、免征增值税项目、集体福利或者个人消费，其中涉及的无形资产、不动产，仅指专用于上述项目的无形资产（不包括其他权益性无形资产）、不动产。

纳税人的交际应酬消费属于个人消费。

②非正常损失的购进货物，以及相关的加工修理修配劳务和交通运输服务。

③非正常损失的在产品、产成品所耗用的购进货物（不包括固定资产）、加工修理修配劳务和交通运输服务。

④非正常损失的不动产，以及该不动产所耗用的购进货物、设计服务和建筑服务。

⑤非正常损失的不动产在建工程所耗用的购进货物、设计服务和建筑服务。

纳税人新建、改建、扩建、修缮、装饰不动产，均属于不动产在建工程。

⑥购进的旅客运输服务、贷款服务、餐饮服务、居民日常服务和娱乐服务。

⑦财政部和国家税务总局规定的其他情形。

上述所称货物，是指构成不动产实体的材料和设备，包括建筑装饰材料和给排水、采暖、卫生、通风、照明、通信、煤气、消防、中央空调、电梯、电气、智能化楼宇设备及配套设施。

纳税人接受贷款服务向贷款方支付的与该笔贷款直接相关的投融资顾问费、手续费、咨询费等费用，其进项税额不得从销项税额中抵扣。

第3章　一般会计处理实务

3.1 一般纳税人会计处理实务

3.1.1 国内采购货物或接受应税劳务和应税服务的会计处理

一般纳税人国内采购货物或接受应税劳务和应税服务，取得的增值税扣税凭证，按税法规定符合抵扣条件的可在本期申报抵扣进项税额，借记“应交税费——应交增值税（进项税额）”科目，按应计入相关项目成本的金额，借记“材料采购”“商品采购”“原材料”“制造费用”“管理费用”“销售费用”“固定资产”“主营业务成本”“其他业务成本”等科目，按照应付或实际支付的金额，贷记“应付账款”“应付票据”“银行存款”等科目。购入货物发生退货或接受服务中止时，作相反的会计分录。

【例3-1】2014年6月，上海东方电子有限公司（增值税一般纳税人）购入上海光辉贸易有限公司（增值税一般纳税人）电子接插件一批，增值税专用发票注明价款100 000元，税款17 000元。款项已通过网上银行支付。

东方公司的账务处理为：

借：材料采购　　100 000

　　应交税费——应交增值税（进项税额）　　17 000

　　贷：银行存款　　117 000

【例3-2】承上例。

光辉公司的账务处理为：

借：银行存款　　117 000

　　贷：主营业务收入　　100 000

　　　　应交税费——应交增值税（销项税额）　　17 000

【例3-3】2014年6月，上海东方电子有限公司（增值税一般纳税人）购入上海晨光机械有限公司（增值税一般纳税人）生产设备一台，增值税专用发票注明价款200 000元，税款34 000元。款项尚未支付。

东方公司的账务处理为：

借：固定资产　　200 000

　　应交税费——应交增值税（进项税额）　　34 000

　　贷：应付账款　　234 000

【例 3-4】承上例。

晨光公司的账务处理为：

借：应收账款　　234 000

　　贷：主营业务收入　　200 000

　　　　应交税费——应交增值税（销项税额）　　34 000

实务提示

上述业务【例 3-1】至【例 3-4】无论是采购还是销售，双方在税改前后的账务处理都没有差异，完全依照《增值税暂行条例实施细则》对增值税进行相关的账务处理。

【例 3-5】2014 年 6 月，上海东方电子有限公司（试点一般纳税人）委托上海泰丰物流有限公司（试点一般纳税人）运输采购材料，取得货物运输增值税专用发票注明价款 10 000 元，税款 1 100 元。款项通过网上银行支付。

东方公司的账务处理为：

借：材料采购　　10 000

　　应交税费——应交增值税（进项税额）　　1 100

　　贷：银行存款　　11 100

【例 3-6】承上例。

泰丰公司的账务处理为：

借：银行存款　　11 100

　　贷：主营业务收入　　10 000

　　　　应交税费——应交增值税（销项税额）　　1 100

【例 3-7】2014 年 6 月，上海东方电子有限公司（试点一般纳税人）委托上海腾龙物流有限公司（试点小规模纳税人）运输采购材料，取得税务机关代开货物运输发票。通过网上银行支付运输费用10 300元。

东方公司的账务处理为：

借：材料采购　　10 000

　　应交税费——应交增值税（进项税额）　　300

　　贷：银行存款　　10 300

【例3-8】承上例。

腾龙公司的账务处理为：

借：银行存款　　10 300

　　贷：主营业务收入　　10 000

　　　　应交税费——应交增值税　　300

实务提示

1. 上述业务【例3-5】、【例3-6】接受试点一般纳税人应税交通运输服务，取得增值税专用发票，增值税税率为11%，可凭票抵扣销项税额。

2. 上述业务【例3-7】、【例3-8】接受试点小规模纳税人应税交通运输服务，取得税务机关代开增值税专用发票，增值税征收率为3%，可凭票抵扣销项税额。但是，如果试点小规模纳税人没有税务机关代开增值税专用发票，那么接受试点小规模纳税人应税交通运输服务的企业就无法凭票抵扣销项税额。

【例3-9】2013年8月，上海东方电子有限公司（试点地区一般纳税人）委托青岛通德物流有限公司运输采购材料，取得试点前开具的货物运输发票。通过网上银行支付运输费用8 000元。

东方公司的账务处理为：

借：材料采购　　7 440

　　应交税费——应交增值税（进项税额）　　560

　　贷：银行存款　　8 000

【例3-10】承上例。

通德公司的账务处理如下。

1. 确认收入时

借：银行存款　　8 000

　　贷：主营业务收入　　8 000

2. 计提营业税金时

借：营业税金及附加　　240

　　贷：应交税费——应交营业税　　240

实务提示

1. 上述业务【例3-9】、【例3-10】试点前交通运输服务（特别是铁路运输）为营业税征收项目，没有一般纳税人与小规模纳税人的说法。但接受服务方可执行原7%运输费用扣除率计算进项税额的规定。

2. 上述业务【例3-9】、【例3-10】试点前交通运输服务为营业税征收项目，提供服务方执行3%营业税税率计提营业税金的规定。

3. 接受服务方取得的铁路运输费用结算单据其账务处理与接受非试点地区运输企业的账务处理相同，执行原7%运输费用扣除率计算进项税额的规定。但是试点后以及2014年1月1日后连同铁路运输均不再使用运输费用结算单据，相关账务处理就可以依照【例3-5】、【例3-6】执行。

【例3-11】2014年6月，上海东方电子有限公司（试点一般纳税人）委托上海泰丰物流有限公司（试点一般纳税人）提供物流辅助服务，取得物流辅助服务增值税专用发票，注明的价款为10 000元，税款为600元。款项通过网上银行支付。

东方公司的账务处理为：

借：材料采购　　10 000

　　应交税费——应交增值税（进项税额）　　600

　　贷：银行存款　　10 600

【例3-12】承上例。

泰丰公司的账务处理为：

借：银行存款　　10 600

贷：主营业务收入　10 000

应交税费——应交增值税（销项税额）　600

【例3-13】2014年6月，上海东方电子有限公司（试点地区一般纳税人）委托上海腾龙物流有限公司（试点小规模纳税人）提供物流辅助服务，取得税务机关代开的物流辅助服务发票。通过网上银行支付物流辅助服务10 300元。

东方公司的账务处理为：

借：材料采购　10 000

应交税费——应交增值税（进项税额）　300

贷：银行存款　10 300

【例3-14】承上例。

腾龙公司的账务处理为：

借：银行存款　10 300

贷：主营业务收入　10 000

应交税费——应交增值税　300

实务提示

1. 上述业务【例3-11】、【例3-12】接受试点一般纳税人应税物流辅助服务，取得增值税专用发票，增值税税率为6%，可凭票抵扣销项税额。

2. 上述业务【例3-13】、【例3-14】接受试点小规模纳税人应税物流辅助服务，取得税务机关代开的增值税专用发票，增值税征收率为3%，可凭票抵扣销项税额。

3. 物流辅助服务属于《试点办法》现代服务业应税服务，其中包括研发和技术服务、信息技术服务、文化创意服务、有形资产租赁服务、鉴证咨询服务。其会计处理方式与物流辅助服务相同。

【例3-15】2014年1月，上海东方电子有限公司（试点一般纳税人）委托青岛通德物流有限公司提供运杂服务，取得（试点前）运杂费项目运输发票。通过网上银行支付运输费用7 000元。

东方公司的账务处理为：

借：材料采购　　7 000

　　贷：银行存款　　7 000

【例 3-16】 承上例。

通德公司的账务处理如下。

1. 确认收入

借：银行存款　　7 000

　　贷：主营业务收入　　7 000

2. 计提营业税金

借：营业税金及附加　　210

　　贷：应交税费——应交营业税　　210

实务提示

1. 上述业务【例 3-15】、【例 3-16】试点前交通运输服务为营业税征收项目，没有一般纳税人与小规模纳税人的说法。接受服务方取得的运杂服务项目无相关扣除率计算进项税额的规定。

2. 上述业务【例 3-15】、【例 3-16】试点前交通运输服务为营业税征收项目，提供服务方执行3%营业税税率计提营业税金的规定。

3. 接受服务方取得的试点前其他营业税应税项目发票与运杂费服务项目相同，均与增值税核算无关。

【例 3-17】 2014 年 6 月，上海方正律师事务所有限公司（试点一般纳税人）接受上海中信会计师事务所有限公司（试点一般纳税人）提供的技术指导服务，取得增值税专用发票，通过网上银行支付服务费31 800元。

方正律师事务所的账务处理为：

借：主营业务成本　　30 000

　　应交税费——应交增值税（进项税额）　　1 800

　　贷：银行存款　　31 800

【例 3-18】承上例。

中信会计师事务所的账务处理为：

借：银行存款　　31 800

　　贷：主营业务收入　　30 000

　　　　应交税费——应交增值税（销项税额）　　1 800

3.1.2 购进农产品的会计处理

【例 3-19】2014 年 9 月，上海太乐食品有限公司（试点一般纳税人）收购农副产品，开具农产品收购发票。现金支付收购款项11 300元。

太乐公司的账务处理为：

借：材料采购　　10 000

　　应交税费——应交增值税（进项税额）　　1 300

　　贷：库存现金　　11 300

【例 3-20】承上例。

如果上述采购是从企业纳税人处购得，则销售企业的账务处理为：

借：银行存款　　11 300

　　贷：主营业务收入　　10 000

　　　　应交税费——应交增值税（销项税额）　　1 300

实务提示

1. 上述业务【例 3-19】、【例 3-20】农产品采购对象无论是在试点前还是在试点后，购货方均可按照 13% 的扣除率计算进项税额。

2. 上述业务【例 3-19】、【例 3-20】农产品如果是直接从农民手中购得，农民作为销售方一般不进行账务处理。

3. 上述业务【例 3-19】、【例 3-20】采购方取得销售普通发票或开具农产品收购发票均可按农产品买价和 13% 的扣除率计算的进项税额进行会计核算。

3.1.3 进口货物或接受境外应税服务的会计处理

【例 3-21】2014 年 6 月，上海东方电子有限公司（试点一般纳税人）从日本进口一台生产设备，价款 100 万元，采用信用证支付。缴纳进口环节的增值税17万元，取得海关进口增值税专用缴款书。

东方公司的账务处理如下。

1. 设备入库时

借：固定资产　　　　1 000 000

　　贷：其他货币资金　　　　1 000 000

2. 缴纳进口环节增值税时

借：应交税费——应交增值税（进项税额）　　　　170 000

　　贷：银行存款　　　　170 000

【例3-22】 承上例。接受日本方设备安装技术指导服务，合同总价款106 000元。当月安装完成交付使用，日本方境内无代理机构，上海东方电子有限公司代扣代缴增值税，书面合同、付款相关单据齐全。

东方公司的账务处理如下。

1. 计算计入设备价值时

借：固定资产　　　　100 000

　　贷：其他货币资金　　　　100 000

2. 扣缴增值税时

借：应交税费——应交增值税（进项税额）　　　　6 000

　　贷：银行存款　　　　6 000

实务提示

1. 上述业务【例3-21】、【例3-22】缴纳进口环节的增值税取得的海关进口增值税专用缴款书，作为增值税进项税额抵扣的依据。

2. 上述业务【例3-21】、【例3-22】进口类似设备、材料物资的账务处理与之相同。

3. 上述业务接受境外应税服务，在境内有代理机构的由代理机构代扣代缴增值税；无代理机构的由服务接受方代扣代缴增值税。

4. 上述业务代扣代缴增值税作为抵扣依据时，必须附有书面合同、付款证明和往来账单单据，且经当地税务机关审核备案。

3.1.4 一般纳税人辅导期的会计处理

一般纳税人（辅导期）国内采购的货物或接受的应税劳务和应税服务，已经取得的增值税扣税凭证，按税法规定不符合抵扣条件，暂不予在本期申报抵扣的进项税额，借记“应交税费——待抵扣进项税额”科目，应计入采购成本的金额，借记“材料采购”“商品采购”“原材料”“制造费用”“管理费用”“销售费用”“固定资产”“主营业务成本”“其他业务成本”等科目，按照应付或实际支付的金额，贷记“应付账款”“应付票据”“银行存款”等科目。

收到税务机关告知的稽核比对结果通知书及其明细清单后，按稽核比对结果通知书及其明细清单注明的稽核相符、允许抵扣的进项税额，借记“应交税费——应交增值税（进项税额）”科目，贷记“应交税费——待抵扣进项税额”科目。

【例 3-23】2014 年 3 月，上海金星贸易有限公司（试点辅导期一般纳税人）购入上海光辉贸易有限公司（试点一般纳税人）材料一批，增值税专用发票注明价款 100 000 元，税款 17 000 元。款项已通过网上银行支付。

金星公司的账务处理如下。

1. 税法规定符合抵扣条件前

借：材料采购	100 000	
应交税费——待抵扣进项税额	17 000	
贷：银行存款		117 000

2. 税法规定符合抵扣条件后

借：应交税费——应交增值税（进项税额）	17 000	
贷：应交税费——待抵扣进项税额		17 000

【例 3-24】承上例。

光辉公司的账务处理为：

借：银行存款	117 000	
贷：主营业务收入		100 000
应交税费——应交增值税（销项税额）		17 000

实务提示

1. 上述业务按照税法规定符合抵扣条件前，先行计入应交税费待抵扣进项税额明细下。

2. 上述业务经税务机关告知稽核比对结果及其明细清单后，依据稽核比对结果通知书，将待抵扣进项税额转入应交税费下应交增值税明细科目进项税额专栏。

3. 部分省市对一般纳税人辅导期的规定有相关优惠政策，即取消了增值税一般纳税人辅导期的规定。

3.1.5 兼有增值税应税服务的原增值税一般纳税人的会计处理

兼有增值税应税服务的原增值税一般纳税人，应在营业税改征增值税开始试点的当月月初将不得从应税服务的销项税额中抵扣的上期留抵税额，转入“增值税留抵税额”明细科目，借记“应交税费——增值税留抵税额”科目，贷记“应交税费——应交增值税（进项税额转出）”科目。待以后期间允许抵扣时，按允许抵扣的金额，借记“应交税费——应交增值税（进项税额）”科目，贷记“应交税费——增值税留抵税额”科目。

营业税改征增值税陆续在全国展开，所以营业税改征增值税在不同地区的试点开始时间也不一样，这就会有原增值税一般纳税人和兼营营业税改征增值税应税服务项目一般纳税人的提法。下面以东莞开始执行税改的时间点进行实务演示，其他地区可以参照进行相关账务处理。

【例3-25】东莞远东电气有限公司自2012年11月1日起开始执行税改，公司为试点地区一般纳税人。2012年10月末留抵进项税额10 000元，2012年12月经当地税务机关批准，准予抵扣原2012年10月留抵进项税额10 000元。

远东公司账务处理如下。

1. 11 月份对该留抵税额的账务处理

借：应交税费——增值税留抵税额　　10 000

　　贷：应交税费——应交增值税（进项税额转出）　　10 000

2. 12 月份对该留抵税额的账务处理

借：应交税费——应交增值税（进项税额）　　10 000

　　贷：应交税费——增值税留抵税额　　10 000

实务提示

1. 上述会计处理仅为试点执行前后几个月的规定，但同样应当引起纳税人的重视，其以上账务处理会直接影响到一般纳税人税款的计算和申报表的填列。

2. 上述业务一般纳税人申报表的填列方法详见以后的章节。

3. 1. 6 一般纳税人提供应税服务中止或折让的会计处理

一般纳税人提供应税服务，按照确认的收入和按规定收取的增值税额，借记“应收账款”“应收票据”“银行存款”等科目；按照按规定收取的增值税额，贷记“应交税费——应交增值税（销项税额）”科目；按确认的收入，贷记“主营业务收入”“其他业务收入”等科目。发生的服务中止或折让时，作相反的会计分录。

【例 3-26】2014 年 6 月 5 日，上海泰丰物流有限公司（试点一般纳税人）与上海东方电子有限公司（试点一般纳税人）签订合同，为其提供购进货物的运输服务，协议签订服务费 33 300 元，且开具了增值税专用发票，款项尚未支付。6 月 12 日，由于上海东方电子有限公司与销售方发生分歧，取消购货。经与上海泰丰物流有限公司协商中止履行合同，并将尚未认证的专用发票退还给上海泰丰物流有限公司。

泰丰公司的账务处理如下。

1. 确认收入时的账务处理

借：应收账款　　33 300

　　贷：主营业务收入　　30 000
　　　　应交税费——应交增值税（销项税额）　　3 300

2. 服务中止时的账务处理

借：主营业务收入　　30 000
　　应交税费——应交增值税（销项税额）　　3 300
　　贷：应收账款　　33 300

【例 3-27】承上例。

如果上海东方电子有限公司已经将取得的增值税专用发票认证，则泰丰公司的账务处理如下。

1. 确认收入时的账务处理

借：应收账款　　33 300
　　贷：主营业务收入　　30 000
　　　　应交税费——应交增值税（销项税额）　　3 300

2. 服务中止时的账务处理

借：主营业务收入　　30 000
　　应交税费——应交增值税（销项税额）　　3 300
　　贷：应收账款　　33 300

东方公司的账务处理如下。

1. 收到发票时的账务处理

借：材料采购　　30 000
　　应交税费——应交增值税（进项税额）　　3 300
　　贷：应付账款　　33 300

2. 收到红字发票时的账务处理

借：材料采购　　[30 000]
　　应交税费——应交增值税（进项税额）　　[3 300]
　　贷：应付账款　　[33 300]

实务提示

1. 上述业务【例3-26】、【例3-27】如果接受服务方进行了相关账务处理，应冲回。

2. 上述业务【例3-26】、【例3-27】如果接受服务方未将取得的增值税专用发票认证，则直接退回提供服务方即可，东方公司无需进行账务处理。如果已经认证，接受服务方需要依据发票管理办法向当地税务机关申请“开具红字增值税专用发票通知单”，提供服务方才可以开具红字发票。

3.1.7 一般纳税人视同应税服务的会计处理

一般纳税人发生《试点实施办法》所规定的情形，视同提供应税服务应提取的销项税额，借记“营业外支出”“应付利润”等科目，贷记“应交税费——应交增值税（销项税额）”科目。

【例3-28】2012年8月5日，上海中信会计师事务所有限公司（试点一般纳税人）安排两名注册会计师为某企业免费提供资产重组相关业务咨询服务。注册会计师咨询服务业务价格一般为每人每天1 060元。

视同应税服务的账务处理为：

借：营业外支出　　[1 060×2÷（1+6%）×6%] 120

　　贷：应交税费——应交增值税（销项税额）　　120

3.1.8 一般纳税人向境外单位提供适用零税率应税服务的会计处理

一般纳税人向境外单位提供适用零税率的应税服务，不计算应税服务销售额应缴纳的增值税。凭有关单证向税务机关申报办理该项出口服务的出口退税。

1. 按税务机关批准的免抵税额借记“应交税费——应交增值税（出口抵减内销应纳税额）”科目，按应退税额借记“其他应收款——应收退税款（增值税出口退税）”等科目，按免抵退税额贷记“应交税费——应交增值税（出口退税）”科目。

2. 收到退回的税款时，借记“银行存款”科目，贷记“其他应收款——应收退税款（增值税出口退税）”科目。

3. 办理退税后发生服务中止补交已退回税款的，用红字或负数登记。

3.1.9 一般纳税人购进货物改变用途或非正常损失的会计处理

一般纳税人发生购进货物改变用途以及非正常损失等情况，按规定进项税额不得抵扣的，借记“其他业务成本”“在建工程”“应付职工薪酬”“待处理财产损溢”等科目，贷记“应交税费——应交增值税（进项税额转出）”科目。

【例3-29】2012年9月2日，上海太乐食品有限公司（试点一般纳税人）收购农副产品，开具农产品收购发票。现金支付收购款项11 300元。10月1日将上述农副产品用于发放员工福利。

1. 购入时的账务处理

借：材料采购　　10 000

　　应交税费——应交增值税（进项税额）　　1300

　　贷：库存现金　　11 300

2. 材料入库时的账务处理

借：原材料　　10 000

　　贷：材料采购　　10 000

3. 发放福利时的账务处理

借：应付职工薪酬　　11 300

　　贷：应交税费——应交增值税（进项税额转出）　　1 300

　　　　原材料　　10 000

【例3-30】承上例。

如果上述农副产品因大雨变质腐烂，发生非正常损失，则账务处理为：

借：营业外支出　　11 300

　　贷：应交税费——应交增值税（进项税额转出）　　1 300

　　　　原材料　　10 000

3.1.10 一般纳税人取得按规定免征增值税收入的会计处理

纳税人提供应税服务取得按规定免征增值税收入时，借记“银行存款”“应收账款”“应收票据”等科目，贷记“主营业务收入”“其他业务收入”等科目。

3.1.11 一般纳税人首次购入增值税税控系统专用设备的会计处理

一般纳税人首次购入增值税税控系统专用设备，按实际支付或应付的金额，借记“固定资产”科目，贷记“银行存款”“应付账款”等科目。按规定抵减的增值税应纳税额，借记“应交税费——应交增值税（减免税款）”科目，贷记“递延收益”科目。按期计提折旧，借记“管理费用”等科目，贷记“累计折旧”科目；同时，借记“递延收益”科目，贷记“管理费用”等科目。

一般纳税人发生技术维护费，按实际支付或应付的金额，借记“管理费用”等科目，贷记“银行存款”等科目。按规定抵减的增值税应纳税额，借记“应交税费——应交增值税（减免税款）”科目，贷记“管理费用”等科目。

【例 3-31】2012 年 11 月，东莞远东电气有限公司首次购入增值税税控系统设备，支付价款 1 416 元，同时支付当年增值税税控系统专用设备技术维护费 370 元。两项合计抵减当月增值税应纳税额 1 786 元。相关账务处理如下。

1. 首次购入增值税税控系统专用设备

借：固定资产——税控设备　　1 416

　　贷：银行存款　　1 416

2. 发生防伪税控系统专用设备技术维护费

借：管理费用　　370

　　贷：银行存款　　370

3. 抵减当月增值税应纳税额

借：应交税费——应交增值税（减免税款）　　1 786

　　贷：管理费用　　370

　　　　递延收益　　1 416

4. 以后各月计提折旧时（按3年，残值10%举例）

（1）借：管理费用　　35.40

　　　　贷：累计折旧　　35.40

（2）借：递延收益　　35.40

　　　　贷：管理费用　　35.40

3.1.12 一般纳税人提供适用简易计税方法的会计处理

一般纳税人提供适用简易计税方法应税服务的，借记“库存现金”“银行存款”“应收账款”等科目，贷记“主营业务收入”“其他业务收入”等科目，贷记“应交税费——未交增值税”科目。

一般纳税人提供适用简易计税方法应税服务，发生《试点实施办法》所规定情形视同提供应税服务应缴纳的增值税额，借记“营业外支出”“应付利润”等科目，贷记“应交税费——未交增值税”科目。

【例3-32】2012年10月25日，某试点巴士公司当天取得公交乘坐费51 500元。按简易计税办法计算增值税应纳税款＝51 500÷（1＋3%）×3%＝1 500（元）。

巴士公司账务处理为：

借：库存现金　　51 500

　　贷：主营业务收入　　50 000

　　　　应交税费——未交增值税　　1 500

实务提示

1. 一般纳税人部分特定项目可以选择简易计税方法来计算征收增值税。

2. 特定项目包括一般纳税人提供的公共交通运输服务（包括轮客渡、公交客运、轨道交通、出租车）；试点纳税人中的一般纳税人，以试点实施之前购进或者自制的有形动产为标的物提供的经营租赁服务，试点期间可以选择适用简易计税方法；动漫企业的试点纳税人中的一般纳税人，为开发动漫产品提供的动漫脚本编撰、形象设计、背景设计、动画设计、分镜、动画制作、摄制、描线、上色、画面合成、配音、配乐、音效合成、剪辑、字幕制作、压缩转码（面向网络动漫、手机动漫格式适配）服务，以及在境内转让动漫版权（包括动漫品牌、形象或者内容的授权及再授权）。

3. 部分试点省市规定纳税人可以自试点开始实施之日选择适用简易计税方法计算缴纳增值税至当年年末。

4. 一般纳税人提供财政部和国家税务总局规定的特定应税服务，在试点过程中可以选择适用简易计税方法计税，一经选定 36 个月内不得变更。

3. 1. 13 一般纳税人月末增值税的会计处理

月末，一般纳税人应将当月发生的应交未交增值税额自“应交税费——应交增值税”科目转入“未交增值税”明细科目，借记“应交税费——应交增值税（转出未交增值税）”科目，贷记“应交税费——未交增值税”科目。或将本月多交的增值税自“应交税费——应交增值税”科目转入“未交增值税”明细科目，借记“应交税费——未交增值税”科目，贷记“应交税费——应交增值税（转出多交增值税）”科目。

一般纳税人的“应交税费——应交增值税”科目的期末借方余额，反映尚未抵扣的增值税。“应交税费——未交增值税”科目的期末借方余额，反映多交的增值税；贷方余额，反映未交的增值税。

次月缴纳本月应交未交的增值税，借记“应交税费——未交增值税”科目，贷记“银行存款”科目。收到退回多交增值税税款时，借记“银行存款”科目，贷记“应交税费——未交增值税”科目。

3.1.14 固定资产进项税额抵扣的均衡性

固定资产的特点是单位价值高、使用时间长，本次营业税改征增值税又将可抵扣进项税额的固定资产，在原基础上增加了不动产、无形资产。特别是不动产的单位价值一般都为几千万元，甚至上亿元，其可抵扣的进项税额也是非常大。本次营改增后这样大金额的项目能否开具在一张发票上？如何依据增值税专用发票进行进项税额抵扣？如何进行账务处理，这些问题都将是征收机关和纳税人的难题。

为了便于广大读者进一步理解进项税额抵扣均衡性带来的问题和应对措施，在此根据对本次营改增试点通知及其相关文件规定的理解，给出作者的一些分析探讨。

《试点办法》指出，2016 年 5 月 1 日后取得并在会计制度上按固定资产核算的不动产或者 2016 年 5 月 1 日后取得的不动产在建工程，其进项税额应自取得之日起分 2 年从销项税额中抵扣，第一年抵扣比例为 60%，第二年抵扣比例为 40%。

国家税务总局公告 2016 年第 15 号即《不动产进项税额分期抵扣暂行办法》中指出，上述进项税额中，60% 的部分于取得扣税凭证的当期从销项税额中抵扣；40% 的部分为待抵扣进项税额，于取得扣税凭证的当月起第 13 个月从销项税额中抵扣。这在一定程度上解决了固定资产进项税额抵扣均衡性的问题，但是并没有从实质上彻底解决固定资产进项税额抵扣的均衡性。

3.1.14.1 固定资产进项税额抵扣的均衡性会计处理问题探讨

大家知道，为了准确反映增值税一般纳税人应纳增值税的计算与缴纳情况，按照规定，一般纳税人应在“应交税费”科目下设置“应交增值税”和“未交增值税”等二级明细科目，进行增值税会计核算。

（1）“应交税费——应交增值税”账户

“应交税费——应交增值税”明细账采用多栏式。在借方设置“进项税额”“已交税金”“减免税款”“出口抵减内销产品应纳税额”和

“转出未交增值税”五个栏目；在贷方设置“销项税额”“出口退税”“进项税额转出”和“转出多交增值税”四个栏目。

各栏目核算内容如下。

①“进项税额”专栏，记录企业购入货物或接受应税劳务而支付的、准予从销项税额中抵扣的增值税额。购入货物或接受劳务支付的进项税额，用蓝字登记；退回所购货物应冲销的进项税额，用红字登记。

②“已交税金”专栏，核算企业当月应缴而实际已缴纳的增值税额。

③“减免税款”专栏，反映企业按规定直接减免的增值税款。

④“出口抵减内销产品应纳税额”专栏，反映企业按规定的退税率计算的出口货物的进项税额抵减内销产品的应纳税额。

⑤“转出未交增值税”专栏，核算一般纳税企业月终转出应交未交的增值税。

⑥“销项税额”专栏，记录企业销售货物、提供应税劳务收取的增值税额。销货时用蓝字登记；退货时应冲销的销项税额用红字登记。

⑦“出口退税”专栏，记录企业出口适用零税率的货物，向海关办理出口手续后，凭出口报关单等有关凭证，向税务机关申报办理出口退税而收到退回的税款。出口货物退回的增值税额，用蓝字登记；出口货物办理退税后发生退货或者退关而补交已退的税款，用红字登记。

⑧“进项税额转出”专栏，记录企业的购进货物，在产品、产成品等发生非正常损失以及其他原因而不应从销项税额中抵扣，按规定转出的进项税额。

⑨“转出多交增值税”专栏，核算一般纳税企业月终转出多交的增值税。

月度终了，企业将本月应交未交或多交的增值税额自“应交税费——应交增值税”账户转入“应交税费——未交增值税”账户。结转后，“应交税费——应交增值税”账户的期末借方余额，反映企业尚未抵扣的增值税。

（2）“应交税费——未交增值税”账户

“应交税费——未交增值税”明细账采用三栏式。

月度终了，企业应将本月应交未交增值税自“应交税费——应交增值税”账户转入“应交税费——未交增值税”账户，会计分录为：

借：应交税费——应交增值税（转出未交增值税）

　　贷：应交税费——未交增值税

月度终了，如果企业本月有多交的增值税，应将其自“应交税费——应交增值税”账户转入“应交税费——未交增值税”账户，会计分录为：

借：应交税费——未交增值税

　　贷：应交税费——应交增值税（转出多交增值税）

企业在本月缴纳上期应交未交的增值税时：

借：应交税费——未交增值税

　　贷：银行存款

纳税期限届满或月末，“应交税费——未交增值税”账户的贷方余额，反映企业欠交的增值税；若为借方余额，反映企业多交的增值税。

（3）增设“待抵扣进项税额”专栏

鉴于固定资产中不动产两年内抵扣进项税额的政策，建议在“应交税费——应交增值税”明细账下，借方增设“待抵扣进项税额”栏目。

国家税务总局公告 2016 年第 15 号即《不动产进项税额分期抵扣暂行办法》中指出，上述进项税额中，60% 的部分于取得扣税凭证的当期从销项税额中抵扣；40% 的部分为待抵扣进项税额，于取得扣税凭证的当月起第 13 个月从销项税额中抵扣。

依据公告，具体的账务处理如下。

在收到增值税专用发票并认证后，当月做如下会计分录：

借：固定资产

　　应交税费——应交增值税（待抵扣进项税额）

　　贷：银行存款或应付账款等科目

第 1 个月和第 13 个月，分别以相应比例进项税额，做如下会计分录：

借：应交税费——应交增值税（进项税额）

　　贷：应交税费——应交增值税（待抵扣进项税额）

假设，为了寻求进一步的均衡，在将来完善增值税征收管理办法时，可以再划分更多的会计期间与纳税期间配比，具体的账务处理如下。

在收到增值税专用发票并认证后，做如下会计分录：

借：固定资产

应交税费——应交增值税（待抵扣进项税额）

贷：银行存款或应付账款等科目

每个月月末，将进项税额二十四分之一的额度，做如下会计分录：

借：应交税费——应交增值税（进项税额）

贷：应交税费——应交增值税（待抵扣进项税额）

在会计处理上，上述会计处理方法已经完全和《试点办法》的抵扣时限规定相匹配，但该处理方式相比国家税务总局公告 2016 年第 15 号即《不动产进项税额分期抵扣暂行办法》中指出的处理方法，固定资产进项税额抵扣更具均衡性。

3.1.14.2 固定资产进项税额抵扣的均衡性问题理论探讨

固定资产进项税额抵扣不均衡的原因客观存在，固定资产进项税额抵扣的不均衡导致了企业个别月份增值税申报异常，也直接影响了基层征收机关增值税收入的均衡性，进而给基层税务机关进行税源监控、纳税审查、异常户评估等工作平添了工作量和工作难度。同时固定资产进项税额的问题还在税改后，扮演了导致税改前后企业税负不公平的角色。对固定资产进项税额抵扣的均衡性进行研究，积极为营业税改征增值税推行过程中的税负公平问题找到解决途径有着重要的意义。

（1）固定资产进项税额抵扣不均衡的客观原因。

①固定资产固有特点导致的不均衡。

固定资产的进项税额一般单笔金额较大，并且在企业正常生产经营过程中设备采购也不均衡，所以固定资产进项税额抵扣也就集中在个别月份。

固定资产在企业资产总额中所占的比重和在创造营业收入中的作用举足轻重。固定资产的可抵扣进项税额比较大，且固定资产的购置在企业设立初期较为集中，从固定资产在企业整个持续经营期间来讲，其进项税额的抵扣同样存在不均衡。

②进项税额抵扣政策使得不均衡必然存在。

众所周知，我们目前的进项税额抵扣依据是增值税专用发票、海关进口增值税专用缴款书和运输费用结算单据等。财税【2008】170 号文件规定：从 2009 年 1 月 1 日起增值税一般纳税人购进（包括接受捐赠、实物投资）或者自制（包括改扩建、安装）固定资产发生的进项税额，可凭增值税专用发票、海关进口增值税专用缴款书从销项税额中抵扣。凭票抵扣的规定对固定资产进项税额抵扣来讲也不例外。

增值税条例及其细则对固定资产进项税额抵扣条件作了时间限定，即固定资产进项税抵扣为认证当月。同时增值税专用发票、海关进口增值税专用缴款书和运输费用结算单据，自开具或取得之日起 180 天内必须认证，否则过期作废其抵扣功能。

政策规定，进项税额从依据上采用凭票抵扣；从时间上采用认证当月。实际工作中，固定资产进项税额单笔较大没有分割依据；固定资产采购较为集中没有分割措施。所以固定资产进项税额抵扣的不均衡性客观上必然存在。

（2）税改因固定资产进项税额问题导致的税负不公平。

增值税转型后，部分固定资产的进项税额可以抵扣。对一些转型前已经完成固定资产大规模采购的企业来讲，与改革后设立的企业相比存在一些竞争上的成本劣势，也就是对老企业的税负不公平。不过因为生产企业设备价值折旧额分摊到产品成本中的比重较小，这种税负不公平也就没有凸显出来。而且税改期间部分省份也采取了一些不同措施削弱这些不公平，比如财政补贴、超税负返还。

①对税改前后设立的交通运输企业税负的影响。

增值税的税收负担不仅与纳税人的收入水平有关，还与纳税人成本中可以获得抵扣的项目有关。成本中可以抵扣的项目所占收入比重的高低，直接影响着交通运输企业改征增值税后将承担的税负。

企业在税改前购入厂房、办公楼等不动产，与税改后购入因为有进项税额的存在而成本大相径庭。再比如，交通运输企业的经营主要借助于运输工具，交通运输企业在审批道路经营许可前必须有一定数量的自有车辆。对于税改前已经设立的交通运输企业来说，已经具有完备的办公家具、完善的装卸设备、足够的运输工具和运转正常的业务，此时实施税改，显然上述固定资产没有获得进项税额抵扣的机会，其税负就和税改后新成立的企业存在明显差异，以交通运输业为例比较如下。

例如，假设上海某交通运输业一般纳税人2012年提供运输服务取得收入1 000万元。

当年发生如下支出：购买运输车辆支付351万元，税款51万元；购买柴油、汽油支付100万元，税款17万元；支付电费1.17万元，税款0.17万元；支付水费1.13万元，税款0.13万元；发生车辆维修费11.7万元，税款1.7万元；采购电脑1.17万元，税款0.17万元；办公用品支出2.34万元，税款0.34万元。进项税额合计为70.51万元。

以上业务应缴增值税＝1 000÷（1＋11%）×11%－70.51＝99.10－70.51＝28.59（万元）。

通过上例的计算得知该企业的税负为2.86%，与税改前3%的营业税税率相比，实现了结构性减税的初衷。

但是，对于税改前已设立的交通运输企业而言，其运输车辆已经在以前年度采购完成，税改后已经没有运输车辆的进项税额用于抵扣。

假设上述运输车辆是税改前已经采购，并将进项税额计入固定资产价值。

则以上业务应缴增值税＝1 000÷（1＋11%）×11%－19.51＝99.10－19.51＝79.59（万元）。

此时，计算出该企业的税负为7.96%，这与税改前生产企业一般纳税人取得运输企业运输发票可以抵扣7%的进项税额相互呼应。但与前面计算的2.86%的税负比较，税负差异就显而易见。那么这次结构性减税的改革也就失去意义。

根据增值税的计税原理，增值税负担应该轻于营业税。而此次改革，确实存在着一些试点纳税人购买大宗固定资产行为已经基本完成，无法实现已负担增值税额的抵扣，从而导致税负增加的现象。

②对同一企业不同时期税负均衡的影响。

无论交通企业设立时间有何不同，其运输车辆的采购都不具有经常性，这样就会导致税改后因采购运输车辆等固定资产产生的进项税额在时间的分布上具有不均匀性，进而使得交通运输企业增值税纳税申报时个别月份税额畸形，从而导致国家税收收入不均衡。部分企业因购进固定资产而发生进项税额变动异常，与销售额变动幅度不匹配，增加了税源监控、纳税评估的工作量和工作难度。

那么，其他企业购入厂房、办公楼等不动产也同样存在上述问题。

（3）“凭票抵扣分割单”的设想。

①何为“凭票抵扣分割单”。

凭票抵扣分割单是将用于抵扣依据的“增值税专用发票”“海关进口增值税专用缴款书”和“运输费用结算单”进行分割后的法律依据；是会计人员进行待抵扣进项税额会计处理的原始凭证；是一般纳税人增值税申报表附表二的书面资料；是延续增值税凭票抵扣、保证以认证方式进行增值税税源监控的文件。

②“凭票抵扣分割单”的具体操作。

纳税人在对“增值税专用发票”和“海关进口增值税专用缴款书”进行认证后，税务机关可将部分单笔超出一定额度的进项税额进行分割，置换为具有原抵扣依据索引号的“凭票抵扣分割单”，进而分期填入一般纳税人增值税申报表附表二并进行账务处理，实现均衡的分期抵扣。

凭票抵扣分割单的额度分割依据可参照资产的受益年限，例如固定资产的进项税额，可参照《中华人民共和国企业所得税法实施条例》中的固定资产最低折旧年限进行分割。例如，飞机、火车、轮船以外的运输工具最低折旧年限为 4 年，就将其进项税额等分为四份或者两份，在四个或者两个年度内进行抵扣。当然，也可以直接依据可抵扣的月数对应分成多少份。

（4）固定资产进项税额均衡性的解决途径与意义。

①均衡固定资产进项税额，均衡企业各期税负。

对同一家企业而言，企业各期的税负不均衡主要是固定资产的经济业务不均衡引起的。为消除这种异常波动，保证国家税收和企业税负的稳定性，税务部门可将认证后的固定资产进项税额置换为具有原抵扣依据索引号的“凭票抵扣分割单”，使增值税大额抵扣分摊到本期及以后各期间，从而避免纳税人在各期间缴纳增值税额波动较大造成的企业损益与国家税收收入的不均衡变化，同时也降低税源监控和纳税评估的工作量和工作难度。

②均衡固定资产进项税额，公平不同企业税负。

为均衡税改试点前后设立的企业的税负，对试点前已经成立的企业，依据税改时按照现行规定可抵扣进项税额的固定资产的账面价值，结合企业所得税法固定资产折旧最低年限，计算出以后受益期间的进项税额。向机构所在地税务机关一次性申报、审批，向新采购固定资产一样发放置换的“凭票抵扣分割单”，从而实现税改试点前后设立的交通运输企业的税负公平。

当然，当年上海市国税局、上海市地税局在《关于上海市开展交通运输业和部分现代服务业营业税改征增值税试点有关问题的说明》中专门强调将综合考虑试点行业和企业的不同情况，积极研究制定有针对性的扶持政策，比如采取超税负返还的措施，也是营业税改征增值税改革试点的平稳过渡和顺利实施的解决方法。

综上所述，固定资产进项税额抵扣不均衡的原因客观存在，固定资产进项税额抵扣的不均衡给企业和税务机关工作人员造成了不同程度的不利影响，采用“凭票抵扣分割单”将改变固定资产进项税额抵扣的不均衡性，消除固定资产进项税额抵扣不均衡的不利影响。

同时“凭票抵扣分割单”的应用使营业税、增值税、所得税各税种相互呼应，较其他地方性政策和方法保证了营业税税改政策的严肃性，实现了税改前后企业的税负公平和同一企业不同时期税负的均衡性。

3.2 小规模纳税人会计处理实务

3.2.1 小规模纳税人的会计科目设置

小规模纳税人采购货物或者接受应税服务，无进项税额核算问题，所以无论取得的发票是增值税专用发票还是普通发票，在账务处理上没有差异，均作为其资产入账价值或其成本费用。

小规模纳税人提供应税服务按确认的收入和按规定收取的增值税额，借记“应收账款”“应收票据”“银行存款”等科目，按规定收取的增值税额，贷记“应交税费——应交增值税”科目，按应确认的收入，贷记

"主营业务收入""其他业务收入"等科目。

3.2.2 小规模纳税人销售货物的会计处理

【例3-33】2014年6月，上海华通器材有限公司（试点小规模纳税人）购入上海长江贸易有限公司（试点小规模纳税人）材料一批，取得普通发票。款项103 000元已通过网上银行支付。

华通公司的账务处理为：

借：材料采购　　103 000

　　贷：银行存款　　103 000

【例3-34】承上例。

长江公司的账务处理为：

借：银行存款　　103 000

　　贷：主营业务收入　　100 000

　　　　应交税费——应交增值税　　3 000

【例3-35】2014年6月，上海华通器材有限公司（试点小规模纳税人）购入上海光辉贸易有限公司（试点一般纳税人）材料一批，增值税普通发票注明价款100 000元，税款17 000元。款项已通过网上银行支付。

华通公司的账务处理为：

借：材料采购　　117 000

　　贷：银行存款　　117 000

【例3-36】承上例。

光辉公司的账务处理为：

借：银行存款　　117 000

　　贷：主营业务收入　　100 000

　　　　应交税费——应交增值税（销项税额）　　17 000

3.2.3 小规模纳税人提供应税服务的会计处理

小规模纳税人提供应税服务，按确认的收入和按规定收取的增值税额，借记"应收账款""应收票据""银行存款"等科目，按规定收取的增值税额，贷记"应交税费——应交增值税"科目，按确认的收入，贷记“主营业务收入”“其他业务收入”等科目。

【例3-37】2014 年6 月，上海海誉企业管理咨询有限公司（试点小规模纳税人）接受上海方正律师事务有限公司（试点一般纳税人）技术指导服务，取得增值税专用发票。通过网上银行支付服务费31 800元。

海誉公司的账务处理为：

借：主营业务成本　　31 800

　　贷：银行存款　　31 800

【例3-38】承上例。

方正公司的账务处理为：

借：银行存款　　31 800

　　贷：主营业务收入　　30 000

　　　　应交税费——应交增值税（销项税额）　　1 800

【例3-39】2014 年6 月，上海海誉企业管理咨询有限公司（试点小规模纳税人）接受上海华丰网络服务有限公司（试点小规模纳税人）技术指导服务，通过网上银行支付20 600 元服务费。

海誉公司的账务处理为：

借：主营业务成本　　20 600

　　贷：银行存款　　20 600

【例3-40】承上例。

华丰网络公司的账务处理为：

借：银行存款　　20 600

　　贷：主营业务收入　　20 000

　　　　应交税费——应交增值税　　600

3.2.4 小规模纳税人初次购入增值税税控系统专用设备的会计处理

小规模纳税人初次购入增值税税控系统专用设备，按实际支付或应付的金额，借记“固定资产”科目，贷记“银行存款”“应付账款”等科目。按规定抵减的增值税应纳税额，借记“应交税费——应交增值税”科目，贷记“递延收益”科目。按期计提折旧，借记“管理费用”

等科目，贷记“累计折旧”科目；同时，借记“递延收益”科目，贷记“管理费用”等科目。

小规模纳税人发生技术维护费，按实际支付或应付的金额，借记“管理费用”等科目，贷记“银行存款”等科目。按规定抵减的增值税应纳税额，借记“应交税费——应交增值税”科目，贷记“管理费用”等科目。

【例 3-41】 2012 年 11 月，试点地区某小规模纳税人首次购入增值税税控系统设备，支付价款 1 416 元，同时支付当年增值税税控系统专用设备技术维护费 370 元。两项合计抵减当月增值税应纳税额 1 786 元。账务处理如下。

1. 首次购入增值税税控系统专用设备

借：固定资产——税控设备　　1 416

　　贷：银行存款　　1 416

2. 发生防伪税控系统专用设备技术维护费

借：管理费用　　370

　　贷：银行存款　　370

3. 抵减当月增值税应纳税额

借：应交税费——应交增值税　　1 786

　　贷：管理费用　　370

　　　　递延收益　　1 416

4. 以后各月计提折旧时（按 3 年，残值 10% 举例）

（1）借：管理费用　　35.40

　　　　贷：累计折旧　　35.40

（2）借：递延收益　　35.40

　　　　贷：管理费用　　35.40

3.2.5 小规模纳税人期末增值税的会计处理

小规模纳税人月份终了上交增值税时，借记“应交税费——应交增值税”科目，贷记“银行存款”科目。收到退回多交的增值税税款时，作相反的会计分录。

3.3 典型行业的会计业务处理实务

2016 年 3 月 23 日，财政部、国家税务总局下发了《关于全面推开营业税改征增值税试点的通知》（财税【2016】36 号），同时规定自 2016 年 5 月 1 日起开始实施。本次营改增涉及的行业范围大，行业特殊性明显。特别是建筑服务、房地产行业，试点通知中给出了营改增后会计处理的一般方法，同时针对这些行业做出了时间节点、征收方法等方面的特殊规定。在具体的改革实施过程中，可能还会遇到这样那样的问题，国家税务总局和地方税务机关也会有具体的实施措施。所以会计处理的具体方法可能会与实际运行过程中的情况存在一些小的偏差，下面我们将在对本次试点通知一般理解的基础上对其进行解读。

建筑服务业、房地产业、金融行业在 2016 年 5 月 1 日前是营业税纳税人，之后是增值税纳税人。对于增值税的一般纳税人来讲，作为财务人员，一定要督促、监督企业所有人员和业务，在取得发票时，尽可能取得增值税专用发票，以此降低企业的增值税税负。有关接受劳务、应税服务、货物采购的一般账务处理，与其他行业相同，在本章前两节已经做了讲解，在此不再赘述，本节仅就这些行业的一些典型业务举例说明。

3.3.1 房地产行业主要涉税业务的会计处理

【例 3-42】2016 年 6 月，青岛时代房地产开发有限公司（一般纳税人）销售试点前开发的项目，购买方青岛兴隆设备有限公司（一般纳税人）购买后作为办公楼使用。该办公楼双方以 1 165.50 万元成交。青岛兴隆设备有限公司通过网上银行支付。

时代房产的账务处理为：

	借方	贷方
借：银行存款	11 655 000	
贷：主营业务收入		11 100 000
应交税费（应交增值税）		555 000

兴隆设备的账务处理为：

	借方	贷方
借：固定资产	11 655 000	
贷：银行存款		11 655 000

实务提示

1.【例 3-42】业务中，试点前房地产行业为营业税征收项目，收到的款项 1 165.50 万元全部为营业收入，确认收入之后再计提营业税金。营改增后，收到的全部款项 1 165.50 万元中包含增值税，所以确认的营业收入为扣除增值税后的部分。

2. 因为时代房产公司销售的是试点前的开发项目，所以尽管时代房产是一般纳税人，但仍采用适用简易办法征税，适用的征收率为 5%。不适用增值税一般纳税人的一般方法。所以，对于购买方较试点前的账务处理也没有差别。

【例 3-43】承上例【例 3-42】，假定时代房产销售的是试点后开发的项目。

时代房产的账务处理为：

	借方	贷方
借：银行存款	11 655 000	
贷：主营业务收入		10 500 000
应交税费（应交增值税）销项税额		1 155 000

兴隆设备的账务处理为：

	借方	贷方
借：固定资产	10 500 000	
应交税费（应交增值税）进项税额	1 155 000	
贷：银行存款		11 655 000

实务提示

1. 上述业务【例 3-43】时代房产在计算增值税时，销项税额是由销售额乘以税率 11% 得出，而销售额是在购销双方确定成交额基础上减去土地取得成本，本例题中我们忽略了本笔销售对应的土地成本，仅仅是便于读者掌握会计处理的方法。在实际工作中，销项税额应该小于本例题计算的金额，故而对应的兴隆设备公司取得的进项税额也应该小于本例题显示的金额。

2. 在【例 3-43】业务中，销售额应该是在购销双方确定成交额基础上减去土地取得成本，而具体实务中如何界定本笔销售对应的土地成本，目前的文件还没有给出明确的计算方法，相信伴随着税改的进一步实施，房地产企业有2016年5月1日之后开发并实现销售的项目，国家也就有了一个具体界定销售所对应土地成本的方案。

【例3-44】2016年6月，青岛时代房地产开发有限公司（一般纳税人）销售试点前开发的项目，购买方为自然人，购买后作为住宅使用。该住宅双方以116.55万元成交。购买方通过网上银行支付。

时代房产的账务处理为：

	借方	贷方
借：银行存款	1 165 500	
贷：主营业务收入		1 110 000
应交税费（应交增值税）		55 500

【例3-45】承上例【例3-44】，假定时代房产销售的是试点后开发的项目。

时代房产的账务处理为：

	借方	贷方
借：银行存款	1 165 500	
贷：主营业务收入		1 050 000
应交税费（应交增值税）销项税额		115 500

实务提示

1.【例3-44】业务中同样存在【例3-42】实务提示中关于简易征收方法的问题。

2.【例3-45】业务中同样存在【例3-43】实务提示中关于土地成本抵减销售额的问题。

3.【例3-44】、【例3-45】是将不动产销售给自然人，所以无论是简易征收办法，还是一般纳税人的一般方法，都开具增值税普通发票，而不需要（也不允许）开具增值税专用发票。而【例3-42】、【例3-43】是将不动产销售给企业法人，采用简易征收办法，只能开具增值税普通发票。采用一般纳税人的一般方法需要开具增值税专用发票，除非购买方为小规模纳税人，其不需要增值税专用发票。

【例 3-46】2016 年 6 月，青岛时代房地产开发有限公司（一般纳税人）支付试点前签订工程施工合同的开发项目工程款 222.00 万元，施工企业开具发票。款项通过网上银行支付。

时代房产的账务处理为：

借：开发成本　　　　2 220 000

　贷：银行存款　　　　2 220 000

实务提示

1. 在本例题中，施工企业可以按照简易征收办法，开具增值税普通发票。也可能该施工企业已经选用增值税一般纳税人的一般方法，开具增值税专用发票，但对于时代房产来讲，因为是试点前签订工程施工合同的开发项目，即便取得的是增值税专用发票，也不能确认进项税额，而应将该进项税额并入开发成本。

2. 假定该施工企业为小规模纳税人，自然只能开具增值税普通发票，时代房产的账务处理同样是本例题的账务处理方法。

【例 3-47】2016 年 6 月，青岛时代房地产开发有限公司（一般纳税人）支付试点后签订工程施工合同的开发项目工程款 222.00 万元，施工企业（一般纳税人）开具发票。款项通过网上银行支付。

时代房产的账务处理为：

借：开发成本　　　　2 000 000

　　应交税费（应交增值税）进项税额　　　　220 000

　贷：银行存款　　　　2 220 000

实务提示

在本例题中，尽管时代房产公司是支付试点后签订工程施工合同的开发项目工程款，但是假设施工企业为按照简易征收办法的纳税人或者是小规模纳税人，无法开具增值税专用发票，因此，时代房产公司也就无增值税进项税额可言，其账务处理只能和【例 3-46】相同。

【例3-48】2016 年6 月，青岛时代房地产开发有限公司（一般纳税人）支付试点前签订图纸设计合同的开发项目图纸设计费21 836.00 元，设计单位开具发票。款项通过网上银行支付。

时代房产的账务处理为：

借：开发间接费　　21 836

　　贷：银行存款　　21 836

设计单位的账务处理为：

借：银行存款　　21 836

　　贷：主营业务收入　　21 836

实务提示

在本例题中，时代房产公司是支付试点前签订图纸设计合同的开发项目图纸设计费。无论设计单位是一般纳税人还是小规模纳税人，也就是说时代房产公司无论取得的是增值税专用发票还是增值税普通发票，均不能确认增值税进项税额。

【例3-49】承上例【例3-48】，假定该设计费是时代房产公司试点后开发项目签订的合同，设计单位是一般纳税人，时代房产取得的是增值税专用发票。

时代房产的账务处理为：

借：开发间接费　　20 600

　　应交税费（应交增值税）进项税额　　1 236

　　贷：银行存款　　21 836

设计单位的账务处理为：

借：银行存款　　21 836

　　贷：主营业务收入　　20 600

　　　　应交税费（应交增值税）销项税额　　1 236

【例3-50】承上例【例3-48】，假定该设计费是时代房产公司试点后开发项目签订的合同，设计单位是小规模纳税人，时代房产公司取得的是增值税普通发票。

时代房产的账务处理为：

借：开发间接费　　21 836

　　贷：银行存款　　21 836

设计单位的账务处理为：

借：银行存款　　21 836

　　贷：主营业务收入　　21 200

　　　　应交税费（应交增值税）　　636

【例3-51】承上例【例3-48】，假定该设计费是时代房产试点后开发项目签订的合同，设计单位是小规模纳税人，时代房产取得的是设计单位由税务机关代开的增值税专用发票。

时代房产的账务处理为：

借：开发间接费　　21 200

　　应交税费（应交增值税）进项税额　　636

　　贷：银行存款　　21 836

设计单位的账务处理为：

借：银行存款　　21 836

　　贷：主营业务收入　　21 200

　　　　应交税费（应交增值税）　　636

实务提示

无论什么样的行业，关于不同规模的纳税人以及发票的开具，作为会计人员应当掌握以下知识点。

1. 增值税纳税人分为一般纳税人和小规模纳税人。一般纳税人有能力开具增值税专用发票，也有能力开具增值税普通发票。小规模纳税人有能力开具增值税普通发票，企业本身无法开具增值税专用发票，但是可以请税务机关代为开具增值税专用发票。

2. 无论企业开具增值税专用发票还是普通发票，甚至企业不开发票取得的收入（俗称无票收入），企业的税率或者征收率并不因为发票形式而改变，如【例3-50】、【例3-51】设计单位账务处理所示，其应缴纳的增值税相同。

> 3. 但是对于取得发票的单位而言，一般纳税人只有取得增值税专用发票才能够凭票抵扣进项税额。小规模纳税人无论取得何种类型的发票，都无需考虑增值税进项税额，这已经由其会计核算和增值税征收形式决定。

3.3.2 建筑施工行业主要涉税业务的会计处理

【例 3-52】2016 年 6 月，施工企业（一般纳税人）与某房地产开发公司（一般纳税人）结算试点前签订工程施工合同的工程款 114.33 万元。

施工企业的账务处理为：

借：应收账款　　1 143 300

　贷：工程结算　　1 110 000

　　应交税费（应交增值税）　　33 300

【例 3-53】承【例 3-52】，假定结算的为试点后签订合同的工程款。

施工企业的账务处理为：

借：应收账款　　1 143 300

　贷：工程结算　　1 030 000

　　应交税费（应交增值税）销项税额　　113 300

在实务中，首先要界定结算工程的合同签订时间，如果是试点前签订的工程合同，则采用简易征收办法，征收率为 3%。如果是试点后签订的工程合同，则采用增值税一般纳税人的一般方法，税率为 11%。

实务中的第二个问题是纳税义务发生时间的界定，按照增值税暂行条例规定，纳税义务发生时间为合同规定的款项结算的当天。那么，对施工企业而言，进行工程结算的时间点自然是合同规定时间，此时就发生了纳税义务。所以，此时不管施工企业是否开具了增值税发票都应确认增值税，并且做出上述账务处理。作为付款方（接受劳务的一方）同样应该在该时间节点上索要发票。但是在实务中，施工企业有时会出现早于结算时间开具发票的情形，那么，纳税义务时间就提前到开具发票的时间点。

另外一种情况是开具发票时间点晚于结算时间，此时就应该将合同规定时间作为纳税义务发生时间，此时的结算也就成为一种预收款性质。不过就多年来形成的房地产企业甲方地位来说，这种情况极为少见。有部分财务人员会提出这样的疑问，“营改增前我们企业一直都存在预收账款的账务处理方式，何以见得极为少见?”事实上，财务人员在作为预收账款进行账务处理的同时，税务机关已经要求施工企业依据预收款项的金额先于发票开具缴纳营业税，也就是说营业税的纳税义务已经形成。这一点财务人员是认可的、知晓的。营改增后，开具发票再晚于预收款项进行账务处理，就会存在两个方面的麻烦。首先是房地产企业不同意，因为已经付款而不能取得增值税专用发票，导致无法进行进项税额抵扣。其次是施工企业增值税纳税申报只能是以无票收入的形式申报该纳税义务的增值税，待开具发票时再行将该部分无票收入冲回。如此折腾，还会导致增值税申报表与企业发票开具系统上统计的收入不匹配。特别是在发票开具、冲回无票收入的当月，开具发票的金额自然大于增值税纳税申报表中的收入，这在税务机关系统中属于疑点。此时，税务机关就有可能将财务人员请到税务机关，或者调取企业账簿、凭证。这无形中增加了工作中的麻烦。

第三个问题是账务处理习惯，原则上工程结算和收入确认应该在同一个会计期间（同一月份）。但是个别财务人员如第二个问题所讲，不在同一会计期间进行账务处理。下面以工程结算和收入在同一个会计期间确认，进行正确的账务处理演示。

以【例 3-52】为例，演示【例 3-52】、【例 3-53】的账务处理流程。工程结算的账务处理为：

借：应收账款　　1 143 300

　　贷：工程结算　　1 110 000

　　　　应交税费（应交增值税）　　33 300

假定对应该结算款项的施工成本为 100.00 万元，工程毛利为 11.00 万元，确认收入的账务处理为：

借：主营业务成本　　1 000 000

　　工程施工　　110 000

　　贷：主营业务收入　　1 110 000

工程完工，“工程施工”账户和“工程结算”账户对冲，账务处理为：

借：工程结算　1 110 000

　贷：工程施工（合同成本）　1 000 000

　　工程施工（合同毛利）　110 000

有一些时间跨度长、工程总价价值高的工程，部分会计人员分期分批地进行工程结算的账务处理，汇总后开具发票并确认收入，并结算税金。在施工企业执行缴纳营业税时，大家没有发现税金在工程结算与确认收入环节计算的账务处理区别，原因是营业税税金在价内。但是增值税是价外税，再按照原来的营业税账务处理流程处理就错了，必须按照如下方法进行账务处理。

仍以【例3-52】为例，演示【例3-52】、【例3-53】的账务处理流程，工程结算的账务处理为：

借：应收账款　1 143 300

　贷：工程结算　1 143 300

假定对应该结算款项的施工成本为100.00万元，工程毛利为11.00万元，确认收入的账务处理为：

借：主营业务成本　1 000 000

　工程施工　110 000

　工程结算　33 300

　贷：主营业务收入　1 110 000

　　应交税费（应交增值税）　33 300

工程完工，“工程施工”账户和“工程结算”账户对冲，账务处理为：

借：工程结算　1 143 300

　贷：工程施工（合同成本）　1 000 000

　　工程施工（合同毛利）　110 000

　　工程结算　33 300

上述会计处理方法的弊端是“工程结算”账户不仅核算了工程的成本和毛利，还增加核算了增值税。因此，建议实务中会计人员在工程结算环节，增值税应当从“工程结算”中分离出来，这也呼应了增值税纳税义务发生时间的要求。

3.3.3 金融行业主要涉税业务的会计处理

金融行业在账务处理上，相对于房地产、工程施工企业来讲比较简单。针对营改增有关内容，财务人员主要需要掌握三个方面的内容。

第一，在会计处理、业务统计、发票开具过程中，一定要界定清楚属于哪一个类别的金融服务项目，这一点在前面应税服务项目章节中已经有解读。

第二，在发票开具环节，注意“纳税人接受贷款服务向贷款方支付的与该笔贷款直接相关的投融资顾问费、手续费、咨询费等费用，其进项税额不得从销项税额中抵扣”。也就是说金融企业收取这些款项时，不开具增值税专用发票，而是开具增值税普通发票。

第三，部分应税项目用差额法确定销售额，再在销售额的基础上计算增值税，因此应该有明显的差额计算依据记载到账务处理的附件中。关于差额计算销售额，在前面销售额的确定章节已经有解读。

【例 3-54】2016 年 6 月，计算当月应收某企业贷款利息 21.20 万元。

账务处理为：

借：应收账款	212 000	
贷：利息收入		200 000
应交税费（应交增值税）销项税额		12 000

【例 3-55】2016 年 6 月，收取某企业账户管理费 1 272.00 元。

账务处理为：

借：银行存款	1 272	
贷：手续费收入		1 200
应交税费（应交增值税）销项税额		72

【例 3-56】2016 年 6 月，银行销售一批纪念币（金币），历史买入价为 53 000.00 元，卖出价为 63 600.00 元。

账务处理为：

借：银行存款	63 600	
贷：其他业务收入		63 000
应交税费（应交增值税）销项税额		600

【例3-57】承【例3-56】，假设历史买入价为74 200.00元，卖出价为63 600.00元。

账务处理为：

借：银行存款　　63 600

　　贷：其他业务收入　　63 600

实务提示

在本例题中，历史买入价高于卖出价，也就是说卖出价减去买入价是负数，此时该笔业务没有要缴纳的增值税。这个负差也就顺延到以后的销售中，去抵减以后的销售额。这种形式类似于增值税留抵税额的方法。

第 4 章 简易计税和销售额差额扣除

财政部、国家税务总局下发的《关于全面推开营业税改征增值税试点的通知》（财税【2016】36 号）以及《营业税改征增值税试点有关事项的规定》，对营业税改征增值税简易计税方法和销售额差额扣除备案事项做了详细规定，基本取消了营改增前期试点过程中提及的“差额征税会计处理”事项，而是采用了销售额差额扣除备案。

4.1 简易计税方法和销售额差额扣除的规定

4.1.1 销售额的规定

（1）金融商品转让，按照卖出价扣除买入价后的余额为销售额。

转让金融商品出现的正负差，按盈亏相抵后的余额为销售额。若相抵后出现负差，可结转下一纳税期与下期转让金融商品销售额相抵，但年末时仍出现负差的，不得转入下一个会计年度。

金融商品的买入价，可以选择按照加权平均法或者移动加权平均法进行核算，选择后 36 个月内不得变更。

金融商品转让，不得开具增值税专用发票。

（2）经纪代理服务，以取得的全部价款和价外费用，扣除向委托方收取并代为支付的政府性基金或者行政事业性收费后的余额为销售额。向委托方收取的政府性基金或者行政事业性收费，不得开具增值税专用发票。

（3）融资租赁和融资性售后回租业务。

①经人民银行、银监会或者商务部批准从事融资租赁业务的试点纳税人，提供融资租赁服务，以取得的全部价款和价外费用，扣除支付的借款利息（包括外汇借款和人民币借款利息）、发行债券利息和车辆购置税后的余额为销售额。

②经人民银行、银监会或者商务部批准从事融资租赁业务的试点纳税人，提供融资性售后回租服务，以取得的全部价款和价外费用（不含本金），扣除对外支付的借款利息（包括外汇借款和人民币借款利息）、

发行债券利息后的余额作为销售额。

③试点纳税人根据2016年4月30日前签订的有形动产融资性售后回租合同，在合同到期前提供的有形动产融资性售后回租服务，可继续按照有形动产融资租赁服务缴纳增值税。

继续按照有形动产融资租赁服务缴纳增值税的试点纳税人，经人民银行、银监会或者商务部批准从事融资租赁业务的，根据2016年4月30日前签订的有形动产融资性售后回租合同，在合同到期前提供的有形动产融资性售后回租服务，可以选择以下两种方法之一计算销售额。

第一种方法，以向承租方收取的全部价款和价外费用，扣除向承租方收取的价款本金，以及对外支付的借款利息（包括外汇借款和人民币借款利息）、发行债券利息后的余额为销售额。

纳税人提供有形动产融资性售后回租服务，计算当期销售额时可以扣除的价款本金，为书面合同约定的当期应当收取的本金。无书面合同或者书面合同没有约定的，为当期实际收取的本金。

试点纳税人提供有形动产融资性售后回租服务，向承租方收取的有形动产价款本金，不得开具增值税专用发票，可以开具普通发票。

第二种方法，以向承租方收取的全部价款和价外费用，扣除支付的借款利息（包括外汇借款和人民币借款利息）、发行债券利息后的余额为销售额。

④经商务部授权的省级商务主管部门和国家经济技术开发区批准的从事融资租赁业务的试点纳税人，2016年5月1日后实收资本达到1.7亿元的，从达到标准的当月起按照上述规定执行；2016年5月1日后实收资本未达到1.7亿元但注册资本达到1.7亿元的，在2016年7月31日前仍可按照上述规定执行，2016年8月1日后开展的融资租赁业务和融资性售后回租业务不得按照上述规定执行。

（4）航空运输企业的销售额，不包括代收的机场建设费和代售其他航空运输企业客票而代收转付的价款。

（5）试点纳税人中的一般纳税人（以下称一般纳税人）提供客运场站服务，以其取得的全部价款和价外费用，扣除支付给承运方运费后的余额为销售额。

（6）试点纳税人提供旅游服务，可以选择以取得的全部价款和价外费用，扣除向旅游服务购买方收取并支付给其他单位或者个人的住宿费、餐饮费、交通费、签证费、门票费和支付给其他接团旅游企业的旅游费用后的余额为销售额。

选择上述办法计算销售额的试点纳税人，向旅游服务购买方收取并支付的上述费用，不得开具增值税专用发票，可以开具普通发票。

（7）试点纳税人提供建筑服务适用简易计税方法的，以取得的全部价款和价外费用扣除支付的分包款后的余额为销售额。

（8）房地产开发企业中的一般纳税人销售其开发的房地产项目（选择简易计税方法的房地产老项目除外），以取得的全部价款和价外费用，扣除受让土地时向政府部门支付的土地价款后的余额为销售额。

房地产老项目，是指《建筑工程施工许可证》注明的合同开工日期在 2016 年 4 月 30 日前的房地产项目。

4.1.1.1 融资租赁企业

（1）经中国人民银行、银监会或者商务部批准从事融资租赁业务的试点纳税人，提供有形动产融资性售后回租服务，以收取的全部价款和价外费用，扣除向承租方收取的有形动产价款本金，以及对外支付的借款利息（包括外汇借款和人民币借款利息）、发行债券利息后的余额为销售额。

融资性售后回租，是指承租方以融资为目的，将资产出售给从事融资租赁业务的企业后，又将该资产租回的业务活动。

试点纳税人提供融资性售后回租服务，向承租方收取的有形动产价款本金，不得开具增值税专用发票，可以开具普通发票。

（2）经中国人民银行、银监会或者商务部批准从事融资租赁业务的纳税人，提供除融资性售后回租以外的有形动产融资租赁服务，以收取的全部价款和价外费用，扣除支付的借款利息（包括外汇借款和人民币借款利息）、发行债券利息、保险费、安装费和车辆购置税后的余额为销售额。

（3）本规定自 2013 年 8 月 1 日起执行。商务部授权的省级商务主管部门和国家经济技术开发区批准的从事融资租赁业务的试点纳税人，

2013年12月31日前注册资本达到1.7亿元的，自2013年8月1日起，按照上述规定执行；2014年1月1日以后注册资本达到1.7亿元的，从达到该标准的次月起，按照上述规定执行。

4.1.1.2 试点九省市的企业

注册地在北京市、天津市、上海市、江苏省、浙江省（含宁波市）、安徽省、福建省（含厦门市）、湖北省、广东省（含深圳市）共9省市的试点纳税人提供应税服务（不含有形动产融资租赁服务），在2013年8月1日前按有关规定以扣除支付价款后的余额为销售额的，此前尚未抵减的部分，允许在2014年6月30日前继续抵减销售额，到期抵减不完的不得继续抵减。

上述尚未抵减的价款，仅限于凭2013年8月1日前开具的符合规定的凭证计算的部分。

4.1.1.3 航空运输企业

航空运输企业的销售额，不包括代收的机场建设费和代售其他航空运输企业客票而代收转付的价款。

4.1.1.4 客运场站服务企业

自本地区试点实施之日起，试点纳税人中的一般纳税人提供的客运场站服务，以其取得的全部价款和价外费用，扣除支付给承运方运费后的余额为销售额，其从承运方取得的增值税专用发票注明的增值税，不得抵扣。

4.1.1.5 部分代理服务企业

试点纳税人提供知识产权代理服务、货物运输代理服务和代理报关服务，以其取得的全部价款和价外费用，扣除向委托方收取并代为支付的政府性基金或者行政事业性收费后的余额为销售额。

向委托方收取的政府性基金或者行政事业性收费，不得开具增值税专用发票。

4.1.1.6 国际货物运输代理服务企业

试点纳税人中的一般纳税人提供国际货物运输代理服务，以其取得的全部价款和价外费用，扣除支付给国际运输企业的国际运输费用后的余额为销售额。

国际货物运输代理服务，是指接受货物收货人或其代理人、发货人或其代理人、运输工具所有人、运输工具承租人或运输工具经营人的委托，以委托人的名义或者以自己的名义，在不直接提供货物运输服务的情况下，直接为委托人办理货物的国际运输、从事国际运输的运输工具进出港口、联系安排引航、靠泊、装卸等货物和船舶代理相关业务手续的业务活动。

4.1.2 计税方法的规定

（1）试点纳税人中的一般纳税人提供的公共交通运输服务，可以选择按照简易计税方法计算缴纳增值税。公共交通运输服务，包括轮客渡、公交客运、地铁、城市轻轨、出租车、长途客运、班车。其中，班车，是指按固定路线、固定时间运营并在固定站点停靠的运送旅客的陆路运输。

（2）试点纳税人中的一般纳税人，以该地区试点实施之日前购进或者自制的有形动产为标的物提供的经营租赁服务，试点期间可以选择按照简易计税方法计算缴纳增值税。

（3）自本地区试点实施之日起至 2017 年 12 月 31 日，被认定为动漫企业的试点纳税人中的一般纳税人，为开发动漫产品提供的动漫脚本编撰、形象设计、背景设计、动画设计、分镜、动画制作、摄制、描线、上色、画面合成、配音、配乐、音效合成、剪辑、字幕制作、压缩转码（面向网络动漫、手机动漫格式适配）服务，以及在境内转让动漫版权（包括动漫品牌、形象或者内容的授权及再授权），可以选择按照简易计税方法计算缴纳增值税。

动漫企业和自主开发、生产动漫产品的认定标准和认定程序，按照《文化部 财政部 国家税务总局关于印发〈动漫企业认定管理办法（试行）〉的通知》（文市发【2008】51 号）的规定执行。

（4）试点纳税人中的一般纳税人提供的电影放映服务、仓储服务、装卸搬运服务和收派服务，可以选择按照简易计税办法计算缴纳增值税。

（5）试点纳税人中的一般纳税人兼有销售货物、提供加工修理修配劳务的，凡未规定可以选择按照简易计税方法计算缴纳增值税的，其全部销售额应一并按照一般计税方法计算缴纳增值税。

（6）建筑服务中的简易计税特殊项目

①一般纳税人以清包工方式提供的建筑服务，可以选择适用简易计税方法计税。

以清包工方式提供建筑服务，是指施工方不采购建筑工程所需的材料或只采购辅助材料，并收取人工费、管理费或者其他费用的建筑服务。

②一般纳税人为甲供工程提供的建筑服务，可以选择适用简易计税方法计税。

甲供工程是指全部或部分设备、材料、动力由工程发包方自行采购的建筑工程。

③一般纳税人为建筑工程老项目提供的建筑服务，可以选择适用简易计税方法计税。

（7）销售不动产中的简易计税特殊项目

①一般纳税人销售其 2016 年 4 月 30 日前取得（不含自建）的不动产，可以选择适用简易计税方法，以取得的全部价款和价外费用减去该项不动产购置原价或者取得不动产时的作价后的余额为销售额，按照 5% 的征收率计算应纳税额。纳税人应按照上述计税方法在不动产所在地预缴税款后，向机构所在地主管税务机关进行纳税申报。

②一般纳税人销售其 2016 年 4 月 30 日前自建的不动产，可以选择适用简易计税方法，以取得的全部价款和价外费用为销售额，按照 5% 的征收率计算应纳税额。纳税人应按照上述计税方法在不动产所在地预缴税款后，向机构所在地主管税务机关进行纳税申报。

③一般纳税人销售其 2016 年 5 月 1 日后取得（不含自建）的不动产，应适用一般计税方法，以取得的全部价款和价外费用为销售额计算应纳税额。纳税人应以取得的全部价款和价外费用减去该项不动产购置原价或者取得不动产时的作价后的余额，按照 5% 的预征率在不动产所在地预缴税款后，向机构所在地主管税务机关进行纳税申报。

④一般纳税人销售其 2016 年 5 月 1 日后自建的不动产，应适用一般计税方法，以取得的全部价款和价外费用为销售额计算应纳税额。纳税

人应以取得的全部价款和价外费用，按照5%的预征率在不动产所在地预缴税款后，向机构所在地主管税务机关进行纳税申报。

⑤小规模纳税人销售其取得（不含自建）的不动产（不含个体工商户销售购买的住房和其他个人销售不动产），应以取得的全部价款和价外费用减去该项不动产购置原价或者取得不动产时的作价后的余额为销售额，按照5%的征收率计算应纳税额。纳税人应按照上述计税方法在不动产所在地预缴税款后，向机构所在地主管税务机关进行纳税申报。

⑥小规模纳税人销售其自建的不动产，应以取得的全部价款和价外费用为销售额，按照5%的征收率计算应纳税额。纳税人应按照上述计税方法在不动产所在地预缴税款后，向机构所在地主管税务机关进行纳税申报。

⑦房地产开发企业中的一般纳税人，销售自行开发的房地产老项目，可以选择适用简易计税方法按照5%的征收率计税。

⑧房地产开发企业中的小规模纳税人，销售自行开发的房地产项目，按照5%的征收率计税。

⑨房地产开发企业采取预收款方式销售所开发的房地产项目，在收到预收款时按照3%的预征率预缴增值税。

⑩个体工商户销售购买的住房，应按照附件3《营业税改征增值税试点过渡政策的规定》第五条的规定征免增值税。纳税人应按照上述计税方法在不动产所在地预缴税款后，向机构所在地主管税务机关进行纳税申报。

其他个人销售其取得（不含自建）的不动产（不含其购买的住房），应以取得的全部价款和价外费用减去该项不动产购置原价或者取得不动产时的作价后的余额为销售额，按照5%的征收率计算应纳税额。

（8）不动产经营租赁中的简易计税特殊项目

①一般纳税人出租其2016年4月30日前取得的不动产，可以选择适用简易计税方法，按照5%的征收率计算应纳税额。纳税人出租其2016年4月30日前取得的与机构所在地不在同一县（市）的不动产，应按照上述计税方法在不动产所在地预缴税款后，向机构所在地主管税务机关进行纳税申报。

②公路经营企业中的一般纳税人收取试点前开工的高速公路的车辆通行费，可以选择适用简易计税方法，减按3%的征收率计算应纳税额。

试点前开工的高速公路是指相关施工许可证明上注明的合同开工日期在2016年4月30日前的高速公路。

③一般纳税人出租其2016年5月1日后取得的、与机构所在地不在同一县（市）的不动产，应按照3%的预征率在不动产所在地预缴税款后，向机构所在地主管税务机关进行纳税申报。

④小规模纳税人出租其取得的不动产（不含个人出租住房），应按照5%的征收率计算应纳税额。纳税人出租与机构所在地不在同一县（市）的不动产，应按照上述计税方法在不动产所在地预缴税款后，向机构所在地主管税务机关进行纳税申报。

⑤其他个人出租其取得的不动产（不含住房），应按照5%的征收率计算应纳税额。

⑥个人出租住房，应按照5%的征收率减按1.5%计算应纳税额。

4.2 简易计税方法和销售额差额扣除的实务

4.2.1 销售额差额扣除的实务要求

实行销售额差额扣除的试点纳税人应向主管税务机关报送相关资料作为申请备案事项，未申请备案的不得实行销售额扣除的规定。

纳税人办理免税备案后自愿放弃免税权的，可全额开具增值税专用发票，但销售额不得做差额扣除。

纳税人兼有多项差额征税应税服务经营项目的，应根据适用的差额征税政策按具体应税服务项目、免税和免抵退税应税服务项目分别核算含税销售额、扣除项目金额和计税销售额。需分别核算的上述扣除项目金额包括期初余额、本期发生额、本期可抵减金额、本期实际抵减金额和期末余额。

试点纳税人应向主管税务机关报送以下资料备案。

（一）融资租赁企业

（1）纳税人申请

（2）《试点纳税人销售额差额扣除申请备案表》（附件1）

（3）企业签订有形动产融资租赁服务业务合同（查验原件后留存复印件）

（4）中国人民银行、银监会、商务部批准经营融资租赁业务的证明（查验原件后留存复印件）

（5）商务部授权的省级商务主管部门和国家经济技术开发区批准从事融资租赁业务的试点纳税人资质证明及注册资本金达到 1.7 亿元的证明材料（查验原件后留存复印件）

（二）国际货物运输代理企业

（1）纳税人申请

（2）税务登记证副本（查验原件后留存复印件）

（3）《试点纳税人销售额差额扣除申请备案表》（附件 1）

（三）客运场站服务企业

（1）纳税人申请

（2）《试点纳税人销售额差额扣除申请备案表》（附件 1）

（3）与承运方签订的交易合同（查验原件后留存复印件）

（四）知识产权代理、货物运输代理和代理报关

（1）纳税人申请

（2）《试点纳税人销售额差额扣除申请备案表》（附件 1）

（3）与委托方签订的合同（查验原件后留存复印件）

4.2.2 实行简易办法征收增值税的实务要求

试点纳税人选择简易计税方法计算缴纳增值税，应向主管税务机关报送相关资料作为申请备案事项，未申请备案的不得选择简易计税方法计算缴纳增值税的规定。

试点纳税人选择简易计税方法计算缴纳增值税，其全部符合简易计税方法条件的应税服务均应按照简易计税方法缴纳增值税，不得作部分选择。试点纳税人一经选用简易计税方法，36 个月内不得变更。

试点纳税人应向主管税务机关报送以下资料备案。

（一）提供有形动产经营租赁服务

（1）纳税人申请

（2）《试点一般纳税人简易征收申请备案表》

(3)《旧设备经营租赁服务标的物申报登记清单》

（二）动漫企业

(1) 纳税人申请

(2)《试点一般纳税人简易征收申请备案表》

(3)《动漫企业证书》

(4) 自主开发生产的动漫产品列表

（三）其他符合条件的应税服务

(1) 纳税人申请

(2)《试点一般纳税人简易征收申请备案表》

“营改增”试点纳税人差额征税申请备案表

申请备案号：　　年　字　号

<table>
<tr><td colspan="2">纳税人识别号</td><td colspan="2"></td><td>纳税人名称</td><td></td></tr>
<tr><td colspan="2">纳税人注册类型</td><td colspan="2"></td><td>纳税人类型</td><td></td></tr>
<tr><td colspan="2">扣除项目</td><td colspan="4"></td></tr>
<tr><td colspan="2">经办人</td><td colspan="2"></td><td>联系电话</td><td></td></tr>
<tr><td colspan="2">扣除价款的
有效凭证</td><td colspan="4">□发票 □完税凭证 □签收单据 □境外公证机构的确认证明
□融资性售后回租承租方开具的发票 □财政票据 □其他凭证</td></tr>
<tr><td colspan="2">情况说明</td><td colspan="4"></td></tr>
<tr><td rowspan="6">附送资料明细</td><td>序号</td><td>资料名称</td><td>份数</td><td>纳税人申请资料名称</td><td>税务机关审核</td></tr>
<tr><td></td><td></td><td></td><td></td><td></td></tr>
<tr><td></td><td></td><td></td><td></td><td></td></tr>
<tr><td></td><td></td><td></td><td></td><td></td></tr>
<tr><td></td><td></td><td></td><td></td><td></td></tr>
<tr><td></td><td></td><td></td><td></td><td></td></tr>
<tr><td colspan="6">声明：
根据现行税收法律、法规及规章的有关规定报送，此备案表的内容合法、真实、有效，且愿承担相应的法律责任。

企业负责人（签字）：　　日期：　年　月　日　　（公章）</td></tr>
<tr><td colspan="6">受理人意见（备案章）

备案受理人（签字）：

受理时间：　年　月　日</td></tr>
</table>

1. 纳税人类型：一般纳税人或小规模纳税人。
2. 本表一式三份，纳税服务部门、税种管理部门、纳税人各留存一份。

试点一般纳税人简易征收申请备案表

申请备案号：　　年　字　号

<table>
<tr><td>纳税人识别号</td><td colspan="3"></td><td colspan="2">纳税人名称</td><td></td></tr>
<tr><td>纳税人注册类型</td><td colspan="3"></td><td colspan="2">一般纳税人认定时间</td><td></td></tr>
<tr><td>经办人</td><td colspan="3"></td><td colspan="2">联系电话</td><td></td></tr>
<tr><td rowspan="7">申请简易征收办法的应税服务</td><td colspan="3">公共交通运输服务</td><td colspan="3">应税服务所属时间起止：　年　月　日至　年　月　日</td></tr>
<tr><td colspan="3">旧设备经营租赁服务</td><td colspan="3">应税服务所属时间起止：　年　月　日至　年　月　日</td></tr>
<tr><td colspan="3">动漫企业相关服务</td><td colspan="3">应税服务所属时间起止：　年　月　日至　年　月　日</td></tr>
<tr><td colspan="3">电影放映服务</td><td colspan="3">应税服务所属时间起止：　年　月　日至　年　月　日</td></tr>
<tr><td colspan="3">仓储服务</td><td colspan="3">应税服务所属时间起止：　年　月　日至　年　月　日</td></tr>
<tr><td colspan="3">装卸搬运服务</td><td colspan="3">应税服务所属时间起止：　年　月　日至　年　月　日</td></tr>
<tr><td colspan="3">收派服务</td><td colspan="3">应税服务所属时间起止：　年　月　日至　年　月　日</td></tr>
<tr><td>情况说明</td><td colspan="6"></td></tr>
<tr><td rowspan="6">附送资料明细</td><td>序号</td><td>资料名称</td><td colspan="2">份数</td><td>纳税人申请资料名称</td><td>税务机关审核</td></tr>
<tr><td></td><td></td><td colspan="2"></td><td></td><td></td></tr>
<tr><td></td><td></td><td colspan="2"></td><td></td><td></td></tr>
<tr><td></td><td></td><td colspan="2"></td><td></td><td></td></tr>
<tr><td></td><td></td><td colspan="2"></td><td></td><td></td></tr>
<tr><td></td><td></td><td colspan="2"></td><td></td><td></td></tr>
<tr><td colspan="7">声明：
根据现行税收法律、法规及规章的有关规定报送，此备案表的内容合法、真实、有效，且愿承担相应的法律责任。
企业负责人（签字）：　　日期：　年　月　日　（公章）</td></tr>
<tr><td colspan="7">受理人意见（备案章）
备案受理人（签字）：
受理时间：　年　月　日</td></tr>
</table>

本表一式三份，纳税服务部门、税种管理部门、纳税人各留存一份。

旧设备经营租赁服务标的物申报登记清单

填表单位（加盖公章）：　　　　　　纳税人识别号：　　　　　　金额单位：元

序号	资产编号	资产名称	购入或自制时间	购入发票号或自制设备凭证号	资产原值	预计使用期限	剩余使用年限
1							
2							
3							
	合计						

声明：

根据现行税收法律、法规及规章的有关规定报送，此备案表的内容合法、真实、有效，且愿承担相应的法律责任。

企业负责人（签字）：　　　　　　日期：　　年　月　日　　　（公章）

主管税务机关意见	受理人意见（备案章） 备案受理人（签字）： 受理时间：　　年　月　日

第 5 章　特殊事项会计处理实务

5.1 取得过渡性财政扶持资金的会计处理实务

营业税改征增值税期间，为实现试点纳税人（指按照《试点实施办法》缴纳增值税的纳税人）原享受的营业税优惠政策平稳过渡，试点期间，部分地区给予纳税人免税项目、即征即退、财政扶持等过渡性优惠政策。过渡性财政扶持成为一个较为普遍的现象，财政部对该部分资金的账务处理也做了相关规定。

5. 1. 1 取得过渡性财政扶持资金的会计科目设置

试点纳税人在营改增期间因实际税负增加而向财政部门申请取得扶持资金的，期末有确凿证据表明企业能够符合财政扶持政策规定的相关条件且预计能够收到财政扶持资金时，按应收的金额，借记“其他应收款——应收补贴款”等科目，贷记“营业外收入”科目。待实际收到财政扶持资金时，按实际收到的金额，借记“银行存款”等科目，贷记“其他应收款——应收补贴款”等科目。

5. 1. 2 取得过渡性财政扶持资金的会计处理实务

【例 5-1】上海泰丰物流有限公司 2012 年 6 月向有关部门申请财政扶持，2012 年 7 月 5 日经有关部门审核该企业符合财政扶持政策，并于 2012 年 8 月 5 日收到扶持资金 5 万元。

相关账务处理如下。

1. 泰丰公司 7 月 5 日的会计处理

借：其他应收款——应收补贴款　　50 000

　　贷：营业外收入　　50 000

2. 泰丰公司 8 月 5 日的会计处理

借：银行存款　　50 000

　　贷：其他应收款——应收补贴款　　50 000

实务提示

上述账务的会计处理对试点的一般纳税人和小规模纳税人同样适用，在此不再另举例说明。

5.2 销售已使用过资产的会计处理实务

按照财政部和国家税务总局下发的《关于全面推开营业税改征增值税试点的通知》（财税【2016】36 号）及其附件，以及 2014 年 6 月 13 日发布的《财政部 国家税务总局关于简并增值税征收率政策的通知》（财税【2014】57 号），一般纳税人销售自己使用过的该地区试点实施之日（含）以后购进或自制的固定资产，按照适用税率征收增值税；销售自己使用过的该地区试点实施之日（含）以前购进或者自制的固定资产，按照简易办法依照 3% 征收率减按 2% 征收增值税，计算公式为含税卖价 ÷（1 +3%）×2%。使用过的固定资产，是指纳税人根据财务会计制度已经计提折旧的固定资产。

2014 年 6 月 13 日颁布了《财政部 国家税务总局关于简并增值税征收率政策的通知》（财税【2014】57 号），并要求自 2014 年 7 月 1 日起执行。该通知将 6% 和 4% 的增值税征收率统一调整为 3%。有关事项通知如下。

（1）《财政部 国家税务总局关于部分货物适用增值税低税率和简易办法征收增值税政策的通知》（财税【2009】9 号）第二条第（一）项和第（二）项中"按照简易办法依照 4% 征收率减半征收增值税"调整为"按照简易办法依照 3% 征收率减按 2% 征收增值税"。

（2）《财政部 国家税务总局关于全国实施增值税转型改革若干问题的通知》（财税【2008】170 号）第四条第（二）项和第（三）项中"按照 4% 征收率减半征收增值税"调整为"按照简易办法依照 3% 征收率减按 2% 征收增值税"。

（3）财税【2009】9 号文件第二条第（三）项和第三条"依照 6% 征收率"调整为"依照 3% 征收率"。

（4）财税【2009】9 号文件第二条第（四）项“依照 4% 征收率”调整为“依照 3% 征收率”。

5.2.1 一般纳税人销售已使用过资产的会计处理实务

一般纳税人销售自己使用过的该地区试点实施之日（含）以后购进或自制的固定资产，按照适用税率征收增值税；销售自己使用过的该地区试点实施之日（含）以前购进或者自制的固定资产，按照简易办法依照 3% 征收率减按 2% 征收增值税。

计算公式为：

应纳税额 = 含税卖价 ÷ （1 + 3%） × 2%

【例 5-2】上海中信会计师事务所税改后被认定为一般纳税人，2014 年 11 月销售 2014 年 10 月购买的一套摄像机，购置价值 20 000 元（不含税），进项税额 3 400 元已经抵扣，销售收款（含税）21 060 元。

销售 2014 年 10 月购进固定资产（营改增试点后购入的固定资产），取得了增值税专用发票，符合抵扣条件，则 2014 年 11 月销售收款 21 060 元，应按照适用税率 17% 计算增值税销项税额。不含税销售额 = 21 060 ÷（1 + 17%） = 18 000（元），增值税销项税额 = 18 000 × 17% = 3 060（元）。

中信事务所会计处理如下：

借：银行存款	21 060
贷：固定资产清理	18 000
应交税费——应交增值税（销项税额）	3 060

【例 5-3】上海中信会计师事务所税改后被认定为一般纳税人，2014 年 7 月销售 2011 年购置的复印机一台（营改增试点前购入的固定资产），购置价值 10 000 元，销售收款 8 000 元。

销售 2011 年购进固定资产，因属于试点税改前业务，按照 2014 年 6 月 13 日发文的《财政部 国家税务总局关于简并增值税征收率政策的通知》（财税【2014】57 号）的规定，按照简易办法依照 3% 征收率减按 2% 征收增值税。按下列公式确定销售额和应纳税额：

不含税销售额 = 含税销售额 ÷ （1 + 3%）

应纳税额 = 不含税销售额 × 2%

所以该事务所不含税销售额和应纳税额如下：

不含税销售额 = 8 000 ÷ （1 + 3%） = 7 766.99（元）

应纳税额 = 7 766.99 × 2% = 155.34（元）

会计处理如下：

借：银行存款　　8 000

　　贷：固定资产清理　　7 766.99

　　　　应交税费——应交增值税（销项税额）　　155.34

　　　　营业外收入　　77.67

5.2.2 小规模纳税人销售已使用过资产的会计处理实务

小规模纳税人销售自己使用过的固定资产，由3%征收率减按2%征收增值税。只能够开具普通发票，不得由税务机关代开增值税专用发票。

计算公式为：

不含税销售额 = 含税销售额 ÷ （1 + 3%）

应纳税额 = 不含税销售额 × 2%

小规模纳税人销售自己使用过的除固定资产以外的物品，应按3%征收率征收增值税，没有减免规定。

【例5-4】 上海嵩德税务师事务所有限公司（试点小规模纳税人），2014年11月销售2014年1月购置价值25 000元的复印机一台，该公司按照固定资产入账管理，11月份处置销售取得20 600元。

嵩德事务所会计处理如下：

借：银行存款　　20 600

　　贷：固定资产清理　　[20 600 ÷ （1 + 3%）] 20 000

　　　　营业外收入　　（20 600 - 20 000 - 400）200

　　　　应交税费——应交增值税[20 600 ÷ （1 + 3%） × 2%] 400

【例5-5】 上海嵩德税务师事务所有限公司（试点小规模纳税人），2012年11月销售2012年1月1 500元购入的传真机一台，该公司按照周转材料——低值易耗品入账管理，11月份处置销售取得1 030元。

嵩德事务所会计处理如下：

借：银行存款　　1 030

　　贷：固定资产清理　　[1 030 ÷ （1 + 3%）] 1 000

　　　　应交税费——应交增值税　　（1 000 × 3%）30

第6章　营改增试点后的增值税纳税申报

6.1 一般纳税人增值税纳税申报

6.1.1 一般纳税人增值税纳税申报概述

6.1.1.1 纳税申报必报资料

（1）《增值税纳税申报表（适用于增值税一般纳税人）》

（2）《增值税纳税申报表附列资料（一）》（本期销售情况明细）

（3）《增值税纳税申报表附列资料（二）》（本期进项税额明细）

（4）《增值税纳税申报表附列资料（三）》（应税服务扣除项目明细，发生应税服务扣除项目的纳税人填报）

（5）《增值税纳税申报表附列资料（四）》（税额抵减情况表）

（6）《固定资产进项税额抵扣情况表》（发生固定资产进项税额抵扣的纳税人填报）

6.1.1.2《增值税纳税申报表》（一般纳税人适用）的主要变化

（1）《增值税纳税申报表》（一般纳税人适用）：本表增加了应税服务申报内容。

（2）《增值税纳税申报表》（一般纳税人适用）：第13栏“上期留抵税额”、第18栏“实际抵扣税额”和第20栏“期末留抵税额”，上述三栏“本年累计”数用来计算反映应税货物和应税劳务挂账留抵税额，适用于兼有应税服务的原增值税纳税人填报；其他纳税人上述三栏“本年累计”数填写“0”。

对于兼营销售货物、劳务及应税服务的试点增值税一般纳税人，2013年7月份税款所属期有留抵税额的，留抵税额应按“挂账”处理的规定，只能从后期应税货物、应税劳务的应纳税额中抵扣，不得从应税服务的应纳税额中抵扣，因此，请注意2013年8月份税款所属期留抵税额在申报表中填报的特殊处理。

(3)《增值税纳税申报表附列资料（一）》（本期销售情况明细）：本表将原表的行和列内容进行了调换，填报内容增加了适用11%、6%税率和3%征收率等营改增试点的应税服务内容，增加了即征即退数据和免抵退税数据。

增值税纳税人按照本表填写要求，按照发票开具种类、销售额（销项税额）以及不同的适用税率、征收率分别填列在相应栏次内。

当期有增值税即征即退业务的纳税人，需注意应税货物及劳务适用税率、征收率的对应栏次和即征即退栏次之间的逻辑关系。

(4)《增值税纳税申报表附列资料（二）》（本期进项税额明细）：本表只是将部分填报内容和栏次名称进行了微调，去掉了“废旧物资发票”“代开发票4%、6%征收率”“期初已征税款挂账额”“期初已征税款余额”等不再使用的栏次；增加了“代扣代缴税收缴款凭证”“上期留抵税额抵减欠税”“上期留抵税额退税”“其他应作进项税额转出的情形”等栏次；增加了货物运输业增值税专用发票、代扣代缴税收缴款凭证等新的抵扣凭证填报内容。

纳税人取得货物运输业增值税专用发票，应按照发票注明的金额、税额，填写在第1栏内；纳税人取得的2013年8月1日以后开具的运输费用结算单据（铁路运输除外），不再作为抵扣凭证，不得抵扣进项税额。

如果本月增值税纳税申报表附列资料（二）第7栏“税额”填写数据，则必须填写《代扣代缴税收通用缴款书抵扣清单》。

(5)《增值税纳税申报表附列资料（三）》（应税服务扣除项目明细）：本表为新增的报表，本表由营业税改征增值税应税服务有扣除项目的纳税人（经中国人民银行、商务部、银监会批准从事融资租赁业务的试点纳税人提供有形动产融资租赁服务）填写，其他纳税人不填写。如果《增值税申报表附列资料三》第3栏“本期发生额”填写数据，则必须填写《应税服务减除项目清单》。

(6)《增值税纳税申报表附列资料（四）》（税额抵减情况表）：本表为新增附列资料。

本表第1行由初次发生增值税税控系统专用设备费用和技术维护费

的纳税人填写，反映纳税人增值税税控系统专用设备费用和技术维护费按规定抵减增值税应纳税额的情况，填写本表第1行的纳税人应同时报送《税控系统专用设备及维护费用抵减清单》（电子信息）。

本表本月第2行由汇总计算缴纳增值税的营改增纳税人总机构填写，原增值税纳税人不填写本行。

（7）《固定资产进项税额抵扣情况表》：本表填报内容未作调整。

6.1.1.3 《增值税纳税申报表》（一般纳税人适用）的名词解释

（1）本表及填写说明所称“应税货物”，是指增值税的应税货物。

（2）本表及填写说明所称“应税劳务”，是指增值税的应税加工、修理、修配劳务。

（3）本表及填写说明所称“应税服务”，是指营业税改征增值税的应税服务。

（4）本表及填写说明所称“按适用税率计税”“按适用税率计算”和“一般计税方法”，均指按“应纳税额＝当期销项税额－当期进项税额”公式计算增值税应纳税额的计税方法。

（5）本表及填写说明所称“按简易办法计税”“按简易征收办法计算”和“简易计税方法”，均指按“应纳税额＝销售额×征收率”公式计算增值税应纳税额的计税方法。

（6）本表及填写说明所称“应税服务扣除项目”，是指纳税人提供应税服务，在确定应税服务销售额时，按照有关规定允许其从取得的全部价款和价外费用中扣除价款的项目。

（7）本表及填写说明所称“税控增值税专用发票”，包括以下三种：

①增值税防伪税控系统开具的防伪税控“增值税专用发票”；

②货物运输业增值税专用发票税控系统开具的“货物运输业增值税专用发票”；

③机动车销售统一发票税控系统开具的税控“机动车销售统一发票”。

6.1.2《增值税一般纳税人增值税纳税申报表》填表说明

6.1.2.1《增值税一般纳税人增值税纳税申报表》表头填写说明

（1）税款所属时间

“税款所属时间”：指纳税人申报的增值税应纳税额的所属时间，应填写具体的起止年、月、日。

（2）填表日期

“填表日期”：指纳税人填写本表的具体日期。

（3）纳税人识别号

“纳税人识别号”：填写税务机关为纳税人确定的识别号，即税务登记证号码。

（4）所属行业

“所属行业”：按照国民经济行业分类与代码中的小类行业填写。

（5）纳税人名称

“纳税人名称”：填写纳税人单位名称全称。

（6）法定代表人姓名

“法定代表人姓名”：填写纳税人法定代表人的姓名。

（7）注册地址

“注册地址”：填写纳税人税务登记证所注明的详细地址。

（8）生产经营地址

“生产经营地址”：填写纳税人实际生产经营地的详细地址。

（9）开户银行及账号

“开户银行及账号”：填写纳税人开户银行的名称和纳税人在该银行的结算账户号码。

（10）企业登记注册类型

“登记注册类型”：按税务登记证填写。

（11）电话号码

“电话号码”：填写可联系到纳税人的实际电话号码。

6.1.2.2《增值税一般纳税人增值税纳税申报表》 正表填表说明

(1) 即征即退货物及劳务和应税服务

“即征即退货物及劳务和应税服务”列：填写纳税人按照税法规定享受增值税即征即退税收优惠政策的货物及劳务和应税服务的征（退）税数据。

(2) 一般货物及劳务和应税服务

“一般货物及劳务和应税服务”列：填写除享受增值税即征即退税收优惠政策以外的货物及劳务和应税服务的征（免）税数据。

(3) 本年累计

“本年累计”列：一般填写本年度内各月“本月数”之和。其中，第13、20、25、32、36、38栏及第18栏“实际抵扣税额”“一般货物、劳务和应税服务”列的“本年累计”分别按本填写说明第（二十七）、（三十四）、（三十九）、（四十六）、（五十）、（五十二）、（三十二）条要求填写。

(4) 第1栏“（一）按适用税率计算销售额”

第1栏“（一）按适用税率计算销售额”：填写纳税人本期按一般计税方法计算缴纳增值税的销售额，包含在财务上不作销售但按税法规定应缴纳增值税的视同销售和价外费用的销售额；外贸企业作价销售进料加工复出口货物的销售额；税务、财政、审计部门检查按一般计税方法计算调整的销售额。

营业税改征增值税的纳税人，应税服务有扣除项目的，本栏应填写扣除之前的不含税销售额。

数据勾稽关系：

①本栏“一般货物及劳务和应税服务”列“本月数”＝《附列资料（一）》第9列第1行至第5行之和－第9列第6行、第7行之和

②本栏“即征即退货物及劳务和应税服务”列“本月数”＝《附列资料（一）》第9列第6行、第7行之和

（5）第 2 栏“应税货物销售额”

第 2 栏“其中，应税货物销售额”：填写纳税人本期按适用税率计算增值税的应税货物的销售额，包含在财务上不作销售但按税法规定应缴纳增值税的视同销售货物和价外费用销售额，以及外贸企业作价销售进料加工复出口货物的销售额。

（6）第 3 栏“应税劳务销售额”

第 3 栏“应税劳务销售额”：填写纳税人本期按适用税率计算增值税的应税劳务的销售额。

（7）第 4 栏“纳税检查调整的销售额”

第 4 栏“纳税检查调整的销售额”：填写纳税人因税务、财政、审计部门检查，并按一般计税方法在本期计算调整的销售额。但享受即征即退税收优惠政策的货物及劳务和应税服务，经纳税检查发现的，不得填入“即征即退货物及劳务和应税服务”列，而应填入“一般货物及劳务和应税服务”列。

营业税改征增值税的纳税人，应税服务有扣除项目的，本栏应填写扣除之前的不含税销售额。

> **数据勾稽关系：**
>
> 本栏“一般货物及劳务和应税服务”列“本月数”＝《附列资料（一）》第 7 列第 1 行至第 5 行之和

（8）第 5 栏“按简易办法计税销售额”

第 5 栏“按简易办法计税销售额”：填写纳税人本期按简易计税方法计算增值税的销售额，包含纳税检查调整按简易计税方法计算增值税的销售额。

营业税改征增值税的纳税人，应税服务有扣除项目的，本栏应填写扣除之前的不含税销售额；应税服务按规定汇总计算缴纳增值税的分支机构，其当期按预征率计算缴纳增值税的销售额也填入本栏。

数据勾稽关系：

①本栏“一般货物及劳务和应税服务”列“本月数”≥《附列资料（一）》第9列第8行至第13行之和－第9列第14行、第15行之和

②本栏“即征即退货物及劳务和应税服务”列“本月数”≥《附列资料（一）》第9列第14行、第15行之和

（9）第6栏“其中，纳税检查调整的销售额”

第6栏“其中，纳税检查调整的销售额”：填写纳税人因税务、财政、审计部门检查，并按简易计税方法在本期计算调整的销售额。但享受增值税即征即退政策的货物、劳务和应税服务，经纳税检查发现偷税的，不填入“即征即退货物及劳务和应税服务”列，而应填入“一般货物及劳务和应税服务”列。

营业税改征增值税的纳税人，应税服务有扣除项目的，本栏应填写扣除之前的不含税销售额。

（10）第7栏“免、抵、退办法出口销售额”

第7栏“免、抵、退办法出口销售额”：填写纳税人本期执行免、抵、退税办法的出口货物、劳务和应税服务的销售额。

营业税改征增值税的纳税人，应税服务有扣除项目的，本栏应填写扣除之前的销售额。

数据勾稽关系：

本栏“一般货物及劳务和应税服务”列“本月数”＝《附列资料（一）》第9列第16行、第17行之和

（11）第8栏“免税销售额”

第8栏“免税销售额”：填写纳税人本期按照税法规定免征增值税的销售额和适用零税率的销售额，但零税率的销售额中不包含适用免、抵、退税办法的销售额。

营业税改征增值税的纳税人，应税服务有扣除项目的，本栏应填写扣除之前的免税销售额。

> **数据勾稽关系：**
>
> 本栏“一般货物及劳务和应税服务”列“本月数”=《附列资料（一）》第9列第18行、第19行之和

（12）第9栏“其中，免税货物销售额”

第9栏“其中，免税货物销售额”：填写纳税人本期按照税法规定免征增值税的货物销售额及适用零税率的货物销售额，但零税率的销售额中不包括适用免、抵、退税办法出口货物的销售额。

（13）第10栏“免税劳务销售额”

第10栏“免税劳务销售额”：填写纳税人本期按照税法规定免征增值税的劳务销售额及适用零税率的劳务销售额，但零税率的销售额中不包括适用免、抵、退税办法的劳务的销售额。

（14）第11栏“销项税额”

第11栏“销项税额”：填写纳税人本期按一般计税方法征税的货物及劳务和应税服务的销项税额。

营业税改征增值税的纳税人，应税服务有扣除项目的，本栏应填写扣除之后的销项税额。

> **数据勾稽关系：**
>
> ①本栏“一般货物及劳务和应税服务”列“本月数”=《附列资料（一）》（第10列第1行、第3行之和－第10列第6行）+（第14列第2行、第4行、第5行之和－第14列第7行）
>
> ②本栏“即征即退货物及劳务和应税服务”列“本月数”=《附列资料（一）》第10列第6行+第14列第7行

（15）第12栏“进项税额”

第12栏“进项税额”：填写纳税人本期申报抵扣的进项税额。

数据勾稽关系：

本栏“一般货物及劳务和应税服务”列“本月数”＋“即征即退货物及劳务和应税服务”列“本月数”＝《附列资料（二）》第12栏“税额”

（16）第13栏“上期留抵税额”

①上期留抵税额按规定须挂账的纳税人，按以下要求填写本栏的“本月数”和“本年累计”数。

上期留抵税额按规定须挂账的纳税人是指试点实施之日前一个税款所属期的申报表第20栏“期末留抵税额”“一般货物及劳务”列“本月数”大于零，且兼有营业税改征增值税应税服务的纳税人（下同）。其试点实施之日前一个税款所属期的申报表第20栏“期末留抵税额”“一般货物及劳务”列“本月数”，以下称为货物和劳务挂账留抵税额。

本栏“一般货物及劳务和应税服务”列“本月数”：试点实施之日的税款所属期填写“0”；以后各期按上期申报表第20栏“期末留抵税额”“一般货物及劳务和应税服务”列“本月数”填写。

本栏“一般货物及劳务和应税服务”列“本年累计”数，反映货物和劳务挂账留抵税额本期期初余额。试点实施之日的税款所属期按试点实施之日前一个税款所属期的申报表第20栏“期末留抵税额”“一般货物及劳务”列“本月数”填写；以后各期按上期申报表第20栏“期末留抵税额”“一般货物及劳务和应税服务”列“本年累计”数填写。

本栏“即征即退货物及劳务和应税服务”列“本月数”：按上期申报表第20栏“期末留抵税额”“即征即退货物及劳务和应税服务”列“本月数”填写。

②其他纳税人，按以下要求填写本栏“本月数”和“本年累计”数。

其他纳税人是指除税改当月末期末留抵税额按规定须挂账的纳税人之外的其他纳税人。

本栏“一般货物及劳务和应税服务”列“本月数”：税款所属税改次月月份按税款所属税改当月的申报表第20栏“期末留抵税额”“一般货物及劳务”列“本月数”填写；以后各期按上期申报表第20栏“期末留抵税额”“一般货物及劳务和应税服务”列“本月数”填写。

本栏“一般货物及劳务和应税服务”列“本年累计”数：填写“0”。

本栏“即征即退货物及劳务和应税服务”列“本月数”：税款所属税改次月月份按税款所属税改当月的申报表第20栏“期末留抵税额”“即征即退货物及劳务和应税服务”列“本月数”填写；以后各期按上期申报表第20栏“期末留抵税额”“即征即退货物及劳务和应税服务”列“本月数”填写。

（17）第14栏“进项税额转出”

第14栏“进项税额转出”：填写纳税人已经抵扣但按税法规定应作进项税转出的进项税额。

数据勾稽关系：

本栏“一般货物及劳务和应税服务”列“本月数”+“即征即退货物及劳务和应税服务”列“本月数”=《附列资料（二）》第13栏“税额”

（18）第15栏“免、抵、退应退税额”

第15栏“免、抵、退应退税额”：填写税务机关退税部门按照出口货物、劳务和应税服务免、抵、退办法审批的增值税应退税额。

（19）第16栏“按适用税率计算的纳税检查应补缴税额”

第16栏“按适用税率计算的纳税检查应补缴税额”：填写因税务、财政、审计部门检查并按一般计税方法计算征税的纳税检查应补缴的增值税税额。

数据勾稽关系：

本栏“一般货物及劳务和应税服务”列“本月数”≤《附列资料（一）》第8列第1行至第5行之和+《附列资料（二）》第19栏

（20）第17栏“应抵扣税额合计”

第17栏“应抵扣税额合计”：填写纳税人本期应抵扣进项税额的合计数。

数据勾稽关系：

本栏不包括税改当月末期末留抵税额按规定须挂账的纳税人挂账的留抵税额。

（21）第18栏“实际抵扣税额”

①上期留抵税额按规定须挂账的纳税人，按以下要求填写本栏的“本月数”和“本年累计”数。

本栏“一般货物及劳务和应税服务”列“本月数”：按表中所列公式计算填写。

本栏“一般货物及劳务和应税服务”列“本年累计”数：填写货物和劳务挂账留抵税额本期实际抵减一般货物和劳务应纳税额的数额。将“货物和劳务挂账留抵税额本期期初余额”与“一般计税方法的一般货物及劳务应纳税额”两个数据相比较，取二者中小的数据。

其中，

货物和劳务挂账留抵税额本期期初余额＝第13栏“上期留抵税额”“一般货物及劳务和应税服务”列“本年累计”数

一般计税方法的一般货物及劳务应纳税额＝（第11栏“销项税额”“一般货物及劳务和应税服务”列“本月数”－第18栏“实际抵扣税额”“一般货物及劳务和应税服务”列“本月数”）×一般货物及劳务销项税额比例

一般货物及劳务销项税额比例＝（《附列资料（一）》第10列第1行、第3行之和－第10列第6行）÷第11栏“销项税额”“一般货物及劳务和应税服务”列“本月数”×100%

本栏“即征即退货物及劳务和应税服务”列“本月数”：按表中所列公式计算填写。

②其他纳税人，按以下要求填写本栏的“本月数”和“本年累计”数。

其他纳税人是指除税改当月末期末留抵税额按规定须挂账的纳税人之外的其他纳税人。

本栏“一般货物及劳务和应税服务”列“本月数”：按表中所列公式计算填写。

本栏“一般货物及劳务和应税服务”列“本年累计”数：填写“0”。

本栏“即征即退货物及劳务和应税服务”列“本月数”：按表中所列公式计算填写。

（22）第19栏“应纳税额”

第19栏“应纳税额”：填写纳税人本期按一般计税方法计算并应缴纳的增值税额。

数据勾稽关系：

本栏“一般货物及劳务和应税服务”列的计算与本栏“即征即退货物及劳务和应税服务”列的计算不同。具体计算方法如下。

①本栏“一般货物及劳务和应税服务”列“本月数”＝第11栏“销项税额”“一般货物及劳务和应税服务”列“本月数”－第18栏“实际抵扣税额”“一般货物及劳务和应税服务”列“本月数”－第18栏“实际抵扣税额”“一般货物及劳务和应税服务”列“本年累计”数

②本栏“即征即退货物及劳务和应税服务”列“本月数”＝第11栏“销项税额”“即征即退货物及劳务和应税服务”列“本月数”－第18栏“实际抵扣税额”“即征即退货物及劳务和应税服务”列“本月数”

（23）第20栏“期末留抵税额”

①上期留抵税额按规定须挂账的纳税人，按以下要求填写本栏的

第6章 营改增试点后的增值税纳税申报

“本月数”和“本年累计”数。

本栏“一般货物及劳务和应税服务”列“本月数”：反映试点实施以后，一般货物及劳务和应税服务共同形成的留抵税额，按表中所列公式计算填写。

本栏“一般货物及劳务和应税服务”列“本年累计”数：反映货物和劳务挂账留抵税额，在试点实施以后抵减一般货物和劳务应纳税额后的余额，按以下公式计算填写：

本栏“一般货物及劳务和应税服务”列“本年累计”=第13栏“上期留抵税额”“一般货物及劳务和应税服务”列“本年累计”数－第18栏“实际抵扣税额”“一般货物及劳务和应税服务”列“本年累计”数

本栏“即征即退货物及劳务和应税服务”列“本月数”：按表中所列公式计算填写。

②其他纳税人，按以下要求填写本栏“本月数”和“本年累计”数。

其他纳税人是指除税改当月末期末留抵税额按规定须挂账的纳税人之外的其他纳税人。

数据勾稽关系：

本栏“一般货物及劳务和应税服务”列“本月数”：按表中所列公式计算填写。

本栏“一般货物及劳务和应税服务”列“本年累计”数：填写“0”。

本栏“即征即退货物及劳务和应税服务”列“本月数”：按表中所列公式计算填写。

（24）第21栏“简易计税办法计算的应纳税额”

第21栏“简易计税办法计算的应纳税额”：填写纳税人本期按简易计税方法计算并应缴纳的增值税额，但不包含按简易计税方法计算的纳税检查应补缴税额。

营业税改征增值税的纳税人，应税服务有扣除项目的，本栏应填写扣除之后的应纳税额。

数据勾稽关系：

本栏“一般货物及劳务和应税服务”列“本月数”＝《附列资料（一）》（第 10 列第 8 行至第 11 行之和－第 10 列第 14 行）＋（第 14 列第 12 行－第 14 列第 15 行）

本栏“即征即退货物及劳务和应税服务”列“本月数”＝《附列资料（一）》10 列第 14 行＋第 10 列第 15 行

（25）第 22 栏“按简易计税办法计算的纳税检查应补缴税额”

第 22 栏“按简易计税办法计算的纳税检查应补缴税额”：填写纳税人本期因税务、财政、审计部门检查并按简易计税方法计算的纳税检查应补缴税额。

（26）第 23 栏“应纳税额减征额”

第 23 栏“应纳税额减征额”：填写纳税人本期按照税法规定减征的增值税应纳税额。包含可在增值税应纳税额中全额抵减的增值税税控系统专用设备费用以及技术维护费。

当本期减征额小于或等于第 19 栏“应纳税额”与第 21 栏“简易征收办法计算的应纳税额”之和时，按本期减征额实际填写；当本期减征额大于第 19 栏“应纳税额”与第 21 栏“简易征收办法计算的应纳税额”之和时，按本期第 19 栏与第 21 栏之和填写，本期减征额不足抵减部分结转下期继续抵减。

（27）第 24 栏“应纳税额合计”

第 24 栏“应纳税额合计”：填写纳税人本期应缴增值税的合计数。按表中所列公式计算填写。

（28）第 25 栏“期初未缴税额（多缴为负数）”

第 25 栏“期初未缴税额（多缴为负数）”：“本月数”按上一税款所属期申报表第 32 栏“期末未缴税额（多缴为负数）”“本月数”填写。“本年累计”按上年度最后一个税款所属期申报表第 32 栏“期末未缴税额（多缴为负数）”“本年累计”数填写。

（29）第 26 栏“实收出口开具专用缴款书退税额”

第 26 栏“实收出口开具专用缴款书退税额”：本栏不填写。

（30）第 27 栏“本期已缴税额”

第 27 栏“本期已缴税额”：反映纳税人本期实际缴纳的增值税额，但不包括本期入库的查补税款。按表中所列公式计算填写。

（31）第 28 栏“①分次预缴税额”

第 28 栏“①分次预缴税额”：填写纳税人本期已缴纳的准予在本期增值税应纳税额中抵减的税额。

营业税改征增值税的纳税人，应税服务按规定汇总计算缴纳增值税的总机构，其可以从本期增值税应纳税额中抵减的分支机构已缴纳的税款，按当期实际可抵减数填入本栏，不足抵减部分结转下期继续抵减。

（32）第 29 栏“②出口开具专用缴款书预缴税额”

第 29 栏“②出口开具专用缴款书预缴税额”：本栏不填写。

（33）第 30 栏“③本期缴纳上期应纳税额”

第 30 栏“③本期缴纳上期应纳税额”：填写纳税人本期缴纳上一税款所属期应缴未缴的增值税额。

（34）第 31 栏“④本期缴纳欠缴税额”

第 31 栏“④本期缴纳欠缴税额”：反映纳税人本期实际缴纳和留抵税额抵减的增值税欠税额，但不包括缴纳入库的查补增值税额。

（35）第 32 栏“期末未缴税额（多缴为负数）”

第 32 栏“期末未缴税额（多缴为负数）”：“本月数”反映纳税人本期期末应缴未缴的增值税额，但不包括纳税检查应缴未缴的税额。按表中所列公式计算填写。“本年累计”数与“本月数”相同。

（36）第 33 栏“其中，欠缴税额（≥0）”

第 33 栏“其中，欠缴税额（≥0）”：反映纳税人按照税法规定已形成欠税的增值税额。按表中所列公式计算填写。

（37）第 34 栏“本期应补（退）税额”

第 34 栏“本期应补（退）税额”：填写纳税人本期应纳税额中应补缴或应退回的数额，按表中所列公式计算填写。

（38）第 35 栏“即征即退实际退税额”

第 35 栏“即征即退实际退税额”：填写纳税人本期因符合增值税即征即退优惠政策规定，而实际收到的税务机关退回的增值税额。

（39）第 36 栏“期初未缴查补税额”

第 36 栏“期初未缴查补税额”：“本月数”按上一税款所属期申报表第 38 栏“期末未缴查补税额”“本月数”填写。“本年累计”数按上年度最后一个税款所属期申报表第 38 栏“期末未缴查补税额”“本年累计”数填写。

（40）第 37 栏“本期入库查补税额”

第 37 栏“本期入库查补税额”：反映纳税人本期因税务、财政、审计部门检查而实际入库的增值税额，包括按一般计税方法计算并实际缴纳的查补增值税额和按简易计税方法计算并实际缴纳的查补增值税额。

（41）第 38 栏“期末未缴查补税额”

第 38 栏“期末未缴查补税额”：“本月数”反映纳税人接受纳税检查后应在本期期末缴纳而未缴纳的查补增值税额。按表中所列公式计算填写，“本年累计”数与“本月数”相同。

6.1.3《增值税纳税申报表附列资料（一）》（本期销售情况明细）填表说明

6.1.3.1 “税款所属时间”“纳税人名称” 的填写

同主表。

6.1.3.2 各列说明

（1）第 1 列至第 2 列“开具税控增值税专用发票”：填写本期开具防伪税控《增值税专用发票》、税控《机动车销售统一发票》和《货物运输业增值税专用发票》的情况。

（2）第 3 列至第 4 列“开具其他发票”：填写除上述三种发票以外本期开具的其他发票的情况。

（3）第 5 列至第 6 列“未开具发票”：填写本期未开具发票的销售情况。

（4）第 7 列至第 8 列“纳税检查调整”：填写经税务、财政、审计部门检查并在本期调整的销售情况。

（5）第 9 列至第 11 列“合计”：填写“开具税控增值税专用发票”列、“开具其他发票”列、“未开具发票”列和“纳税检查调整”列之和。

> **数据勾稽关系：**
>
> 营业税改征增值税的纳税人，应税服务有扣除项目的，第 1 列至第 11 列应填写扣除之前的征（免）税销售额、销项（应纳）税额和价税合计额。

（6）第 12 列“应税服务扣除项目本期实际扣除金额”：营业税改征增值税的纳税人，应税服务有扣除项目的，据实填写本列；应税服务无扣除项目的，本列填写“0”。其他纳税人不填写。

> **数据勾稽关系：**
>
> 本列各行次应等于《附列资料（三）》第 5 列对应各行次。

（7）第 13 列“扣除后”“含税（免税）销售额”：营业税改征增值税的纳税人，发生应税服务的，本列各行次 = “价税合计”列（第 11 列）对应各行次 - “应税服务扣除项目本期实际扣除金额”列（第 12 列）对应各行次。其他纳税人不填写。

（8）第 14 列“扣除后”“销项（应纳）税额”：营业税改征增值税的纳税人，应税服务有扣除项目的，按以下要求填写本列，其他纳税人不填写。

①应税服务按照一般计税方法计税

本列各行次 = 第 13 列 ÷（100% + 对应行次税率）× 对应行次税率

本列第 7 行“按一般计税方法计税的即征即退应税服务”不按本列的说明填写。具体填写要求见“各行说明”第 2 条第（2）项第③点的说明。

②应税服务按照简易计税方法计税

本列各行次 = 第 13 列 ÷（100% + 对应行次征收率）× 对应行次征收率

本列第 13 行“预征率 %”不按本列的说明填写。

③应税服务实行免抵退税或免税的，本列不填写。

6.1.3.3 各行说明

（1）第 1 行至第 5 行“一、一般计税方法征税”“全部征税项目”各行：按不同税率分别填写按一般计税方法计算增值税的全部征税项目。

> **数据勾稽关系：**
>
> 本部分反映的是按一般计税方法的全部征税项目。有即征即退征税项目的纳税人，本部分数据中既包括即征即退征税项目，也包括不享受即征即退政策的一般征税项目。

①第 1 行“17% 税率的货物及加工修理修配劳务”：填写按一般计税方法中适用 17% 税率计算增值税的货物及加工修理修配劳务。本行不包含按 17% 税率计算增值税的有形动产租赁服务。

> **数据勾稽关系：**
>
> 有即征即退货物及劳务的纳税人，本行数据既包括即征即退货物及劳务，也包括不享受即征即退政策的一般货物及劳务。

②第 2 行“17% 税率的有形动产租赁服务”：填写按一般计税方法中适用 17% 税率计算增值税的有形动产租赁服务。本行不包含按 17% 税率计算增值税的货物及加工修理修配劳务。

> **数据勾稽关系：**
>
> 有即征即退有形动产融资租赁服务的纳税人，本行数据既包括即征即退有形动产融资租赁服务，也包括不享受即征即退政策的一般有形动产租赁服务。

③第 3 行“13% 税率”：填写按一般计税方法中适用 13% 税率计算增值税的货物及加工修理修配劳务。本行不包含应税服务的内容。

> **数据勾稽关系：**
>
> 有即征即退货物及劳务的纳税人，本行数据既包括即征即退货物及劳务，也包括不享受即征即退政策的一般货物及劳务。

④第 4 行“11% 税率”：填写按一般计税方法中适用 11% 税率计算增值税的应税服务。本行不包含货物及加工修理修配劳务的内容。

> **数据勾稽关系：**
>
> 有即征即退应税服务的纳税人，本行数据既包括即征即退应税服务，也包括不享受即征即退政策的一般应税服务。

⑤第 5 行“6% 税率”：填写按一般计税方法中适用 6% 税率计算增值税的应税服务。本行不包含货物及加工修理修配劳务的内容。

> **数据勾稽关系：**
>
> 有即征即退应税服务的纳税人，本行数据既包括即征即退应税服务，也包括不享受即征即退政策的一般应税服务。

（2）第 6 行至第 7 行“一、一般计税方法征税”“其中，即征即退项目”各行：只填写按一般计税方法计算增值税的即征即退征税项目。按照税法规定不享受即征即退政策的纳税人，不得填写本行。

①第 6 行“即征即退货物及加工修理修配劳务”：填写按一般计税方法征收增值税且享受即征即退政策的货物及加工修理修配劳务。本行不包含应税服务的内容。

本行第 9 列“合计”“销售额”栏：填写按一般计税方法征收增值税且享受即征即退政策的货物及加工修理修配劳务的不含税销售额。

数据勾稽关系：

该栏不按第 9 列所列公式计算，纳税人应根据本企业的实际情况据实填写。

本行第 10 列“合计”“销项（应纳）税额”栏：填写按一般计税方法征收增值税且享受即征即退政策的货物及加工修理修配劳务的销项税额。

数据勾稽关系：

该栏不按第 10 列所列公式计算，纳税人应根据本企业的实际情况据实填写。

②第 7 行“即征即退应税服务”：填写按一般计税方法征收增值税且享受即征即退政策的应税服务。本行不包含货物及加工修理修配劳务的内容。

本行第 9 列“合计”“销售额”栏：填写按一般计税方法征收增值税且享受即征即退政策的应税服务的不含税销售额。应税服务有扣除项目的，按扣除之前的不含税销售额填写。

数据勾稽关系：

该栏不按第 9 列所列公式计算，纳税人应根据本企业的实际情况据实填写。

本行第 10 列“合计”“销项（应纳）税额”栏：填写按一般计税方法征收增值税且享受即征即退政策的应税服务的销项税额。应税服务有扣除项目的，按扣除之前的销项税额填写。

数据勾稽关系：

该栏不按第10列所列公式计算，纳税人应根据本企业的实际情况据实填写。

本行第14列“扣除后”“销项（应纳）税额”栏：填写按一般计税方法征收增值税且享受即征即退政策的应税服务实际应计提的销项税额。应税服务有扣除项目的，按扣除之后的销项税额填写；应税服务无扣除项目的，按本行第10列填写。

数据勾稽关系：

该栏不按第14列所列公式计算，纳税人应根据本企业的实际情况据实填写。

（3）第8行至第12行“二、简易计税方法计税”“全部征税项目”各行：按不同征收率和项目分别填写按简易计税方法计算增值税的全部征税项目。有即征即退征税项目的纳税人，本部分数据中既包括即征即退项目，也包括不享受即征即退政策的一般征税项目。

（4）第13行“二、简易计税方法计税”“预征率 %”：反映营业税改征增值税的纳税人，应税服务按规定汇总计算缴纳增值税的分支机构预征增值税销售额、预征增值税应纳税额。

①本行第1列至第6列按照销售额和销项税额的实际发生数填写。

②本行第14列，纳税人按“应预征缴纳的增值税＝应预征增值税销售额×预征率”公式计算后据实填写。

（5）第1列第4行至第15行“二、简易计税方法计税”“其中，即征即退项目”各行：只反映按简易计税方法计算增值税的即征即退项目。按照税法规定不享受即征即退政策的纳税人，不填写本行。即征即退项目是全部征税项目的其中数。

①第14行“即征即退货物及加工修理修配劳务”：反映按简易计税

方法计算增值税且享受即征即退政策的货物及加工修理修配劳务。本行不包括应税服务的内容。

数据勾稽关系：

本行第9列"合计""销售额"栏：反映按简易计税方法计算增值税且享受即征即退政策的货物及加工修理修配劳务的不含税销售额。该栏不按第9列所列公式计算，应按照税法规定据实填写。

本行第10列"合计""销项（应纳）税额"栏：反映按简易计税方法计算增值税且享受即征即退政策的货物及加工修理修配劳务的应纳税额。该栏不按第10列所列公式计算，应按照税法规定据实填写。

②第15行"即征即退应税服务"：反映按简易计税方法计算增值税且享受即征即退政策的应税服务。本行不包括货物及加工修理修配劳务的内容。

数据勾稽关系：

本行第9列"合计""销售额"栏：反映按简易计税方法计算增值税且享受即征即退政策的应税服务的不含税销售额。应税服务有扣除项目的，按扣除之前的不含税销售额填写。该栏不按第9列所列公式计算，应按照税法规定据实填写。

本行第10列"合计""销项（应纳）税额"栏：反映按简易计税方法计算增值税且享受即征即退政策的应税服务的应纳税额。应税服务有扣除项目的，按扣除之前的应纳税额填写。该栏不按第10列所列公式计算，应按照税法规定据实填写。

本行第14列"扣除后""销项（应纳）税额"栏：反映按简易计税方法计算增值税且享受即征即退政策的应税服务实际应计提的应纳税额。应税服务有扣除项目的，按扣除之后的应纳税额填写；应税服务无扣除项目的，按本行第10列填写。

（6）第16行“三、免抵退税”“货物及加工修理修配劳务”：反映适用免、抵、退税政策的出口货物及加工修理修配劳务。

（7）第17行“三、免抵退税”“应税服务”：反映适用免、抵、退税政策的应税服务。

（8）第18行“四、免税”“货物及加工修理修配劳务”：反映按照税法规定免征增值税的货物及劳务和适用零税率的出口货物及劳务，但零税率的销售额中不包括适用免、抵、退税办法的出口货物及劳务。

（9）第19行“四、免税”“应税服务”：反映按照税法规定免征增值税的应税服务和适用零税率的应税服务，但零税率的销售额中不包括适用免、抵、退税办法的应税服务。

6.1.4《增值税纳税申报表附列资料（二）》（本期进项税额明细）填表说明

6.1.4.1 “税款所属时间”“纳税人名称”的填写

同主表。

6.1.4.2 第1栏至第12栏“一、申报抵扣的进项税额”各栏

分别填写纳税人按税法规定符合抵扣条件，在本期申报抵扣的进项税额。

（1）第1栏“（一）认证相符的税控增值税专用发票”：反映纳税人取得的认证相符本期申报抵扣的防伪税控“增值税专用发票”“货物运输业增值税专用发票”和税控“机动车销售统一发票”的情况。该栏应等于第2栏“本期认证相符且本期申报抵扣”与第3栏“前期认证相符且本期申报抵扣”数据之和。

（2）第2栏“其中：本期认证相符且本期申报抵扣”：反映本期认证相符且本期申报抵扣的防伪税控“增值税专用发票”“货物运输业增值税专用发票”和税控“机动车销售统一发票”的情况。本栏是第1栏的其中数，本栏只填写本期认证相符且本期申报抵扣的部分。

（3）第3栏“前期认证相符且本期申报抵扣”：反映前期认证相符且本期申报抵扣的防伪税控“增值税专用发票”“货物运输业增值税专用发票”和税控“机动车销售统一发票”的情况。辅导期纳税人依据税

务机关告知的稽核比对结果通知书及明细清单注明的稽核相符的税控增值税专用发票填写本栏。本栏是第 1 栏的其中数，只填写前期认证相符且本期申报抵扣的部分。

(4) 第4栏“(二) 其他扣税凭证”：反映本期申报抵扣的除税控增值税专用发票之外的其他扣税凭证的情况，具体包括海关进口增值税专用缴款书、农产品收购发票或者销售发票（含农产品核定扣除的进项税额)、代扣代缴税收缴款凭证和运输费用结算单据。该栏应等于第5栏至第8栏之和。

(5) 第5栏“海关进口增值税专用缴款书”：反映本期申报抵扣的海关进口增值税专用缴款书的情况。按规定执行海关进口增值税专用缴款书先比对后抵扣的，纳税人需依据税务机关告知的稽核比对结果通知书及明细清单注明的稽核相符的海关进口增值税专用缴款书填写本栏。

(6) 第6栏“农产品收购发票或者销售发票”：反映本期申报抵扣的农产品收购发票和农产品销售普通发票的情况。执行农产品增值税进项税额核定扣除办法的，填写当期允许抵扣的农产品增值税进项税额，不填写“份数”“金额”。

(7) 第7栏“代扣代缴税收通用缴款凭证”：填写本期按规定准予抵扣的中华人民共和国税收缴款凭证上注明的增值税额。

(8) 第8栏“运输费用结算单据”：反映按规定本期可以申报抵扣的交通运输费用结算单据的情况。

(9) 第11栏“(三) 外贸企业进项税额抵扣证明”：填写本期申报抵扣的税务机关出口退税部门开具的《出口货物转内销证明》列明允许抵扣的进项税额。

(10) 第12栏“当期申报抵扣进项税额合计”：反映本期申报抵扣进项税额的合计数。按表中所列公式计算填写。

6.1.4.3 第13栏至第23栏 “二、进项税额转出额”各栏

分别填写纳税人已经抵扣但按税法规定在本期应作进项税额转出的进项税额。

(1) 第13栏“本期进项税转出额”：填写已经抵扣按税法规定不得抵扣在本期应作进项税额转出的合计数。

数据勾稽关系：

本栏应等于第14栏至第23栏之和。

（2）第14栏“免税项目用”：填写用于免征增值税项目，按税法规定在本期应作进项税额转出的进项税额。

（3）第15栏“非应税项目用、集体福利、个人消费”：填写用于非增值税应税项目、集体福利或者个人消费，按税法规定在本期应作进项税额转出的进项税额。

（4）第16栏“非正常损失”：填写非正常损失的货物所耗用的购进货物及劳务和应税服务，按税法规定在本期应作进项税额转出的进项税额。

（5）第17栏“简易计税方法征税项目用”：填写用于按简易计税方法征税项目所耗用的购进货物及劳务和应税服务，按税法规定在本期应作进项税额转出的进项税额。

营业税改征增值税的纳税人，应税服务按规定汇总计算缴纳增值税的分支机构，当期应由总机构汇总的进项税额也填入本栏。

（6）第18栏“免、抵、退税办法不得抵扣的进项税额”：填写按照免、抵、退税办法的规定，由于征税税率与退税税率存在税率差，在本期应作进项税额转出的进项税额。

（7）第19栏“纳税检查调减进项税额”：填写税务、财政、审计部门检查而调减的进项税额。

（8）第20栏“红字专用发票通知单注明的进项税额”：填写主管税务机关开具的“开具红字增值税专用发票通知单”“开具红字货物运输业增值税专用发票通知单”和“开具红字公路、内河货物运输业发票通知单”注明的需在本期作进项税额转出的进项税额。

（9）第21栏“上期留抵税额抵减欠税”：填写按照有关规定，本期经税务机关批准抵减欠税的上期留抵税额实际抵减额。

数据勾稽关系：

上期留抵税额实际抵减额是指上期留抵税额被欠税所实际抵减的数额。

（10）第22栏“上期留抵税额退税”：填写按照有关规定，本期经税务机关批准的上期留抵税额退税额。

（11）第23栏“其他应作进项税额转出的情形”：填写上述进项税额转出各项目之外，按税法规定需在本期作进项税额转出的其他情形。

6.1.4.4 第24栏至第34栏 “三、待抵扣进项税额” 各栏

第24栏至第34栏“三、待抵扣进项税额”各栏分别反映纳税人已经取得，但按税法规定不符合抵扣条件，暂不予在本期申报抵扣的进项税额情况及按税法规定不允许抵扣的进项税额情况。

（1）第24栏至第28栏均包括防伪税控“增值税专用发票”“货物运输业增值税专用发票”和税控“机动车销售统一发票”的情况。

（2）第25栏“期初已认证相符但未申报抵扣”：反映前期认证相符，但按照税法规定暂不予抵扣及不允许抵扣，结存至本期的税控增值税专用发票情况。辅导期纳税人填写认证相符但未收到稽核比对结果的税控增值税专用发票期初情况。

（3）第26栏“本期认证相符且本期未申报抵扣”：反映本期认证相符，但按税法规定暂不予抵扣及不允许抵扣，而未申报抵扣的税控增值税专用发票情况。辅导期纳税人填写本期认证相符但未收到稽核比对结果的税控增值税专用发票情况。

（4）第27栏“期末已认证相符但未申报抵扣”：反映截至本期期末，按照税法规定仍暂不予抵扣及不允许抵扣且已认证相符的税控增值税专用发票情况。辅导期纳税人填写截至本期期末已认证相符但未收到稽核比对结果的税控增值税专用发票期末情况。

（5）第28栏“其中，按照税法规定不允许抵扣”：反映截至本期期末已认证相符但未申报抵扣的税控增值税专用发票中，按照税法规定不允许抵扣的税控增值税专用发票情况。

（6）第29栏“（二）其他扣税凭证”：反映截至本期期末仍未申报抵扣的除税控增值税专用发票之外的其他扣税凭证情况，具体包括海关进口增值税专用缴款书、农产品收购发票或者销售发票、代扣代缴税收缴款凭证和运输费用结算单据。该栏应等于第30栏至第33栏之和。

（7）第30栏“海关进口增值税专用缴款书”：反映已取得但截至本

期期末仍未申报抵扣的海关进口增值税专用缴款书情况，包括纳税人未收到稽核比对结果的海关进口增值税专用缴款书情况。

（8）第31栏“农产品收购发票或者销售发票”：反映已取得但截至本期期末仍未申报抵扣的农产品收购发票和农产品销售普通发票情况。

（9）第32栏“代扣代缴税收缴款凭证”：反映已取得但截至本期期末仍未申报抵扣的代扣代缴税收缴款凭证情况。

（10）第33栏“运输费用结算单据”：反映已取得但截至本期期末仍未申报抵扣的运输费用结算单据情况。

6.1.4.5 第35栏至第36栏 “四、 其他”各栏

（1）第35栏“本期认证相符的税控增值税专用发票”：反映本期认证相符的防伪税控“增值税专用发票”“货物运输业增值税专用发票”和税控“机动车销售统一发票”的情况。

（2）第36栏“代扣代缴税额”：填写纳税人根据《中华人民共和国增值税暂行条例》第十八条扣缴的应税劳务增值税额与根据营业税改征增值税有关政策规定扣缴的应税服务增值税额之和。

6.1.5《增值税纳税申报表附列资料（三）》（应税服务扣除项目明细）填表说明

本表用于营业税改征增值税的纳税人中应税服务有扣除项目的纳税人填写，其他纳税人不得填写。

6.1.5.1 “税款所属时间”“纳税人名称”的填写

各列填写说明同主表。

6.1.5.2 各列填写说明

（1）第1列“本期应税服务价税合计额（免税销售额）”

营业税改征增值税的应税服务属于征税项目的，填写扣除之前的本期应税服务价税合计额；营业税改征增值税的应税服务属于免抵退税或免税项目的，填写扣除之前的本期应税服务免税销售额。

> **数据勾稽关系：**
>
> 本栏各行次等于《附列资料（一）》第11列对应各行次。

（2）第 2 列“应税服务扣除项目”“期初余额”

填写应税服务扣除项目上期期末结存的金额。

数据勾稽关系：

本栏各行次等于上期《附列资料（三）》第 6 栏对应各行次。

（3）第 3 列“应税服务扣除项目”“本期发生额”

填写应税服务扣除项目本期取得的发票金额。

（4）第 4 列“应税服务扣除项目”“本期应扣除金额”

填写应税服务扣除项目本期应扣除的金额。

数据勾稽关系：

本栏各行次 = 第 2 栏对应各行次 + 第 3 栏对应各行次

（5）第 5 列“应税服务扣除项目”“本期实际扣除金额”

填写应税服务扣除项目本期实际扣除的金额。

数据勾稽关系：

本栏各行次应小于或等于第 4 栏对应各行次，且小于或等于第 1 栏对应各行次。

（6）第 6 列“应税服务扣除项目”“期末余额”

填写应税服务扣除项目本期期末结存的金额。

数据勾稽关系：

本栏各行次 = 第 4 列对应各行次 − 第 5 列对应各行次

6.1.6《增值税纳税申报表附列资料（四)》(税额抵减情况表）填表说明

本表第1行由发生增值税税控系统专用设备费用和技术维护费的纳税人填写，反映纳税人增值税税控系统专用设备费用和技术维护费按规定抵减增值税应纳税额的情况。

本表第2行由营业税改征增值税纳税人，应税服务按规定汇总计算缴纳增值税的总机构填写，反映其分支机构预征缴纳税款抵减总机构应纳增值税税额的情况。

其他纳税人不填写本表。

6.1.7《固定资产进项税额抵扣情况表》填表说明

本表填写纳税人在《附列资料（二)》“一、申报抵扣的进项税额”中固定资产进项税额的数据。

本表按增值税专用发票、海关进口增值税专用缴款书分别填写。税控《机动车销售统一发票》填入增值税专用发票栏内。

6.2 小规模纳税人纳税申报

6.2.1《增值税纳税申报表（适用于增值税小规模纳税人)》填表说明

6.2.1.1 增值税小规模纳税人（以下简称纳税人）使用说明

（1)《增值税纳税申报表》(小规模纳税人适用)：本表增加了“应税服务”申报内容。既有“应税服务”又有“应税货物和劳务”的混业经营增值税小规模纳税人，应当计算并按表内、表间关系在申报表各栏次填写。

增值税小规模纳税人中月销售额不超过2万元（按季申报季度销售额不超过6万元）的企业或非企业性单位，暂免征增值税。月销售额超过2万元（按季申报季度销售额超过6万元）的，应全额计算缴纳增值税。

（2)《增值税纳税申报表（小规模纳税人适用）附列资料》：本表为新增的报表附件，应税服务有扣除项目的纳税人（经中国人民银行、商务部、银监会批准从事融资租赁业务的试点纳税人提供有形动产融资租赁服务）填写。其他纳税人不需要填报。如果本表第3栏“本期发生额”填写数据，则必须填写《应税服务减除项目清单》。

（3）《增值税纳税申报表附列资料（四）》（税额抵减情况表）：本表为新增附列资料，由在增值税应纳税额中抵免购置税控收款机增值税税额的纳税人填写。此类纳税人应上门申报。属于小规模纳税人的一个使用特例。

（4）表格中的名词解释如下。

①本表及填写说明所称“应税货物”，是指增值税的应税货物。

②本表及填写说明所称“应税劳务”，是指增值税的应税加工、修理、修配劳务。

③本表及填写说明所称“应税服务”，是指营业税改征增值税的应税服务。

④本表及填写说明所称“应税服务扣除项目”，是指纳税人提供应税服务，在确定应税服务销售额时，按照有关规定允许其从取得的全部价款和价外费用中扣除价款的项目。

6.2.1.2 具体项目填写说明

（1）本表“税款所属期”是指纳税人申报的增值税应纳税额的所属时间，应填写具体的起止年、月、日。

（2）本表“纳税人识别号”栏，填写税务机关为纳税人确定的识别号，即税务登记证号码。

（3）本表“纳税人名称”栏，填写纳税人单位名全称，不得填写简称。

（4）本表第1项“应征增值税不含税销售额”栏数据，填写应征增值税的货物及劳务、服务的不含税销售额，不包含销售使用过的应税固定资产和销售旧货的不含税销售额、免税货物及劳务、服务销售额、出口免税货物、服务销售额、稽查查补销售额。

对应税服务有扣除项目的纳税人，本栏数据为减除应税服务扣除额后，计算的不含税销售额，其数据与当期《增值税纳税申报表（适用于小规模纳税人）附列资料》第8栏对应。

（5）本表第2项“税务机关代开的增值税专用发票不含税销售额”栏数据，填写税务机关代开的增值税专用发票的销售额合计。

对发生“应税服务扣除项目”，并向税务机关申请全额代开增值税专用发票的，本栏应填写税务机关全额代开的增值税专用发票的销售额合计。

（6）本表第3项“税控器具开具的普通发票不含税销售额”栏数据，填写税控器具开具的应征增值税的货物及劳务、服务的普通发票金额换算的不含税销售额。

对发生“应税服务扣除项目”，并全额开具普通发票的，本栏应填写税控器具全额开具的应税服务的普通发票金额换算的不含税销售额。

（7）本表第4项“销售使用过的应税固定资产不含税销售额”栏数据，填写销售使用过的、固定资产目录中所列的固定资产（不动产除外）和销售旧货的不含税销售额，销售额 = 含税销售额/（1 +3%）。

（8）本表第5项“税控器具开具的普通发票不含税销售额”栏数据，填写税控器具开具的销售使用过的应税固定资产（不动产除外）和销售旧货的普通发票金额换算的不含税销售额。

（9）本表第6项“免税销售额”栏数据，填写销售免征增值税货物及劳务、服务的销售额。对发生“应税服务扣除项目”的纳税人，本栏应填写销售额全额数据。

（10）本表第7项“税控器具开具的普通发票销售额”栏数据，填写税控器具开具的销售免征增值税货物及劳务、服务的普通发票金额。对发生“应税服务扣除项目”的，并全额开具普通发票的，本栏应填写税控器具全额开具的免税服务的普通发票金额。

（11）本表第8项“出口免税销售额”栏数据，填写出口免税货物、服务的销售额。对发生“应税服务扣除项目”的纳税人，本栏应填写销售额全额数据。

（12）本表第9项“税控器具开具的普通发票销售额”栏数据，填写税控器具开具的出口免税货物、服务的普通发票金额。对发生“应税服务扣除项目”的，并全额开具普通发票的，本栏应填写税控器具全额开具的出口免税服务的普通发票金额。

（13）本表第10项“本期应纳税额”栏数据，填写本期按征收率计算缴纳的应纳税额。

（14）本表第11项“本期应纳税额减征额”栏数据，填写数据是根据相关的增值税优惠政策计算的应纳税额减征额。

另外，包含可在增值税应纳税额中全额抵减的增值税税控系统专用设备费用以及技术维护费，可在增值税应纳税额中抵免的购置税控收款机的增值税税额。其抵减、抵免增值税应纳税额情况，需填报《增值税纳税申报表附列资料（四)》（税额抵减情况表）予以反映。无抵减、抵免情况的纳税人，不填报此表。

当本期减征额小于或等于第 10 栏“本期应纳税额”时，按本期减征额实际填写；当本期减征额大于第 10 栏“本期应纳税额”时，按本期第 10 栏填写，本期减征额不足抵减部分结转下期继续抵减。

（15）本表第 13 项“本期预缴税额”栏数据，填写纳税人本期预缴的增值税额，但不包括稽查补缴的应纳增值税额。

6.2.2《增值税纳税申报表（适用于增值税小规模纳税人）附列资料》填表说明

6.2.2.1 填报范围

本附列资料适用于应税服务有扣除项目的增值税小规模纳税人填报。本附列资料各栏次申报项目均不包含免税服务数据。

应税服务扣除项目指根据国家有关营业税改征增值税的税收政策规定，对纳税人按照国家有关营业税政策规定差额征收营业税的，在计算应税服务销售额时，允许从其取得的全部价款和价外费用中扣除的项目。

6.2.2.2 填写项目

（1）本附列资料“税款所属期”是指纳税人申报的增值税应纳税额的所属时间，应填写具体的起止年、月、日。

（2）本附列资料“纳税人名称”栏，填写纳税人单位名全称，不得填写简称。

（3）本附列资料第 1 项“期初余额”栏数据，为从本附列资料上期第 4 项“期末余额”栏转入本期的数额。

（4）本附列资料第 2 项“本期发生额”栏数据，填写本期取得的按税法规定准予扣除的应税服务扣除项目金额。

（5）第 3 项“本期扣除额”：填写应税服务扣除项目本期实际扣除

的金额。

数据勾稽关系：

第3栏“本期扣除额”≤第1栏“期初余额”+第2栏“本期发生额”之和，且第3栏“本期扣除额”≤第5栏“全部含税收入”。

（6）本附列资料第4项“期末余额”栏数据，填写应税服务扣除额的期末余额。

数据勾稽关系：

第4栏“期末余额”=第1栏“期初余额”+第2栏“本期发生额”－第3栏“本期扣除额”

（7）本附列资料第5项“全部含税收入”栏数据，填写纳税人提供应税服务，取得的全部价款和价外费用数额。

（8）本附列资料第6项“本期扣除额”栏数据，为本附列资料第3项“本期扣除额”栏数据。

数据勾稽关系：

第6栏“本期扣除额”=第3栏“本期扣除额”

（9）本附列资料第7项“含税销售额”栏数据，填写应税服务的含税销售额。

数据勾稽关系：

第7栏“含税销售额”=第5栏“全部含税收入”－第6栏“本期扣除额”

（10）本附列资料第8项“不含税销售额”栏数据，填写应税服务的不含税销售额。

数据勾稽关系：

第8栏“不含税销售额”＝第7栏“含税销售额”÷1.03

第8栏“不含税销售额”填入《增值税纳税申报表（适用于小规模纳税人）》第1项“应征增值税不含税销售额”“本期数”“应税服务”栏数据。

增值税纳税申报表

（适用于增值税一般纳税人）

根据国家税收法律法规及增值税相关规定制定本表。纳税人不论有无销售额，均应按税务机关核定的纳税期限填写本表，并向当地税务机关申报。

税款所属时间：自____年____月____日至____年____月____日　　填表日期：____年____月____日

金额单位：元至角分

纳税人识别号				所属行业：		
纳税人名称	（公章）	法定代表人姓名		注册地址		生产经营地址	
开户银行及账号		登记注册类型			电话号码	

	项　目	栏次	一般货物及劳务和应税服务		即征即退货物及劳务和应税服务	
			本月数	本年累计	本月数	本年累计
销售额	（一）按适用税率计算销售额	1				
	其中，应税货物销售额	2				
	应税劳务销售额	3				
	纳税检查调整的销售额	4				
	（二）按简易办法计税销售额	5				
	其中，纳税检查调整的销售额	6				
	（三）免、抵、退办法出口销售额	7			——	——
	（四）免税销售额	8			——	——
	其中，免税货物销售额	9			——	——
	免税劳务销售额	10			——	——
税款计算	销项税额	11				
	进项税额	12				
	上期留抵税额	13		——		——
	进项税额转出	14				
	免、抵、退应退税额	15			——	——
	按适用税率计算的纳税检查应补缴税额	16			——	——
	应抵扣税额合计	17 = 12 + 13 - 14 - 15 + 16		——		——
	实际抵扣税额	18（如17 < 11，则为17，否则为11）				
	应纳税额	19 = 11 - 18				
	期末留抵税额	20 = 17 - 18		——		——
	简易计税办法计算的应纳税额	21				
	按简易计税办法计算的纳税检查应补缴税额	22			——	——
	应纳税额减征额	23				
	应纳税额合计	24 = 19 + 21 - 23				

（续）

	项目	栏次	一般货物及劳务和应税服务		即征即退货物及劳务和应税服务	
			本月数	本年累计	本月数	本年累计
税款缴纳	期初未缴税额（多缴为负数）	25				
	实收出口开具专用缴款书退税额	26			——	——
	本期已缴税额	27 = 28 + 29 + 30 + 31				
	①分次预缴税额	28		——		——
	②出口开具专用缴款书预缴税额	29	0	——	——	——
	③本期缴纳上期应纳税额	30				
	④本期缴纳欠缴税额	31				
	期末未缴税额（多缴为负数）	32 = 24 + 25 + 26 − 27				
	其中，欠缴税额（≥0）	33 = 25 + 26 − 27		——		——
	本期应补（退）税额	34 = 24 − 28 − 29		——		——
	即征即退实际退税额	35	——	——		
	期初未缴查补税额	36			——	——
	本期入库查补税额	37			——	——
	期末未缴查补税额	38 = 16 + 22 + 36 − 37			——	——

授权声明	申报人声明
如果你已委托代理人申报，请填写下列资料： 为代理一切税务事宜，现授权 （地址）　　　　　　为本纳税人的代理申报人，任何与本申报表有关的往来文件，都可寄予此人。 授权人签字：	本纳税申报表是根据国家税收法律法规及相关规定填报的，我确定它是真实的、可靠的、完整的。 声明人签字：

主管税务机关：　　　　　　接收人：　　　　　　接收日期：

增值税纳税申报表附列资料（一）

（本期销售情况明细）

税款所属时间：____年__月__日至____年__月__日

纳税人名称：（公章）　　　　填表日期：____年__月__日　　　　金额单位：元至角分

项目栏次				增值税专用发票		普通发票		未开票		纳税检查调整		合计			应税服务扣除项目本期实际扣除金额	扣除后	
				销售额	销项（应纳）税额	销售额	销项（应纳）税额	销售额	销项（应纳）税额	销售额	销项（应纳）税额	销售额	销项（应纳）税额	价税合计		含税（免税）销售额	销项（应纳）税额
				1	2	3	4	5	6	7	8	9=1+3+5+7	10=2+4+6+8	11=9+10	12	13=11−12	14=13÷（100%+税率或征收率）×税率或征收率
一、一般计税方法	全部征税项目	17%税率的货物及加工修理修配劳务	1											—	—	—	—
		17%税率的有形动产租赁服务	2														
		13%税率	3											—	—	—	—
		11%税率	4														
		6%税率	5														
	其中，即征即退项目	即征即退货物及加工修理修配劳务	6	—	—	—	—	—	—	—	—			—	—	—	—
		即征即退应税服务	7	—	—	—	—	—	—	—	—						
二、简易计税方法计税	全部征税项目	6%征收率	8							—	—			—	—	—	—
		5%征收率	9							—	—			—	—	—	—
		4%征收率	10							—	—			—	—	—	—
		3%征收率的货物及加工修理修配劳务	11							—	—			—	—	—	—
		3%征收率的应税服务	12							—	—						
		预征率 %	13							—	—						
	其中，即征即退项目	即征即退货物及加工修理修配劳务	14	—	—	—	—	—	—	—	—			—	—	—	—
		即征即退应税服务	15	—	—	—	—	—	—	—	—						
三、免抵退税		货物及加工修理修配劳务	16	—	—		—		—	—	—		—	—	—	—	—
		应税服务	17	—	—		—		—	—	—		—				—
四、免税		货物及加工修理修配劳务	18				—		—	—	—		—	—	—	—	—
		应税服务	19	—	—		—		—	—	—		—				—

增值税纳税申报表附列资料（二）

（本期进项税额明细）

税款所属时间：____年__月__日至____年__月__日

纳税人名称：（公章）　　　　　　　　　　　　　　　　　　　　　　　　金额单位：元至角分

一、申报抵扣的进项税额				
项目	栏次	份数	金额	税额
（一）认证相符的税控增值税专用发票	1 = 2 + 3			
其中，本期认证相符且本期申报抵扣	2			
前期认证相符且本期申报抵扣	3			
（二）其他扣税凭证	4 = 5 + 6 + 7 + 8			
其中，海关进口增值税专用缴款书	5			
农产品收购发票或者销售发票	6			
代扣代缴税收通用缴款凭证	7		——	
运输费用结算单据	8			
	9	——	——	——
	10	——	——	——
（三）外贸企业进项税额抵扣证明	11	——	——	
当期申报抵扣进项税额合计	12 = 1 + 4 + 11			
二、进项税额转出额				
项目	栏次	税额		
本期进项税转出额	13 = 14 至 23 之和			
其中，免税项目用	14			
非应税项目用、集体福利、个人消费	15			
非正常损失	16			
简易计税方法征税项目用	17			
免、抵、退税办法不得抵扣的进项税额	18			
纳税检查调减进项税额	19			
红字专用发票通知单注明的进项税额	20			
上期留抵税额抵减欠税	21			
上期留抵税额退税	22			
其他应作进项税额转出的情形	23			
三、待抵扣进项税额				
项目	栏次	份数	金额	税额
（一）认证相符的税控增值税专用发票	24	——	——	——
期初已认证相符但未申报抵扣	25			
本期认证相符且本期未申报抵扣	26			
期末已认证相符但未申报抵扣	27			
其中，按照税法规定不允许抵扣	28			
（二）其他扣税凭证	29 = 30 至 33 之和			
其中，海关进口增值税专用缴款书	30			
农产品收购发票或者销售发票	31			
代扣代缴税收缴款凭证	32		——	
运输费用结算单据	33			
	34			
四、其他				
项目	栏次	份数	金额	税额
本期认证相符的税控增值税专用发票	35			
代扣代缴税额	36	——	——	

增值税纳税申报表附列资料（三）

（应税服务扣除项目明细）

税款所属时间：____年__月__日至____年__月__日

纳税人名称（公章）： 金额单位：元至角分

<table>
<tr><td rowspan="3">项目及栏次</td><td rowspan="2">本期应税服务价税合计额（免税销售额）</td><td colspan="5">应税服务扣除项目</td></tr>
<tr><td>期初余额</td><td>本期发生额</td><td>本期应扣除金额</td><td>本期实际扣除金额</td><td>期末余额</td></tr>
<tr><td>1</td><td>2</td><td>3</td><td>4 =2 +3</td><td>5（5≤1且5≤4）</td><td>6 =4 −5</td></tr>
<tr><td>17%税率的有形动产租赁服务</td><td></td><td></td><td></td><td></td><td></td><td></td></tr>
<tr><td>11%税率的应税服务</td><td></td><td></td><td></td><td></td><td></td><td></td></tr>
<tr><td>6%税率的应税服务</td><td></td><td></td><td></td><td></td><td></td><td></td></tr>
<tr><td>3%征收率的应税服务</td><td></td><td></td><td></td><td></td><td></td><td></td></tr>
<tr><td>免抵退税的应税服务</td><td></td><td></td><td></td><td></td><td></td><td></td></tr>
<tr><td>免税的应税服务</td><td></td><td></td><td></td><td></td><td></td><td></td></tr>
</table>

增值税纳税申报表附列资料（四）

（税额抵减情况表）

税款所属时间：____年__月__日至____年__月__日

纳税人名称（公章）：　　　　　　　　　　　　　金额单位：元至角分

序号	抵减项目	期初余额	本期发生额	本期应抵减税额	本期实际抵减税额	期末余额
		1	2	3 = 1 + 2	4≤3	5 = 3 − 4
1	增值税税控系统专用设备费及技术维护费					
2	分支机构预征缴纳税款					
3						
4						
5						
6						

固定资产进项税款抵扣情况表

纳税人名称（公章）：

填表日期：____年__月__日　　　　　　　　　　　　　　金额单位：元至角分

项目	当期申报抵扣的固定资产进项税额	申报抵扣的固定资产进项税额累计
增值税专用发票		
海关进口增值税专用缴款书		
合计		

增值税纳税申报表

（小规模纳税人适用）

纳税人识别号：□□□□□□□□□□□□□□□□□□□□

纳税人名称（公章）： 金额单位：元至角分

税款所属期：____年__月__日至____年__月__日 填表日期：____年__月__日

<table>
<tr><td rowspan="3"></td><td rowspan="2">项目</td><td rowspan="2">栏次</td><td colspan="2">本期数</td><td colspan="2">本年累计</td></tr>
<tr><td>应税货物及劳务</td><td>应税服务</td><td>应税货物及劳务</td><td>应税服务</td></tr>
<tr><td colspan="6"></td></tr>
<tr><td rowspan="9">一、计税依据</td><td>（一）应征增值税不含税销售额</td><td>1</td><td></td><td></td><td></td><td></td></tr>
<tr><td>税务机关代开的增值税专用发票不含税销售额</td><td>2</td><td></td><td></td><td></td><td></td></tr>
<tr><td>税控器具开具的普通发票不含税销售额</td><td>3</td><td></td><td></td><td></td><td></td></tr>
<tr><td>（二）销售使用过的应税固定资产不含税销售额</td><td>4（4≥5）</td><td></td><td>——</td><td></td><td>——</td></tr>
<tr><td>其中，税控器具开具的普通发票不含税销售额</td><td>5</td><td></td><td>——</td><td></td><td>——</td></tr>
<tr><td>（三）免税销售额</td><td>6（6≥7）</td><td></td><td></td><td></td><td></td></tr>
<tr><td>其中，税控器具开具的普通发票销售额</td><td>7</td><td></td><td></td><td></td><td></td></tr>
<tr><td>（四）出口免税销售额</td><td>8（8≥9）</td><td></td><td></td><td></td><td></td></tr>
<tr><td>其中，税控器具开具的普通发票销售额</td><td>9</td><td></td><td></td><td></td><td></td></tr>
<tr><td rowspan="6">二、税款计算</td><td>本期应纳税额</td><td>10</td><td></td><td></td><td></td><td></td></tr>
<tr><td>本期应纳税额减征额</td><td>11</td><td></td><td></td><td></td><td></td></tr>
<tr><td>应纳税额合计</td><td>12 = 10 − 11</td><td></td><td></td><td></td><td></td></tr>
<tr><td>本期预缴税额</td><td>13</td><td></td><td></td><td>——</td><td>——</td></tr>
<tr><td>本期应补（退）税额</td><td>14 = 12 − 13</td><td></td><td></td><td>——</td><td>——</td></tr>
<tr><td></td><td></td><td></td><td></td><td></td><td></td></tr>
<tr><td rowspan="4">纳税人或代理人声明：
本纳税申报表是根据国家税收法律法规及相关规定填报的，我确定它是真实的、可靠的、完整的。</td><td colspan="6">如纳税人填报，由纳税人填写以下各栏：</td></tr>
<tr><td colspan="6">办税人员： 财务负责人：
法定代表人： 联系电话：</td></tr>
<tr><td colspan="6">如委托代理人填报，由代理人填写以下各栏：</td></tr>
<tr><td colspan="6">代理人名称（公章）： 经办人：
联系电话：</td></tr>
</table>

主管税务机关： 接收人： 接收日期：

增值税纳税申报表（小规模纳税人适用）附列资料

税款所属期：____年__月__日至____年__月__日　　　　填表日期：____年__月__日

纳税人名称（公章）：　　　　金额单位：元至角分

应税服务扣除额计算			
期初余额	本期发生额	本期扣除额	期末余额
1	2	3（3≤1+2之和，且3≤5）	4=1+2-3
应税服务计税销售额计算			
全部含税收入	本期扣除额	含税销售额	不含税销售额
5	6=3	7=5-6	8=7÷1.03

第7章　零税率应税服务

7.1 零税率应税服务概述

7.1.1 零税率应税服务发展沿革

（1）国家税务总局公告【2012】第13号

为确保营业税改征增值税试点工作顺利实施，根据《财政部 国家税务总局关于应税服务适用增值税零税率和免税政策的通知》（财税【2011】131号）等相关规定，经商财政部，国家税务总局制定了《营业税改征增值税试点地区适用增值税零税率应税服务免抵退税管理办法（暂行）》。2012年4月5日予以发布，并要求自2012年1月1日起施行。

（2）国家税务总局公告【2013】第47号

为确保营业税改征增值税扩大试点工作顺利实施，根据《财政部 国家税务总局关于在全国开展交通运输业和部分现代服务业营业税改征增值税试点税收政策的通知》（财税【2013】37号）等相关规定，制定了《适用增值税零税率应税服务退（免）税管理办法（暂行）》（国家税务总局公告【2013】第47号）。2013年8月7日予以发布，自2013年8月1日起施行。

《国家税务总局关于发布〈营业税改征增值税试点地区适用增值税零税率应税服务免抵退税管理办法（暂行）〉的公告》（国家税务总局公告【2012】第13号）同时废止。

（3）国家税务总局公告【2014】第11号

为落实营业税改征增值税有关应税服务适用增值税零税率的政策规定，经商财政部同意，国家税务总局制定了《适用增值税零税率应税服务退（免）税管理办法》。2014年2月8日予以发布，自2014年1月1日起施行。

《国家税务总局关于发布〈适用增值税零税率应税服务退（免）税管理办法（暂行）〉的公告》（国家税务总局公告【2013】第47号）同时废止。

本章所讲零税率应税服务的解读和会计处理示范以及相关的纳税申报是依据国家税务总局公告【2014】第11号来解读的。

7.1.2 零税率应税服务退（免）税管理办法基本要素

（1）适用范围

中华人民共和国境内（以下简称境内）的增值税一般纳税人提供适用增值税零税率的应税服务，实行增值税退（免）税办法。

① 本办法所称的增值税零税率应税服务提供者是指提供适用增值税零税率应税服务，且认定为增值税一般纳税人，实行增值税一般计税方法的境内单位和个人。属于汇总缴纳增值税的，为经财政部和国家税务总局批准的汇总缴纳增值税的总机构。

②增值税零税率应税服务适用范围按财政部、国家税务总局的规定执行。

起点或终点在境外的运单、提单或客票所对应的各航段或路段的运输服务，属于国际运输服务。

起点或终点在我国港澳台的运单、提单或客票所对应的各航段或路段的运输服务，属于港澳台运输服务。

从境内载运旅客或货物至国内海关特殊监管区域及场所、从国内海关特殊监管区域及场所载运旅客或货物至国内其他地区或者国内海关特殊监管区域及场所，以及向国内海关特殊监管区域及场所内单位提供的研发服务、设计服务，不属于增值税零税率应税服务适用范围。

（2）免抵退税的计算

增值税零税率应税服务退（免）税办法包括免抵退税办法和免退税办法，具体办法及计算公式按《财政部 国家税务总局关于出口货物劳务增值税和消费税政策的通知》（财税【2012】39号）有关出口货物劳务退（免）税的规定执行。

实行免抵退税办法的增值税零税率应税服务提供者如果同时出口货物劳务且未分别核算的，应一并计算免抵退税。税务机关在审批时，应按照增值税零税率应税服务、出口货物劳务免抵退税额的比例划分其退税额和免抵税额。

增值税零税率应税服务的退税率为对应服务提供给境内单位适用的

增值税税率。

（3）退（免）税计税依据

增值税零税率应税服务的退（免）税计税依据，按照下列规定确定。

①实行免抵退税办法的退（免）税计税依据。

以铁路运输方式载运旅客的，为按照铁路合作组织清算规则清算后的实际运输收入；以铁路运输方式载运货物的，为按照铁路运输进款清算办法，对“发站”或“到站（局）”名称包含“境”字的货票上注明的运输费用以及直接相关的国际联运杂费清算后的实际运输收入；以航空运输方式载运货物或旅客的，如果国际运输或港澳台运输各航段由多个承运人承运的，为中国航空结算有限责任公司清算后的实际收入；如果国际运输或港澳台运输各航段由一个承运人承运的，为提供航空运输服务取得的收入；其他实行免抵退税办法的增值税零税率应税服务，为提供增值税零税率应税服务取得的收入。

②实行免退税办法的退（免）税计税依据为购进应税服务的增值税专用发票或解缴税款的中华人民共和国税收缴款凭证上注明的金额。

（4）零税率应税服务的发票使用

实行增值税退（免）税办法的增值税零税率应税服务不得开具增值税专用发票。

7.1.3 零税率应税服务退（免）税资格认定

增值税零税率应税服务提供者办理出口退（免）税资格认定后，方可申报增值税零税率应税服务退（免）税。如果提供的适用增值税零税率应税服务发生在办理出口退（免）税资格认定前，在办理出口退（免）税资格认定后，可按规定申报退（免）税。

《国家税务总局关于〈营业税改征增值税试点地区适用增值税零税率应税服务免抵退税管理办法（暂行）〉的公告》（国家税务总局公告【2012】第13号，以下简称“办法”）发布，明确自2012年1月1日起，试点地区提供零税率应税服务并认定为增值税一般纳税人的单位和个人，在营业税改征增值税试点以后提供的国际运输服务、向境外单位提供的研发服务和设计服务，适用增值税零税率，采用免抵退税办法，但不得开具增值税专用发票。

免抵退税办法是零税率应税服务提供者提供零税率应税服务免征增值税，相应的进项税额抵减应纳增值税税额（不包括适用增值税即征即退、先征后退政策的应纳增值税税额），未抵减完的部分予以退还，其退税率为在境内提供对应服务的增值税税率。零税率应税服务提供者如同时有货物出口，可结合现行出口货物免抵退税公式一并计算免抵退税。应当注意的是，零税率应税服务按照取得的全部价款扣除支付给非试点纳税人价款后的余额计算免抵退税额。

增值税零税率应税服务提供者应按照下列要求，向主管税务机关申请办理出口退（免）税资格认定。

（1）填报《出口退（免）税资格认定申请表》及电子数据。

《出口退（免）税资格认定申请表》中的“退税开户银行账号”，必须填写办理税务登记时向主管税务机关报备的银行账号之一。

（2）根据所提供的适用增值税零税率应税服务，提供以下对应资料的原件及复印件。

①提供国际运输服务。

以水路运输方式的应提供《国际船舶运输经营许可证》。

以航空运输方式的应提供经营范围包括“国际航空客货邮运输业务”的《公共航空运输企业经营许可证》或经营范围包括“公务飞行”的《通用航空经营许可证》。

以公路运输方式的应提供经营范围包括“国际运输”的《道路运输经营许可证》和《国际汽车运输行车许可证》。

以铁路运输方式的应提供经营范围包括“许可经营项目：铁路客货运输”的《企业法人营业执照》或其他具有提供铁路客货运输服务资质的证明材料。

提供航天运输服务的应提供经营范围包括“商业卫星发射服务”的《企业法人营业执照》或其他具有提供商业卫星发射服务资质的证明材料。

②提供我国港澳台运输服务。

以公路运输方式提供内地往返我国香港、澳门的交通运输服务的应提供《道路运输经营许可证》及持《道路运输证》的直通港澳运输车辆的物权证明。

以水路运输方式提供内地往返我国香港、澳门交通运输服务的应提供获得港澳线路运营许可船舶的物权证明。

以水路运输方式提供大陆往返我国台湾交通运输服务的应提供《台湾海峡两岸间水路运输许可证》及持《台湾海峡两岸间船舶营运证》船舶的物权证明。

以航空运输方式提供我国港澳台运输服务的应提供经营范围包括"国际、国内（含港澳）航空客货邮运输业务"的《公共航空运输企业经营许可证》或者经营范围包括"公务飞行"的《通用航空经营许可证》。

以铁路运输方式提供内地往返香港的交通运输服务的应提供经营范围包括"许可经营项目铁路客货运输"的《企业法人营业执照》或其他具有提供铁路客货运输服务资质的证明材料。

③采用程租、期租和湿租方式租赁交通运输工具用于国际运输服务和我国港澳台运输服务的，应提供程租、期租和湿租合同或协议。

④对外提供研发服务或设计服务的，应提供《技术出口合同登记证》。

（3）增值税零税率应税服务提供者出口货物劳务，且未办理过出口退（免）税资格认定的，除提供上述资料外，还应提供加盖备案登记专用章的《对外贸易经营者备案登记表》和《中华人民共和国海关进出口货物收发货人报关注册登记证书》的原件及复印件。

7.1.4 零税率应税服务退（免）税资格的变更

已办理过出口退（免）税资格认定的出口企业，提供增值税零税率应税服务的，应填报《出口退（免）税资格认定变更申请表》及电子数据，提供第九条所列的增值税零税率应税服务对应的资料，向主管税务机关申请办理出口退（免）税资格认定变更。

增值税零税率应税服务提供者按规定需变更增值税退（免）税办法的，主管税务机关应按照现行规定进行退（免）税清算，在结清税款后方可办理变更。

7.2 零税率应税服务申报

7.2.1 退（免）税申报事项

7.2.1.1 申报期限

增值税零税率应税服务提供者提供增值税零税率应税服务，应在财务作销售收入次月（按季度进行增值税纳税申报的为次季度首月，下同）的增值税纳税申报期内，向主管税务机关办理增值税纳税和退（免）税相关申报。

增值税零税率应税服务提供者收齐有关凭证后，可于在财务作销售收入次月起至次年4月30日前的各增值税纳税申报期内向主管税务机关申报退（免）税。逾期申报退（免）税的，主管税务机关不再受理。未在规定期限内申报退（免）税的增值税零税率应税服务，增值税零税率应税服务提供者应按规定缴纳增值税。

7.2.1.2 免抵退税申报

实行免抵退税办法的增值税零税率应税服务提供者应按照下列要求向主管税务机关办理增值税免抵退税申报。

（1）填报《免抵退税申报汇总表》及其附表。

（2）提供当期《增值税纳税申报表》。

（3）提供免抵退税正式申报电子数据。

（4）提供增值税零税率应税服务所开具的发票（经主管税务机关认可，可只提供电子数据，原始凭证留存备查）。

（5）根据所提供的适用增值税零税率应税服务，提供以下对应资料凭证。

①提供国际运输服务、我国港澳台运输服务的，需填报《增值税零税率应税服务（国际运输/我国港澳台运输）免抵退税申报明细表》（附件1），并提供下列原始凭证的原件及复印件。

以水路运输、航空运输、公路运输方式的，提供增值税零税率应税服务的载货、载客舱单或其他能够反映收入原始构成的单据凭证。以航空运输方式且国际运输和港澳台运输各航段由多个承运人承运的，还需提供《航空国际运输收入清算账单申报明细表》（附件2）。

以铁路运输方式的，客运的提供增值税零税率应税服务的国际客运联运票据、铁路合作组织清算函件及《铁路国际客运收入清算函件申报明细表》（附件3）；货运的提供铁路进款资金清算机构出具的《国际铁路货运进款清算通知单》，启运地的铁路运输企业还应提供国际铁路联运运单以及“发站”或“到站（局）”名称包含“境”字的货票。

采用程租、期租、湿租服务方式租赁交通运输工具从事国际运输服务和我国港澳台运输服务的，还应提供程租、期租、湿租的合同或协议复印件。向境外单位和个人提供期租、湿租服务，按规定由出租方申报退（免）税的，可不提供原始凭证。

②提供航天运输服务的，需填报《增值税零税率应税服务（航天运输）免抵退税申报明细表》（附件4），并提供下列资料及原始凭证的原件及复印件：

- 签订的提供航天运输服务的合同；
- 从与之签订航天运输服务合同的单位取得收入的收款凭证；
- 《提供航天运输服务收讫营业款明细清单》（附件5）。

③对外提供研发服务或设计服务的，需填报《增值税零税率应税服务（研发服务/设计服务）免抵退税申报明细表》（附件6），并提供下列资料及原始凭证的原件及复印件：

- 与增值税零税率应税服务收入相对应的《技术出口合同登记证》复印件；
- 与境外单位签订的研发、设计合同；
- 从与之签订研发、设计合同的境外单位取得收入的收款凭证；
- 《向境外单位提供研发服务/设计服务收讫营业款明细清单》（附件7）。

（6）主管税务机关要求提供的其他资料及凭证。

7.2.1.3 免退税申报

实行免退税办法的增值税零税率应税服务提供者，应按照下列要求向主管税务机关办理增值税免退税申报。

（1）填报《外贸企业出口退税汇总申报表》。

（2）填报《外贸企业外购应税服务（研发服务/设计服务）出口明细申报表》（附件8）。

（3）填列外购对应的研发服务或设计服务取得增值税专用发票情况的《外贸企业出口退税进货明细申报表》。

（4）提供以下原始凭证：

①提供增值税零税率应税服务所开具的发票；

②从境内单位或者个人购进研发服务或设计服务出口的，提供应税服务提供方开具的增值税专用发票；

③从境外单位或者个人购进研发服务或设计服务出口的，提供取得的解缴税款的中华人民共和国税收缴款凭证。

7.2.2 退（免）税审核事项

7.2.2.1 退（免）税的审核

主管税务机关受理增值税零税率应税服务退（免）税申报后，应对下列内容人工审核无误后，使用出口退税审核系统进行审核。对属于实行免退税办法的增值税零税率应税服务的进项一律使用交叉稽核、协查信息审核出口退税。如果在审核中有疑问的，可对企业进项增值税专用发票进行发函调查或核查。

（1）提供国际运输、我国港澳台运输的，应从增值税零税率应税服务提供者申报中抽取若干申报记录审核以下内容：

①所申报的国际运输、我国港澳台运输服务是否符合适用增值税零税率应税服务的规定；

②所抽取申报记录申报应税服务收入是否小于或等于该申报记录所对应的载货或载客舱单上记载的国际运输、我国港澳台运输服务收入；

③采用期租、程租和湿租方式租赁交通运输工具用于国际运输服务和我国港澳台运输服务的，重点审核期租、程租和湿租的合同或协议，审核申报退（免）税的企业是否符合适用增值税零税率应税服务的规定；

④以铁路运输方式提供国际运输、我国港澳台运输服务的，重点审核提供的货票的“发站”或“到站（局）”名称是否包含“境”字，是否与提供国际铁路联运运单匹配。

(2）对外提供研发服务或设计服务的，应审核以下内容：

①企业所申报的研发服务或设计服务是否符合适用增值税零税率应税服务规定；

②研发、设计合同签订的对方是否为境外单位；

③应税服务收入的支付方是否为与之签订研发、设计合同的境外单位；

④申报应税服务收入是否小于或等于从与之签订研发、设计合同的境外单位取得的收款金额；

⑤外贸企业外购研发服务或设计服务出口的，除按照上述内容审核外，还应审核其申报退税的进项税额是否与增值税零税率应税服务对应。

7.2.2.2 退（免）税审核的处理

(1）因出口自己开发的研发服务或设计服务，退（免）税办法由免退税改为免抵退税办法的外贸企业，如果申报的退（免）税异常增长，出口货物劳务及服务有非正常情况的，主管税务机关可要求外贸企业报送出口货物劳务及服务所对应的进项凭证，并按规定进行审核。主管税务机关如果审核发现外贸企业提供的进货凭证有伪造或内容不实的，按照《财政部 国家税务总局关于出口货物劳务增值税和消费税政策通知》（财税【2012】39 号）等有关规定处理。

(2）主管税务机关认为增值税零税率应税服务提供者提供的研发服务或设计服务出口价格偏高的，应按照《财政部 国家税务总局关于防范税收风险若干增值税政策的通知》（财税【2013】112 号）第五条的规定处理。

(3）经主管税务机关审核，增值税零税率应税服务提供者申报的退（免）税，如果凭证资料齐全、符合退（免）税规定的，主管税务机关应及时予以审核通过，办理退税和免抵调库，退税资金由中央金库统一支付。

(4）增值税零税率应税服务提供者骗取国家出口退税款的，税务机关应按《国家税务总局关于停止为骗取出口退税企业办理出口退税有关问题的通知》（国税发【2008】32 号）和《财政部 国家税务总局关于防范税收风险若干增值税政策的通知》（财税【2013】112 号）的规定处理。增值税零税率应税服务提供者在停止退税期间发生的增值税零税率应税服务，不得申报退（免）税，应按规定缴纳增值税。

(5）增值税零税率应税服务提供者提供适用增值税零税率的应税服

务，如果放弃适用增值税零税率，选择免税或按规定缴纳增值税的，应向主管税务机关报送《放弃适用增值税零税率声明》（附件9），办理备案手续。自备案次月1日起36个月内，该企业提供的增值税零税率应税服务，不得申报增值税退（免）税。

7.2.3 退（免）税管理的其他事项

（1）主管税务机关应对增值税零税率应税服务提供者适用增值税零税率的退（免）税加强分析监控。

（2）本办法要求增值税零税率应税服务提供者向主管税务机关报送的申报表电子数据应均通过出口退（免）税申报系统生成、报送。在出口退（免）税申报系统信息生成、报送功能升级完成前，涉及需报送的电子数据，可暂报送纸质资料。

出口退（免）税申报系统可从国家税务总局网站免费下载或由主管税务机关免费提供。

（3）本办法要求增值税零税率应税服务提供者向主管税务机关同时提供原件和复印件的资料，增值税零税率应税服务提供者提供的复印件上应注明“与原件相符”字样，并加盖企业公章。主管税务机关在核对复印件与原件相符后，将原件退回，留存复印件。

7.2.4 退（免）税申报表及其填列

下面是退（免）税申报过程中涉及的各种具体表格，供读者参考。

附件1 增值税零税率应税服务（国际运输/我国港澳台运输）免抵退税申报明细表

海关企业代码：

企业名称：（公章）

纳税人识别号：　　　　所属期：____年__月__日至____年__月__日　　　　金额单位：元至角分

序号	应税服务代码	应税服务名称	本期运输次数	自运舱单份数	自运提单（运单）份数或载客人数	应税服务营业额			征税率（%）	退税率（%）	应税服务免抵退税计税金额乘征退税率之差	应税服务免抵退税计税金额乘退税率	期租、程租、湿租合同或协议号	备注
						折人民币	支付给非试点纳税人价款	免抵退税计税金额						
	1	2	3	4	5	6	7	8＝6－7	9	10	11＝8×（9－10）	12＝8×10	13	14

增值税零税率应税服务提供者	主管税务机关
兹声明以上申报无讹并愿意承担一切法律责任。 经办人： 财务负责人： 企业负责人：	经办人（公章）： 复核人： 负责人： 年　月　日

填表说明：

1. 对前期申报错误的，本期可进行调整。前期少报应税服务营业额或低报征、退税率的，可在本期补报；前期多报应税服务营业额或高报征、退税率的，本期可以负数（或红字）数据冲减；也可用负数（或红字）将前期错误数据全额冲减，再重新申报正数数据。

2. “序号”栏由4位流水号构成（如0001、0002…），序号要与申报退税的资料装订顺序保持一致。

3. 第1栏“应税服务代码”及第2栏“应税服务名称”按出口退税率文库中的对应编码和服务名称填写。

4. 第3栏“本期运输次数”填写在该应税服务代码下，本所属期发生的国际运输、我国港澳台运输次数。

5. 第4栏“自运舱单份数”填写在该应税服务代码下，本所属期发生的国际运输、我国港澳台运输所对应的自运舱单份数。

6. 第5栏“自运提单（运单）份数或载客人数”为载货运输的填写在该应税服务代码下，本所属期所发生的国际运输、我国港澳台运输所对应的自运提单或运单份数，载客运输的填写在该应税服务代码下，本所属期发生的国际运输所对应的载客人数。

7. 第6栏“应税服务营业额（折人民币）”为提供应税服务取得的全部价款（包括尚未收取但已获得收取权利）的人民币金额，以其他币种结算的填写折算人民币金额。

8. 第7栏“支付给非试点纳税人价款”为服务出口企业支付给未进行营业税改征增值税的营业税纳税人的费用。

9. 第8栏“免抵退税计税金额”为应税服务营业额扣除支付给非试点纳税人价款后的余额，即第6栏－第7栏。

10. 第9栏“征税率”为在境内提供应税服务法定增值税税率。

11. 第10栏“退税率”为应税服务在代码库中对应的增值税退税率。

12. 第11栏“应税服务免抵退税计税金额乘征退税率之差”按第8栏×（第9栏－第10栏）计算填报。

13. 第12栏“应税服务免抵退税计税金额乘退税率”按第8栏×第10栏计算填报。

14. 采用期租、程租、湿租方式租赁交通运输工具从事国际运输、我国港澳台运输的，应与使用自有交通运输工具从事的国际运输、我国港澳台运输分别填列此表，并在备注栏填写相应标识，期租方式填写“QZ”，程租方式填写“CZ”，湿租方式填写“SZ”。向境外单位和个人提供期租、湿租服务，按规定由出租方申报退（免）税的，第3栏、第4栏、第5栏可不必填写。

附件2 航空国际运输收入清算账单申报明细表

企业名称：（公章）

纳税人识别号： 所属期：____年____季度 金额单位：元至角分

序号	清算账单类别	国际运输类别	清算账单编号（INVOICE NO.）	清算账单出具日期	收付款国家（地区）名称	清算币种	清算情况			备注
							客票票号/货单号码	原币金额	折合人民币金额	
							……			
							……			
							……			
							……			
合计										

兹声明以上申报无讹并愿意承担一切法律责任。

经办人： 财务负责人： 企业负责人： 年 月 日

填表说明：

1. “清算账单类别”栏填写“付款账单”或“收款账单”。
2. “国际运输类别”栏填写“客运”或“货运”。
3. 一份清算账单对应多个“客票票号”或“货单号码”的，在“清算情况”栏应分别填列账单上所列的项目。

附件3　铁路国际客运收入清算函件申报明细表

企业名称：(公章)

纳税人识别号：　　　　　　　　　　　　所属期：____年____季度　　　　　　　　　　　　金额单位：元至角分

序号	清算函件类别	清算函件编号	清算函件出具日期	收付款国家（地区）名称	清算金额			备注
					币种	原币金额	折合人民币金额	
合计		—	—	—	—			—
兹声明以上申报无讹并愿意承担一切法律责任。								
经办人：			财务负责人：			企业负责人： 年　月　日		

填表说明：

“清算函件类别”栏填写“付款函件”或“收款函件”。

附件4 增值税零税率应税服务（航天运输）免抵退税申报明细表

海关企业代码：
企业名称：（公章）
纳税人识别号： 所属期：____年____季度 金额单位：元至角分

序号	应税服务名称	应税服务代码	航天运输服务合同号	接受服务单位名称	接受服务单位所在国家或地区	合同总金额		本期收款凭证份数	本期确认应税服务营业收入人民币金额	本期收款金额（美元）	应税服务营业额			征税率（%）	退税率（%）	应税服务免抵退税计税金额乘征退税率之差	应税服务销售额乘退税率	备注
						折美元	折人民币				折人民币	支付给非试点纳税人价款（人民币）	免抵退税计税金额					
	1	2	3	4	5	6	7	8	9	10	11	12	13 = 11 - 12	14	15	16 = 13 ×（14 - 15）	17 = 13 × 15	18

（续）

<table>
<tr><td rowspan="3">序号</td><td rowspan="2">应税服务名称</td><td rowspan="2">应税服务代码</td><td rowspan="2">航天运输服务合同号</td><td rowspan="2">接受服务单位名称</td><td rowspan="2">接受服务单位所在国家或地区</td><td colspan="2">合同总金额</td><td rowspan="2">本期收款凭证份数</td><td rowspan="2">本期确认应税服务营业收入人民币金额</td><td rowspan="2">本期收款金额（美元）</td><td colspan="3">应税服务营业额</td><td rowspan="2">征税率（%）</td><td rowspan="2">退税率（%）</td><td rowspan="2">应税服务免抵退税计税金额乘征退税率之差</td><td rowspan="2">应税服务销售额乘退税率</td><td rowspan="2">备注</td></tr>
<tr><td>折美元</td><td>折人民币</td><td>折人民币</td><td>支付给非试点纳税人价款（人民币）</td><td>免抵退税计税金额</td></tr>
<tr><td>1</td><td>2</td><td>3</td><td>4</td><td>5</td><td>6</td><td>7</td><td>8</td><td>9</td><td>10</td><td>11</td><td>12</td><td>13 = 11 - 12</td><td>14</td><td>15</td><td>16 = 13 ×（14 - 15）</td><td>17 = 13 × 15</td><td>18</td></tr>
<tr><td></td><td></td><td></td><td></td><td></td><td></td><td></td><td></td><td></td><td></td><td></td><td></td><td></td><td></td><td></td><td></td><td></td><td></td><td></td></tr>
<tr><td></td><td></td><td></td><td></td><td></td><td></td><td></td><td></td><td></td><td></td><td></td><td></td><td></td><td></td><td></td><td></td><td></td><td></td><td></td></tr>
<tr><td>小计</td><td></td><td></td><td></td><td></td><td></td><td></td><td></td><td></td><td></td><td></td><td></td><td></td><td></td><td></td><td></td><td></td><td></td><td></td></tr>
<tr><td colspan="9">增值税零税率应税服务提供者</td><td colspan="10">主管税务机关</td></tr>
<tr><td colspan="9">兹声明以上申报无讹并愿意承担一切法律责任。
经办人：
财务负责人：
企业负责人：</td><td colspan="10">经办人（公章）：
复核人：
负责人：
年　月　日</td></tr>
</table>

填表说明：

1. 对前期申报错误的，本期可进行调整。前期少报应税服务营业额或低报征、退税率的，可在本期补报；前期多报应税服务营业额或高报征、退税率的，本期可以负数（或红字）数据冲减；也可用负数（或红字）将前期错误数据全额冲减，再重新申报正数数据。

2. “序号”栏由 4 位流水号构成（如 0001、0002…），序号要与申报退税的资料装订顺序保持一致。

3. 第 1 栏“应税服务名称”及第 2 栏“应税服务代码”按出口退税率文库中的对应编码和服务名称填写。

4. 第 3 栏“航天运输服务合同号”为与接受服务单位签订的航天运输合同号。

5. 第 4 栏“接受服务单位名称”为与之签订航天运输服务合同的单位全称。

6. 第 5 栏“接受服务单位所在国家或地区”为与之签订航天运输服务合同的单位所在的国家或地区。

7. 第 6 栏“合同总金额（折美元）”为与接受服务单位签订的航天运输服务合同的美元总金额，若为其他外币签订的折算成美元金额填列；第 7 栏“合同总金额（折人民币）”为美元金额与在税务机关备案的汇率折算的人民币金额。

8. 第 8 栏“本期收款凭证份数”为从与之签订航天运输服务合同的单位收款的银行收款凭证份数。

9. 第 9 栏“本期确认应税服务营业收入人民币金额”为本期确认应税服务营业额的金额，以其他币种结算的填写折算人民币金额。

10. 第 10 栏“本期收款金额（美元）”为本期从与之签订航天运输服务合同的境外单位收款的美元金额，若为其他外币成交的折算成美元金额填列。

11. 第 11 栏“应税服务营业额（折人民币）”为本期收款的应税服务所取得的全部价款的人民币金额，以其他币种结算的填写折算人民币金额。

12. 第 12 栏“支付给非试点纳税人价款（人民币）”为服务出口企业支付给未进行营业税改征增值税的营业税纳税人的费用。

13. 第 13 栏“免抵退税计税金额”为应税服务营业额扣除支付给非试点纳税人价款后的余额，即第 11 栏 - 第 12 栏。

14. 第 14 栏“征税率”为在境内提供应税服务法定增值税税率。

15. 第 15 栏“退税率”为应税服务在代码库中对应的增值税退税率。

16. 第 16 栏“应税服务免抵退税计税金额乘征退税率之差”按第 13 栏 ×（第 14 栏 - 第 15 栏）计算填报。

17. 第 17 栏“应税服务销售额乘退税率”按第 13 栏 × 第 15 栏计算填报。

附件5　提供航天运输服务收讫营业款明细清单

企业名称：（公章）

纳税人识别号：　　　　　　　　　　所属期：____年____季度　　　　　　　　　　金额单位：人民币元至角分

序号	航天运输服务合同号	本期收取营业款情况							累计已收营业款	
		收款时间	收款凭证号	收款金额（折人民币）	收款银行名称	付款单位名称	付款单位所在国家（地区）	付款银行名称	折美元	折人民币
兹声明以上申报无讹并愿意承担一切法律责任。 经办人：　　　财务负责人：　　　企业负责人：　　　填表日期：										

填表说明：

1. 本表填写提供航天运输服务的营业款收取明细情况；
2. “航天运输服务合同号”栏，填写与接受服务单位签订的航天运输合同号；
3. “本期收取营业款情况”栏填写所属期当月收取营业款的明细情况，收款明细情况按照时间顺序填写；
4. “收款时间”栏填写收取营业款的时间；
5. “收款凭证号”栏，填写银行收取款项的凭证号；
6. “收款金额（折人民币）”栏，填写该收款凭证上所列的收款金额人民币金额，以其他币种结算的填写折算人民币金额；
7. “收款银行名称”栏，填写收取该款项的银行全称；
8. “付款单位名称”栏，填写支付该款项的单位全称；
9. “付款单位所在国家（地区）”栏，填写支付该款项的单位所在的国家或地区；
10. “付款银行名称”栏，填写支付该款项的银行全称；
11. “累计已收营业款（折美元）”栏，填写截至申报所属期当月累计已收营业款美元金额，以其他币种结算的填写折算美元金额；
12. “累计已收营业款（折人民币）”栏，填写截至申报所属期当月累计已收营业款人民币金额，以其他币种结算的填写折算人民币金额。

附件6　增值税零税率应税服务（研发服务/设计服务）免抵退税申报明细表

海关企业代码：

企业名称：（公章）

纳税人识别号：　　　　所属期：____年____季度　　　　金额单位：元至角分

序号	应税服务名称	应税服务代码	研发、设计服务合同号	接受服务单位名称	接受服务单位所在国家或地区	合同总金额		本期收款凭证份数	本期确认应税服务营业收入人民币金额	本期收款金额（美元）	应税服务营业额			征税率	退税率	应税服务免抵退税计税金额乘征退税率之差	应税服务销售额乘退税率	备注
						折美元	折人民币				折人民币	支付给非试点纳税人价款（人民币）	免抵退税计税金额					
	1	2	3	4	5	6	7	8	9	10	11	12	13 = 11 − 12	14	15	16 = 13 ×（14 − 15）	17 = 13 × 15	18

（续）

序号	应税服务名称	应税服务代码	研发、设计服务合同号	接受服务单位名称	接受服务单位所在国家或地区	合同总金额		本期收款凭证份数	本期确认应税服务营业收入人民币金额	本期收款金额（美元）	应税服务营业额			征税率	退税率	应税服务免抵退税计税金额乘征退税率之差	应税服务销售额乘退税率	备注
						折美元	折人民币				折人民币	支付给非试点纳税人价款（人民币）	免抵退税计税金额					
	1	2	3	4	5	6	7	8	9	10	11	12	13 = 11 − 12	14	15	16 = 13 ×（14 − 15）	17 = 13 × 15	18
小计																		
增值税零税率应税服务提供者									主管税务机关									
兹声明以上申报无讹并愿意承担一切法律责任。 经办人： 财务负责人： 企业负责人：									经办人（公章）： 复核人： 负责人： 年　月　日									

填表说明：

1. 对前期申报错误的，本期可进行调整。前期少报应税服务营业额或低报征、退税率的，可在本期补报；前期多报应税服务营业额或高报征、退税率的，本期可以负数（或红字）数据冲减；也可用负数（或红字）将前期错误数据全额冲减，再重新申报正数数据。
2. “序号”栏由4位流水号构成（如0001、0002…），序号要与申报退税的资料装订顺序保持一致。
3. 第1栏“应税服务名称”及第2栏“应税服务代码”按出口退税率文库中的对应编码和服务名称填写。
4. 第3栏“研发、设计服务合同号”为与境外单位签订的研发、设计服务合同号。
5. 第4栏“接受服务单位名称”为与之签订研发、设计服务合同的境外单位全称。
6. 第5栏“接受服务单位所在国家或地区”为与之签订研发、设计服务合同的境外单位所在的国家或地区。
7. 第6栏“合同总金额（折美元）”为与境外单位签订的研发、设计合同的美元总金额，若为其他外币签订的折算成美元金额填列；第7栏“合同总金额（折人民币）”为美元金额与在税务机关备案的汇率折算的人民币金额。
8. 第8栏“本期收款凭证份数”为从与之签订研发、设计合同的境外单位收款的银行收款凭证份数。
9. 第9栏“本期确认应税服务营业收入人民币金额”为本期确认应税服务营业额的金额，以其他币种结算的填写折算人民币金额。
10. 第10栏“本期收款金额（美元）”为本期从与之签订研发、设计合同的境外单位收款的美元金额，若为其他外币成交的折算成美元金额填列。
11. 第11栏“应税服务营业额（折人民币）”为本期收款的应税服务所取得的全部价款的人民币金额，以其他币种结算的填写折算人民币金额。
12. 第12栏“支付给非试点纳税人价款（人民币）”为服务出口企业支付给未进行营业税改征增值税的营业税纳税人的费用。
13. 第13栏“免抵退税计税金额”为应税服务营业额扣除支付给非试点纳税人价款后的余额，即第11栏 − 第12栏。
14. 第14栏“征税率”为在境内提供应税服务法定增值税税率。
15. 第15栏“退税率”为应税服务在代码库中对应的增值税退税率。
16. 第16栏“应税服务免抵退税计税金额乘征退税率之差”按第13栏 ×（第14栏 − 第15栏）计算填报。
17. 第17栏“应税服务销售额乘退税率”按第13栏 × 第15栏计算填报。

附件7　向境外单位提供研发服务/设计服务收讫营业款明细清单

海关企业代码：

企业名称：（公章）

纳税人识别号：　　　　　　　　　　　　所属期：____年____季度　　　　　　　　　　　　金额单位：元至角分

序号	研发、设计合同号	本期收取营业款情况							累计已收营业款	
		收款时间	收款凭证号	收款金额（折人民币）	收款银行名称	付款单位名称	付款单位所在国家（地区）	付款银行名称	折美元	折人民币

兹声明以上申报无讹并愿意承担一切法律责任。

经办人：　　　　　　　　　　财务负责人：　　　　　　　　　　企业负责人：

　　　　　　　　　　　　　　填表日期：　　　　　　　　　　　填表日期：

填表说明：

1. 本表填写向境外提供研发、设计服务的营业款收取明细情况；
2. “研发、设计合同号”栏，填写与境外单位签订的研发、设计合同号；
3. “本期收取营业款情况”栏填写所属期当月收取营业款的明细情况，收款明细情况按照时间顺序填写；
4. “收款时间”栏填写收取营业款的时间；
5. “收款凭证号”栏，填写银行收取款项的凭证号；
6. “收款金额（折人民币）”栏，填写该收款凭证上所列的收款金额人民币金额，以其他币种结算的填写折算人民币金额；
7. “收款银行名称”栏，填写收取该款项的银行全称；
8. “付款单位名称”栏，填写支付该款项的单位全称；
9. “付款单位所在国家（地区）”栏，填写支付该款项的单位所在的国家或地区；
10. “付款银行名称”栏，填写支付该款项的银行全称；
11. “累计已收营业款（折美元）”栏，填写截至申报所属期当月累计已收营业款美元金额，以其他币种结算的填写折算美元金额；
12. “累计已收营业款（折人民币）”栏，填写截至申报所属期当月累计已收营业款人民币金额，以其他币种结算的填写折算人民币金额。

附件 8　外贸企业外购应税服务（研发服务/设计服务）出口明细申报表

海关企业代码：

企业名称：（公章）

纳税人识别号：　　　　　　　　　　所属期：____年____季度　　　　　　　　　　金额单位：元至角分

序号	关联号	应税服务名称	应税服务代码	研发、设计服务合同号	境外单位名称	境外单位所在国家或地区	合同总金额		收款凭证份数	已确认应税服务营业收入人民币金额	实际收款金额（美元）	退税率	申报增值税退税额	备注
							折美元	折人民币						
1	2	3	4	5	6	7	8	9	10	11	12	13	14	15
小计		—	—	—	—	—						—		—
增值税零税率应税服务提供者							主管税务机关							
兹声明以上申报无讹并愿意承担一切法律责任。 经办人： 财务负责人： 企业负责人：							经办人（公章）： 复核人： 负责人： 年　月　日							

填表说明：

1. 第 1 栏“序号”栏由 4 位流水号构成（如 0001、0002…），序号要与申报退税的资料装订顺序保持一致；
2. 第 2 栏“关联号”出口企业可以自行编写，是进货和出口数据的唯一关联标志。建议编写规则为申报年月后四位 + 部门代码 + 流水号。本表关联号应与《外贸企业出口退税进货明细申报表》对应行次关联号一致；
3. 第 3 栏“应税服务名称”及第 4 栏“应税服务代码”按出口退税率文库中的服务名称和对应编码填写；
4. 第 5 栏“研发、设计服务合同号”为与境外单位签订的研发、设计服务合同号；
5. 第 6 栏“境外单位名称”为与之签订研发、设计服务合同的境外单位全称；
6. 第 7 栏“境外单位所在国家或地区”为与之签订研发、设计服务合同的境外单位所在的国家或地区；
7. 第 8 栏“合同总金额（折美元）”为与境外单位签订的研发、设计合同的美元总金额，若为其他外币签订的折算成美元金额填列；第 9 栏“合同总金额（折人民币）”为美元金额与在税务机关备案的汇率折算的人民币金额；
8. 第 10 栏“收款凭证份数”为从与之签订研发、设计合同的境外单位收款的银行收款凭证份数；
9. 第 11 栏“已确认应税服务营业收入人民币金额”为累计确认应税服务营业额的金额，以其他币种结算的填写折算人民币金额；
10. 第 12 栏“实际收款金额（美元）”为从与之签订研发、设计合同的境外单位收款的美元金额，若为其他外币成交的折算成美元金额填列；
11. 第 13 栏“退税率”为应税服务在代码库中对应的增值税退税率。

附件9　放弃适用增值税零税率声明

纳税人识别号：

企业海关代码：

纳税人名称：

______国家税务局：

本纳税人自次月1日起36个月内，自愿申请放弃所提供的增值税零税率应税服务适用增值税零税率政策，放弃期间内所提供的增值税零税率应税服务，本纳税人选择______。

本纳税人已了解财政部、国家税务总局关于放弃适用增值税零税率应税服务退（免）税的有关规定。

法定代表人（签字）

纳税人（公章）

声明日期：

实务提示

按照规定，纳税人选择放弃所提供的增值税零税率应税服务适用增值税零税率政策后，所提供的增值税零税率应税服务适用免税或按规定缴纳增值税。应将选择填写在横线之中。

7.3 零税率应税服务会计处理

7.3.1 免抵退税的计算

零税率应税服务提供者向境外单位提供规定范围内的服务与出口货物的免抵退税计算原理相同。《国家税务总局关于发布〈适用增值税零税率应税服务退（免）税管理办法〉的公告》（国家税务总局公告【2013】第47号）规定了增值税零税率应税服务退（免）税办法，其中包括免抵退税办法和免退税办法，具体办法及计算公式按《财政部 国家税务总局关于出口货物劳务增值税和消费税政策的通知》（财税【2012】39号）有关出口货物劳务退（免）税的规定执行。

其计算公式为：

当期免抵退税额＝当期零税率应税服务免抵退税额＋当期出口货物免抵退税额
＝当期零税率应税服务免抵退税计税价格×外汇人民币牌价×零税率应税服务退税率＋当期出口货物的离岸价格（收齐当期和前期单证并信息齐全）×外汇人民币牌价×出口货物退税率

（1）当期应纳税额<0时，且当期期末留抵税额≤当期免抵退税额时，当期应退税额＝当期期末留抵税额；

当期免抵税额＝当期免抵退税额－当期应退税额；

当期期末留抵税额>当期免抵退税额时，当期应退税额＝当期免抵退税额，当期免抵税额＝0；

当期期末留抵税额为当期《增值税纳税申报表》的“期末留抵税额”。

（2）当期有应纳税额时，当期免抵税额＝当期免抵退税额。

（3）当期应纳税额＝当期内销货物的销项税额－（当期进项税额－当期免抵退税不得免征和抵扣税额）－上期留抵进项税额。

（4）当期免抵退税不得免征和抵扣税额＝当期出口货物离岸价×外汇人民币牌价×（出口货物征税税率－出口货物退税率）。

7.3.2 免抵退税的会计处理

【例】上海某高新技术研发公司为增值税一般纳税人，从事自主研发、设计软件并委托其他企业生产加工后收回出口业务，拥有进出口经营权并办理了出口退（免）税认定手续。2014年4月，该公司报关出口了一批100万美元自主研发委托加工收回的A产品，根据《国家税务总局关于发布〈适用增值税零税率应税服务退（免）税管理办法〉的公告》（国家税务总局公告【2013】第47号）规定，可以享受免抵退税政策。同时，该公司在2月与国外客户签订了一份软件研发项目的合同，技术出口合同登记证上的成交价格为100万美元，其中包括支付给项目研发合作伙伴北京A公司的20万美元费用。按照合同规定，研发软件必须在4月交付使用，现已完成，国外客户支付了全部研发款项（不考虑按比例提前预付研发费因素）。假设当月1日人民币对美元汇率中间价为6.3，A产品的征税率为17%，退税率为16%，研发服务征退税率为6%。

（1）发生内销销售收入（不含税价）200万元，销项税额为34万元。

账务处理如下。

借：应收账款——××公司　　2 340 000

　　贷：主营业务收入——内销收入　　2 000 000

　　　　应交税费——应交增值税（销项税额）　　340 000

（2）发生委托加工费4 705 882元，进项税额为80万元，上期无留抵税额，账务处理为：

借：委托加工物资——A产品　　4 705 882

　　应交税费——应交增值税（进项税额）　　800 000

　　贷：银行存款　　5 505 882

（3）A产品入库，账务处理为：

借：库存商品——A产品　　4 705 882

　　贷：委托加工物资——A产品　　4 705 882

（4）收到A产品100万美元的出口款项，其中40万美元未在当期收齐出口报关单（退税专用联），60万美元在当期全部收齐单证且信息齐全。收到国外客户支付的100万美元研发费，取得全部凭证并扣除支付给北京A公司的20万美元。

外销收入＝（1 000 000＋1 000 000－200 000）×6.3

　　＝11 340 000（元）

账务处理如下：

借：应收账款——外汇账款（国外客户）　　11 340 000

　　贷：主营业务收入——外销收入　　11 340 000

（5）计算免抵退税不得免征和抵扣税额

当期免抵退税不得免征和抵扣税额＝1 000 000×6.3×（17%－16%）＋（1 000 000－200 000）×6.3×（6%－6%）＝63 000（元）

账务处理如下：

借：主营业务成本——出口商品　　63 000

　　贷：应交税费——应交增值税（进项税额转出）　　63 000

（6）计算应退税额、免抵税额

当期应纳税额＝340 000－（800 000－63 000）－0

＝－397 000（元）

因40万美元的出口货物当期未收齐单证，不并入当期的免抵退税计算，应当在收齐单证的所属期进行免抵退税计算，所以，

当期免抵退税额＝（1 000 000－400 000）×6.3×16%＋（1 000 000－200 000）×6.3×6%＝907 200（元）

由于期末留抵税额小于免抵退税额，应退税额＝期末留抵税额＝397 000（元），所以，

免抵税额＝907 200－397 000＝510 200（元）

（7）月末，根据税务机关审批的汇总表做账

借：其他应收款——应收出口退税（增值税）　　397 000

　　应交税费——应交增值税（出口抵减内销产品应纳税额）　　510 200

　　贷：应交税费——应交增值税（出口退税）　　907 200

（8）按政策规定，实现退税款时，账务处理为：

借：银行存款　　397 000

　　贷：其他应收款——应收出口退税（增值税）　　397 000

附　录

附录1

财政部 国家税务总局 关于印发
《营业税改征增值税试点方案》的通知

财税【2011】110号

各省、自治区、直辖市、计划单列市财政厅（局）、国家税务局、地方税务局，新疆生产建设兵团财务局：

《营业税改征增值税试点方案》已经国务院同意，现印发给你们，请遵照执行。

附件：营业税改征增值税试点方案

财政部 国家税务总局

二○一一年十一月十六日

附件：

营业税改征增值税试点方案

根据党的十七届五中全会精神，按照《中华人民共和国国民经济和社会发展第十二个五年规划纲要》确定的税制改革目标和2011年《政府工作报告》的要求，特制定本方案。

一、指导思想和基本原则

（一）指导思想

建立健全有利于科学发展的税收制度，促进经济结构调整，支持现代服务业发展。

（二）基本原则

1. 统筹设计、分步实施。正确处理改革、发展、稳定的关系，统筹兼顾经济社会发展要求，结合全面推行改革需要和当前实际，科学设计，稳步推进。

2. 规范税制、合理负担。在保证增值税规范运行的前提下，根据财政承受能力和不同行业发展特点，合理设置税制要素，改革试点行业总体税负不增加或略有下降，基本消除重复征税。

3. 全面协调、平稳过渡。妥善处理试点前后增值税与营业税政策的衔接、试点纳税人与非试点纳税人税制的协调，建立健全适应第三产业发展的增值税管理体系，确保改革试点有序运行。

二、改革试点的主要内容

（一）改革试点的范围与时间

1. 试点地区。综合考虑服务业发展状况、财政承受能力、征管基础条件等因素，先期选择经济辐射效应明显、改革示范作用较强的地区开展试点。

2. 试点行业。试点地区先在交通运输业、部分现代服务业等生产性服务业开展试点，逐步推广至其他行业。条件成熟时，可选择部分行业在全国范围内进行全行业试点。

3. 试点时间。2012 年 1 月 1 日开始试点，并根据情况及时完善本方案，择机扩大试点范围。

（二）改革试点的主要税制安排

1. 税率。在现行增值税 17% 标准税率和 13% 低税率基础上，新增 11% 和 6% 两档低税率。租赁有形动产等适用 17% 税率，交通运输业、建筑业等适用 11% 税率，其他部分现代服务业适用 6% 税率。

2. 计税方式。交通运输业、建筑业、邮电通信业、现代服务业、文化体育业、销售不动产和转让无形资产，原则上适用增值税一般计税方法。金融保险业和生活性服务业，原则上适用增值税简易计税方法。

3. 计税依据。纳税人计税依据原则上为发生应税交易取得的全部收入。对一些存在大量代收转付或代垫资金的行业，其代收代垫金额可予以合理扣除。

4. 服务贸易进出口。服务贸易进口在国内环节征收增值税，出口实行零税率或免税制度。

（三）改革试点期间过渡性政策安排

1. 税收收入归属。试点期间保持现行财政体制基本稳定，原归属试点地区的营业税收入，改征增值税后收入仍归属试点地区，税款分别入库。因试点产生的财政减收，按现行财政体制由中央和地方分别负担。

2. 税收优惠政策过渡。国家给予试点行业的原营业税优惠政策可以延续，但对于通过改革能够解决重复征税问题的，予以取消。试点期间针对具体情况采取适当的过渡政策。

3. 跨地区税种协调。试点纳税人以机构所在地作为增值税纳税地点，其在异地缴纳的营业税，允许在计算缴纳增值税时抵减。非试点纳税人在试点地区从事经营活动的，继续按照现行营业税有关规定申报缴纳营业税。

4. 增值税抵扣政策的衔接。现有增值税纳税人向试点纳税人购买服务取得的增值税专用发票，可按现行规定抵扣进项税额。

三、组织实施

（一）财政部和国家税务总局根据本方案制定具体实施办法、相关政策和预算管理及缴库规定，做好政策宣传和解释工作。经国务院同意，选择确定试点地区和行业。

（二）营业税改征的增值税，由国家税务局负责征管。国家税务总局负责制定改革试点的征管办法，扩展增值税管理信息系统和税收征管信息系统，设计并统一印制货物运输业增值税专用发票，全面做好相关征管准备和实施工作。

附录2

财政部 国家税务总局 关于全面推开营业税改征增值税试点的通知

财税【2016】36号

各省、自治区、直辖市、计划单列市财政厅（局）、国家税务局、地方税务局，新疆生产建设兵团财务局：

经国务院批准，自2016年5月1日起，在全国范围内全面推开营业税改征增值税（以下称营改增）试点，建筑业、房地产业、金融业、生活服务业等全部营业税纳税人，纳入试点范围，由缴纳营业税改为缴纳增值税。现将《营业税改征增值税试点实施办法》《营业税改征增值税试点有关事项的规定》《营业税改征增值税试点过渡政策的规定》和《跨境应税行为适用增值税零税率和免税政策的规定》印发给你们，请遵照执行。

本通知附件规定的内容，除另有规定执行时间外，自2016年5月1日起执行。《财政部 国家税务总局关于将铁路运输和邮政业纳入营业税改征增值税试点的通知》（财税【2013】106号）、《财政部 国家税务总局关于铁路运输和邮政业营业税改征增值税试点有关政策的补充通知》（财税【2013】121号）、《财政部 国家税务总局关于将电信业纳入营业税改征增值税试点的通知》（财税【2014】43号）、《财政部 国家税务总局关于国际水路运输增值税零税率政策的补充通知》（财税【2014】50号）和《财政部 国家税务总局关于影视等出口服务适用增值税零税率政策的通知》（财税【2015】118号），除另有规定的条款外，相应废止。

各地要高度重视营改增试点工作，切实加强试点工作的组织领导，周密安排，明确责任，采取各种有效措施，做好试点前的各项准备以及试点过程中的监测分析和宣传解释等工作，确保改革的平稳、有序、顺利进行。遇到问题请及时向财政部和国家税务总局反映。

附件1. 营业税改征增值税试点实施办法

2. 营业税改征增值税试点有关事项的规定

3. 营业税改征增值税试点过渡政策的规定

4. 跨境应税行为适用增值税零税率和免税政策的规定

财政部 国家税务总局

2016年3月23日

附件1：

营业税改征增值税试点实施办法

第一章 纳税人和扣缴义务人

第一条 在中华人民共和国境内（以下称境内）销售服务、无形资产或者不动产（以下称应税行为）的单位和个人，为增值税纳税人，应当按照本办法缴纳增值税，不缴纳营业税。

单位，是指企业、行政单位、事业单位、军事单位、社会团体及其他单位。

个人，是指个体工商户和其他个人。

第二条 单位以承包、承租、挂靠方式经营的，承包人、承租人、挂靠人（以下统称承包人）以发包人、出租人、被挂靠人（以下统称发包人）名义对外经营并由发包人承担相关法律责任的，以该发包人为纳税人。否则，以承包人为纳税人。

第三条 纳税人分为一般纳税人和小规模纳税人。

应税行为的年应征增值税销售额（以下称应税销售额）超过财政部和国家税务总局规定标准的纳税人为一般纳税人，未超过规定标准的纳税人为小规模纳税人。

年应税销售额超过规定标准的其他个人不属于一般纳税人。年应税销售额超过规定标准但不经常发生应税行为的单位和个体工商户可选择按照小规模纳税人纳税。

第四条 年应税销售额未超过规定标准的纳税人，会计核算健全，能够提供准确税务资料的，可以向主管税务机关办理一般纳税人资格登记，成为一般纳税人。

会计核算健全，是指能够按照国家统一的会计制度规定设置账簿，根据合法、有效凭证核算。

第五条 符合一般纳税人条件的纳税人应当向主管税务机关办理一般纳税人资格登记。具体登记办法由国家税务总局制定。

除国家税务总局另有规定外，一经登记为一般纳税人后，不得转为小规模纳税人。

第六条 中华人民共和国境外（以下称境外）单位或者个人在境内发生应税行为，在境内未设有经营机构的，以购买方为增值税扣缴义务人。财政部和国家税务总局另有规定的除外。

第七条 两个或者两个以上的纳税人，经财政部和国家税务总局批准可以视为一个纳税人合并纳税。具体办法由财政部和国家税务总局另行制定。

第八条 纳税人应当按照国家统一的会计制度进行增值税会计核算。

第二章 征税范围

第九条 应税行为的具体范围，按照本办法所附的《销售服务、无形资产、不动产注释》执行。

第十条 销售服务、无形资产或者不动产，是指有偿提供服务、有偿转让无形资产或者不动产，但属于下列非经营活动的情形除外：

（一）行政单位收取的同时满足以下条件的政府性基金或者行政事业性收费。

1. 由国务院或者财政部批准设立的政府性基金，由国务院或者省级人民政府及其财政、价格主管部门批准设立的行政事业性收费；

2. 收取时开具省级以上（含省级）财政部门监（印）制的财政票据；

3. 所收款项全额上缴财政。

（二）单位或者个体工商户聘用的员工为本单位或者雇主提供取得工资的服务。

（三）单位或者个体工商户为聘用的员工提供服务。

（四）财政部和国家税务总局规定的其他情形。

第十一条　有偿，是指取得货币、货物或者其他经济利益。

第十二条　在境内销售服务、无形资产或者不动产，是指：

（一）服务（租赁不动产除外）或者无形资产（自然资源使用权除外）的销售方或者购买方在境内；

（二）所销售或者租赁的不动产在境内；

（三）所销售自然资源使用权的自然资源在境内；

（四）财政部和国家税务总局规定的其他情形。

第十三条　下列情形不属于在境内销售服务或者无形资产：

（一）境外单位或者个人向境内单位或者个人销售完全在境外发生的服务。

（二）境外单位或者个人向境内单位或者个人销售完全在境外使用的无形资产。

（三）境外单位或者个人向境内单位或者个人出租完全在境外使用的有形动产。

（四）财政部和国家税务总局规定的其他情形。

第十四条　下列情形视同销售服务、无形资产或者不动产：

（一）单位或者个体工商户向其他单位或者个人无偿提供服务，但用于公益事业或者以社会公众为对象的除外。

（二）单位或者个人向其他单位或者个人无偿转让无形资产或者不动产，但用于公益事业或者以社会公众为对象的除外。

（三）财政部和国家税务总局规定的其他情形。

第三章　税率和征收率

第十五条　增值税税率：

（一）纳税人发生应税行为，除本条第（二）项、第（三）项、第（四）项规定外，税率为6%。

（二）提供交通运输、邮政、基础电信、建筑、不动产租赁服务，销售不动产，转让土地使用权，税率为11%。

（三）提供有形动产租赁服务，税率为17%。

（四）境内单位和个人发生的跨境应税行为，税率为零。具体范围由财政部和国家税务总局另行规定。

第十六条　增值税征收率为3%，财政部和国家税务总局另有规定的除外。

第四章 应纳税额的计算

第一节 一般性规定

第十七条 增值税的计税方法，包括一般计税方法和简易计税方法。

第十八条 一般纳税人发生应税行为适用一般计税方法计税。

一般纳税人发生财政部和国家税务总局规定的特定应税行为，可以选择适用简易计税方法计税，但一经选择，36 个月内不得变更。

第十九条 小规模纳税人发生应税行为适用简易计税方法计税。

第二十条 境外单位或者个人在境内发生应税行为，在境内未设有经营机构的，扣缴义务人按照下列公式计算应扣缴税额：

应扣缴税额 = 购买方支付的价款 ÷（1 + 税率）×税率

第二节 一般计税方法

第二十一条 一般计税方法的应纳税额，是指当期销项税额抵扣当期进项税额后的余额。应纳税额计算公式：

应纳税额 = 当期销项税额 – 当期进项税额

当期销项税额小于当期进项税额不足抵扣时，其不足部分可以结转下期继续抵扣。

第二十二条 销项税额，是指纳税人发生应税行为按照销售额和增值税税率计算并收取的增值税额。销项税额计算公式：

销项税额 = 销售额×税率

第二十三条 一般计税方法的销售额不包括销项税额，纳税人采用销售额和销项税额合并定价方法的，按照下列公式计算销售额：

销售额 = 含税销售额 ÷（1 + 税率）

第二十四条 进项税额，是指纳税人购进货物、加工修理修配劳务、服务、无形资产或者不动产，支付或者负担的增值税额。

第二十五条 下列进项税额准予从销项税额中抵扣：

（一）从销售方取得的增值税专用发票（含税控机动车销售统一发票，下同）上注明的增值税额。

（二）从海关取得的海关进口增值税专用缴款书上注明的增值税额。

（三）购进农产品，除取得增值税专用发票或者海关进口增值税专用缴款书外，按照农产品收购发票或者销售发票上注明的农产品买价和 13% 的扣除率计算的进项税额。计算公式为：

进项税额 = 买价×扣除率

买价，是指纳税人购进农产品在农产品收购发票或者销售发票上注明的价款和按照规定缴纳的烟叶税。

购进农产品，按照《农产品增值税进项税额核定扣除试点实施办法》抵扣进项税额的除外。

（四）从境外单位或者个人购进服务、无形资产或者不动产，自税务机关或者扣缴义务人取得的解缴税款的完税凭证上注明的增值税额。

第二十六条　纳税人取得的增值税扣税凭证不符合法律、行政法规或者国家税务总局有关规定的，其进项税额不得从销项税额中抵扣。

增值税扣税凭证，是指增值税专用发票、海关进口增值税专用缴款书、农产品收购发票、农产品销售发票和完税凭证。

纳税人凭完税凭证抵扣进项税额的，应当具备书面合同、付款证明和境外单位的对账单或者发票。资料不全的，其进项税额不得从销项税额中抵扣。

第二十七条　下列项目的进项税额不得从销项税额中抵扣：

（一）用于简易计税方法计税项目、免征增值税项目、集体福利或者个人消费的购进货物、加工修理修配劳务、服务、无形资产和不动产。其中涉及的固定资产、无形资产、不动产，仅指专用于上述项目的固定资产、无形资产（不包括其他权益性无形资产）、不动产。

纳税人的交际应酬消费属于个人消费。

（二）非正常损失的购进货物，以及相关的加工修理修配劳务和交通运输服务。

（三）非正常损失的在产品、产成品所耗用的购进货物（不包括固定资产）、加工修理修配劳务和交通运输服务。

（四）非正常损失的不动产，以及该不动产所耗用的购进货物、设计服务和建筑服务。

（五）非正常损失的不动产在建工程所耗用的购进货物、设计服务和建筑服务。

纳税人新建、改建、扩建、修缮、装饰不动产，均属于不动产在建工程。

（六）购进的旅客运输服务、贷款服务、餐饮服务、居民日常服务和娱乐服务。

（七）财政部和国家税务总局规定的其他情形。

本条第（四）项、第（五）项所称货物，是指构成不动产实体的材料和设备，包括建筑装饰材料和给排水、采暖、卫生、通风、照明、通信、煤气、消防、中央空调、电梯、电气、智能化楼宇设备及配套设施。

第二十八条　不动产、无形资产的具体范围，按照本办法所附的《销售服务、无形资产或者不动产注释》执行。

固定资产，是指使用期限超过 12 个月的机器、机械、运输工具以及其他与生产经营有关的设备、工具、器具等有形动产。

非正常损失，是指因管理不善造成货物被盗、丢失、霉烂变质，以及因违反法律法规造成货物或者不动产被依法没收、销毁、拆除的情形。

第二十九条　适用一般计税方法的纳税人，兼营简易计税方法计税项目、免征增值税项目而无法划分不得抵扣的进项税额，按照下列公式计算不得抵扣的进项税额：

不得抵扣的进项税额 = 当期无法划分的全部进项税额 ×（当期简易计税方法计税项目销售额 + 免征增值税项目销售额）÷ 当期全部销售额

主管税务机关可以按照上述公式依据年度数据对不得抵扣的进项税额进行清算。

第三十条　已抵扣进项税额的购进货物（不含固定资产）、劳务、服务，发生本办法第二十七条规定情形（简易计税方法计税项目、免征增值税项目除外）的，应当将该进项税额从当期进项税额中扣减；无法确定该进项税额的，按照当期实际成本计算应扣减的进项税额。

第三十一条　已抵扣进项税额的固定资产、无形资产或者不动产，发生本办法第二十七条规定情形的，按照下列公式计算不得抵扣的进项税额：

不得抵扣的进项税额＝固定资产、无形资产或者不动产净值×适用税率

固定资产、无形资产或者不动产净值，是指纳税人根据财务会计制度计提折旧或摊销后的余额。

第三十二条　纳税人适用一般计税方法计税的，因销售折让、中止或者退回而退还给购买方的增值税额，应当从当期的销项税额中扣减；因销售折让、中止或者退回而收回的增值税额，应当从当期的进项税额中扣减。

第三十三条　有下列情形之一者，应当按照销售额和增值税税率计算应纳税额，不得抵扣进项税额，也不得使用增值税专用发票：

（一）一般纳税人会计核算不健全，或者不能够提供准确税务资料的。

（二）应当办理一般纳税人资格登记而未办理的。

第三节　简易计税方法

第三十四条　简易计税方法的应纳税额，是指按照销售额和增值税征收率计算的增值税额，不得抵扣进项税额。应纳税额计算公式：

应纳税额＝销售额×征收率

第三十五条　简易计税方法的销售额不包括其应纳税额，纳税人采用销售额和应纳税额合并定价方法的，按照下列公式计算销售额：

销售额＝含税销售额÷（1＋征收率）

第三十六条　纳税人适用简易计税方法计税的，因销售折让、中止或者退回而退还给购买方的销售额，应当从当期销售额中扣减。扣减当期销售额后仍有余额造成多缴的税款，可以从以后的应纳税额中扣减。

第四节　销售额的确定

第三十七条　销售额，是指纳税人发生应税行为取得的全部价款和价外费用，财政部和国家税务总局另有规定的除外。

价外费用，是指价外收取的各种性质的收费，但不包括以下项目：

（一）代为收取并符合本办法第十条规定的政府性基金或者行政事业性收费。

（二）以委托方名义开具发票代委托方收取的款项。

第三十八条　销售额以人民币计算。

纳税人按照人民币以外的货币结算销售额的，应当折合成人民币计算，折合率可以选择销售额发生的当天或者当月 1 日的人民币汇率中间价。纳税人应当在事先确定采用何种折合率，确定后 12 个月内不得变更。

第三十九条　纳税人兼营销售货物、劳务、服务、无形资产或者不动产，适用不同税率或者征收率的，应当分别核算适用不同税率或者征收率的销售额；未分别核算的，从高适用税率。

第四十条　一项销售行为如果既涉及服务又涉及货物，为混合销售。从事货物的生产、批发或者零售的单位和个体工商户的混合销售行为，按照销售货物缴纳增值税；其他单位和个体工商户的混合销售行为，按照销售服务缴纳增值税。

本条所称从事货物的生产、批发或者零售的单位和个体工商户，包括以从事货物的生产、批发或者零售为主，并兼营销售服务的单位和个体工商户在内。

第四十一条　纳税人兼营免税、减税项目的，应当分别核算免税、减税项目的销售额；未分别核算的，不得免税、减税。

第四十二条　纳税人发生应税行为，开具增值税专用发票后，发生开票有误或者销售折让、中止、退回等情形的，应当按照国家税务总局的规定开具红字增值税专用发票；未按照规定开具红字增值税专用发票的，不得按照本办法第三十二条和第三十六条的规定扣减销项税额或者销售额。

第四十三条　纳税人发生应税行为，将价款和折扣额在同一张发票上分别注明的，以折扣后的价款为销售额；未在同一张发票上分别注明的，以价款为销售额，不得扣减折扣额。

第四十四条　纳税人发生应税行为价格明显偏低或者偏高且不具有合理商业目的的，或者发生本办法第十四条所列行为而无销售额的，主管税务机关有权按照下列顺序确定销售额：

（一）按照纳税人最近时期销售同类服务、无形资产或者不动产的平均价格确定。

（二）按照其他纳税人最近时期销售同类服务、无形资产或者不动产的平均价格确定。

（三）按照组成计税价格确定。组成计税价格的公式为：

$$组成计税价格=成本\times(1+成本利润率)$$

成本利润率由国家税务总局确定。

不具有合理商业目的，是指以谋取税收利益为主要目的，通过人为安排，减少、免除、推迟缴纳增值税税款，或者增加退还增值税税款。

第五章　纳税义务、扣缴义务发生时间和纳税地点

第四十五条　增值税纳税义务、扣缴义务发生时间为：

（一）纳税人发生应税行为并收讫销售款项或者取得索取销售款项凭据的当天；先开具发票的，为开具发票的当天。

收讫销售款项，是指纳税人销售服务、无形资产、不动产过程中或者完成后收到款项。

取得索取销售款项凭据的当天，是指书面合同确定的付款日期；未签订书面合同或者书面合同未确定付款日期的，为服务、无形资产转让完成的当天或者不动产权属变更的当天。

（二）纳税人提供建筑服务、租赁服务采取预收款方式的，其纳税义务发生时间为收到预收款的当天。

（三）纳税人从事金融商品转让的，为金融商品所有权转移的当天。

（四）纳税人发生本办法第十四条规定情形的，其纳税义务发生时间为服务、无形资产转让完成的当天或者不动产权属变更的当天。

（五）增值税扣缴义务发生时间为纳税人增值税纳税义务发生的当天。

第四十六条　增值税纳税地点为：

（一）固定业户应当向其机构所在地或者居住地主管税务机关申报纳税。总机构和分支机构不在同一县（市）的，应当分别向各自所在地的主管税务机关申报纳税；经财政部和国家税务总局或者其授权的财政和税务机关批准，可以由总机构汇总向总机构所在地的主管税务机关申报纳税。

（二）非固定业户应当向应税行为发生地主管税务机关申报纳税；未申报纳税的，由其机构所在地或者居住地主管税务机关补征税款。

（三）其他个人提供建筑服务，销售或者租赁不动产，转让自然资源使用权，应向建筑服务发生地、不动产所在地、自然资源所在地主管税务机关申报纳税。

（四）扣缴义务人应当向其机构所在地或者居住地主管税务机关申报缴纳扣缴的税款。

第四十七条　增值税的纳税期限分别为 1 日、3 日、5 日、10 日、15 日、1 个月或者 1 个季度。纳税人的具体纳税期限，由主管税务机关根据纳税人应纳税额的大小分别核定。以 1 个季度为纳税期限的规定适用于小规模纳税人、银行、财务公司、信托投资公司、信用社，以及财政部和国家税务总局规定的其他纳税人。不能按照固定期限纳税的，可以按次纳税。

纳税人以 1 个月或者 1 个季度为 1 个纳税期的，自期满之日起 15 日内申报纳税；以 1 日、3 日、5 日、10 日或者 15 日为 1 个纳税期的，自期满之日起 5 日内预缴税款，于次月 1 日起 15 日内申报纳税并结清上月应纳税款。

扣缴义务人解缴税款的期限，按照前两款规定执行。

第六章　税收减免的处理

第四十八条　纳税人发生应税行为适用免税、减税规定的，可以放弃免税、减税，依照本办法的规定缴纳增值税。放弃免税、减税后，36 个月内不得再申请免税、减税。

纳税人发生应税行为同时适用免税和零税率规定的，纳税人可以选择适用免税或者零税率。

第四十九条　个人发生应税行为的销售额未达到增值税起征点的，免征增值税；达到起征点的，全额计算缴纳增值税。

增值税起征点不适用于登记为一般纳税人的个体工商户。

第五十条　增值税起征点幅度如下：

（一）按期纳税的，为月销售额5 000～20 000元（含本数）。

（二）按次纳税的，为每次（日）销售额300～500元（含本数）。

起征点的调整由财政部和国家税务总局规定。省、自治区、直辖市财政厅（局）和国家税务局应当在规定的幅度内，根据实际情况确定本地区适用的起征点，并报财政部和国家税务总局备案。

对增值税小规模纳税人中月销售额未达到2万元的企业或非企业性单位，免征增值税。2017年12月31日前，对月销售额2万元（含本数）至3万元的增值税小规模纳税人，免征增值税。

第七章　征收管理

第五十一条　营业税改征的增值税，由国家税务局负责征收。纳税人销售取得的不动产和其他个人出租不动产的增值税，国家税务局暂委托地方税务局代为征收。

第五十二条　纳税人发生适用零税率的应税行为，应当按期向主管税务机关申报办理退（免）税，具体办法由财政部和国家税务总局制定。

第五十三条　纳税人发生应税行为，应当向索取增值税专用发票的购买方开具增值税专用发票，并在增值税专用发票上分别注明销售额和销项税额。

属于下列情形之一的，不得开具增值税专用发票：

（一）向消费者个人销售服务、无形资产或者不动产。

（二）适用免征增值税规定的应税行为。

第五十四条　小规模纳税人发生应税行为，购买方索取增值税专用发票的，可以向主管税务机关申请代开。

第五十五条　纳税人增值税的征收管理，按照本办法和《中华人民共和国税收征收管理法》及现行增值税征收管理有关规定执行。

附：销售服务、无形资产、不动产注释

销售服务、无形资产、不动产注释

一、销售服务

销售服务，是指提供交通运输服务、邮政服务、电信服务、建筑服务、金融服务、现代服务、生活服务。

（一）交通运输服务。

交通运输服务，是指利用运输工具将货物或者旅客送达目的地，使其空间位置得到转移的业务活动。包括陆路运输服务、水路运输服务、航空运输服务和管道运输服务。

1. 陆路运输服务。

陆路运输服务，是指通过陆路（地上或者地下）运送货物或者旅客的运输业务活动，包括铁路运输服务和其他陆路运输服务。

（1）铁路运输服务，是指通过铁路运送货物或者旅客的运输业务活动。

（2）其他陆路运输服务，是指铁路运输以外的陆路运输业务活动。包括公路运输、缆车运输、索道运输、地铁运输、城市轻轨运输等。

出租车公司向使用本公司自有出租车的出租车司机收取的管理费用，按照陆路运输服务缴纳增值税。

2. 水路运输服务。

水路运输服务，是指通过江、河、湖、川等天然、人工水道或者海洋航道运送货物或者旅客的运输业务活动。

水路运输的程租、期租业务，属于水路运输服务。

程租业务，是指运输企业为租船人完成某一特定航次的运输任务并收取租赁费的业务。

期租业务，是指运输企业将配备有操作人员的船舶承租给他人使用一定期限，承租期内听候承租方调遣，不论是否经营，均按天向承租方收取租赁费，发生的固定费用均由船东负担的业务。

3. 航空运输服务。

航空运输服务，是指通过空中航线运送货物或者旅客的运输业务活动。

航空运输的湿租业务，属于航空运输服务。

湿租业务，是指航空运输企业将配备有机组人员的飞机承租给他人使用一定期限，承租期内听候承租方调遣，不论是否经营，均按一定标准向承租方收取租赁费，发生的固定费用均由承租方承担的业务。

航天运输服务，按照航空运输服务缴纳增值税。

航天运输服务，是指利用火箭等载体将卫星、空间探测器等空间飞行器发射到空间轨道的业务活动。

4. 管道运输服务。

管道运输服务，是指通过管道设施输送气体、液体、固体物质的运输业务活动。

无运输工具承运业务，按照交通运输服务缴纳增值税。

无运输工具承运业务，是指经营者以承运人身份与托运人签订运输服务合同，收取运费并承担承运人责任，然后委托实际承运人完成运输服务的经营活动。

（二）邮政服务。

邮政服务，是指中国邮政集团公司及其所属邮政企业提供邮件寄递、邮政汇兑和机要通信等邮政基本服务的业务活动。包括邮政普遍服务、邮政特殊服务和其他邮政服务。

1. 邮政普遍服务。

邮政普遍服务，是指函件、包裹等邮件寄递，以及邮票发行、报刊发行和邮政汇兑等业务活动。

函件，是指信函、印刷品、邮资封片卡、无名址函件和邮政小包等。

包裹，是指按照封装上的名址递送给特定个人或者单位的独立封装的物品，其重量不超过五十千克，任何一边的尺寸不超过一百五十厘米，长、宽、高合计不超过三百厘米。

2. 邮政特殊服务。

邮政特殊服务，是指义务兵平常信函、机要通信、盲人读物和革命烈士遗物的寄递等业务活动。

3. 其他邮政服务。

其他邮政服务，是指邮册等邮品销售、邮政代理等业务活动。

（三）电信服务。

电信服务，是指利用有线、无线的电磁系统或者光电系统等各种通信网络资源，提供语音通话服务，传送、发射、接收或者应用图像、短信等电子数据和信息的业务活动。包括基础电信服务和增值电信服务。

1. 基础电信服务。

基础电信服务，是指利用固网、移动网、卫星、互联网，提供语音通话服务的业务活动，以及出租或者出售带宽、波长等网络元素的业务活动。

2. 增值电信服务。

增值电信服务，是指利用固网、移动网、卫星、互联网、有线电视网络，提供短信和彩信服务、电子数据和信息的传输及应用服务、互联网接入服务等业务活动。

卫星电视信号落地转接服务，按照增值电信服务缴纳增值税。

（四）建筑服务。

建筑服务，是指各类建筑物、构筑物及其附属设施的建造、修缮、装饰，线路、管道、设备、设施等的安装以及其他工程作业的业务活动。包括工程服务、安装服务、修缮服务、装饰服务和其他建筑服务。

1. 工程服务。

工程服务，是指新建、改建各种建筑物、构筑物的工程作业，包括与建筑物相连的各种设备或者支柱、操作平台的安装或者装设工程作业，以及各种窑炉和金属结构工程作业。

2. 安装服务。

安装服务，是指生产设备、动力设备、起重设备、运输设备、传动设备、医疗实验设备以及其他各种设备、设施的装配、安置工程作业，包括与被安装设备相连的工作台、梯子、栏杆的装设工程作业，以及被安装设备的绝缘、防腐、保温、油漆等工程作业。

固定电话、有线电视、宽带、水、电、燃气、暖气等经营者向用户收取的安装费、初装费、开户费、扩容费以及类似收费，按照安装服务缴纳增值税。

3. 修缮服务。

修缮服务，是指对建筑物、构筑物进行修补、加固、养护、改善，使之恢复原来的使用价值或者延长其使用期限的工程作业。

4. 装饰服务。

装饰服务，是指对建筑物、构筑物进行修饰装修，使之美观或者具有特定用途的工程作业。

5. 其他建筑服务。

其他建筑服务，是指上列工程作业之外的各种工程作业服务，如钻井（打井）、拆除建筑物或者构筑物、平整土地、园林绿化、疏浚（不包括航道疏浚）、建筑物平移、搭脚手架、爆破、矿山穿孔、表面附着物（包括岩层、土层、沙层等）剥离和清理等工程作业。

（五）金融服务。

金融服务，是指经营金融保险的业务活动。包括贷款服务、直接收费金融服务、保险服务和金融商品转让。

1. 贷款服务。

贷款，是指将资金贷与他人使用而取得利息收入的业务活动。

各种占用、拆借资金取得的收入，包括金融商品持有期间（含到期）利息（保本收益、报酬、资金占用费、补偿金等）收入、信用卡透支利息收入、买入返售金融商品利息收入、融资融券收取的利息收入，以及融资性售后回租、押汇、罚息、票据贴现、转贷等业务取得的利息及利息性质的收入，按照贷款服务缴纳增值税。

融资性售后回租，是指承租方以融资为目的，将资产出售给从事融资性售后回租业务的企业后，从事融资性售后回租业务的企业将该资产出租给承租方的业务活动。

以货币资金投资收取的固定利润或者保底利润，按照贷款服务缴纳增值税。

2. 直接收费金融服务。

直接收费金融服务，是指为货币资金融通及其他金融业务提供相关服务并且收取费用的业务活动。包括提供货币兑换、账户管理、电子银行、信用卡、信用证、财务担保、资产管理、信托管理、基金管理、金融交易场所（平台）管理、资金结算、资金清算、金融支付等服务。

3. 保险服务。

保险服务，是指投保人根据合同约定，向保险人支付保险费，保险人对于合同约定的可能发生的事故因其发生所造成的财产损失承担赔偿保险金责任，或者当被保险人死亡、伤残、疾病或者达到合同约定的年龄、期限等条件时承担给付保险金责任的商业保险行为。包括人身保险服务和财产保险服务。

人身保险服务，是指以人的寿命和身体为保险标的的保险业务活动。

财产保险服务，是指以财产及其有关利益为保险标的的保险业务活动。

4. 金融商品转让。

金融商品转让，是指转让外汇、有价证券、非货物期货和其他金融商品所有权的业务活动。

其他金融商品转让包括基金、信托、理财产品等各类资产管理产品和各种金融衍生品的转让。

（六）现代服务。

现代服务，是指围绕制造业、文化产业、现代物流产业等提供技术性、知识性服务的业务活动。包括研发和技术服务、信息技术服务、文化创意服务、物流辅助服务、租赁服务、鉴证咨询服务、广播影视服务、商务辅助服务和其他现代服务。

1. 研发和技术服务。

研发和技术服务，包括研发服务、合同能源管理服务、工程勘察勘探服务、专业技术服务。

（1）研发服务，也称技术开发服务，是指就新技术、新产品、新工艺或者新材料及其系统进行研究与试验开发的业务活动。

（2）合同能源管理服务，是指节能服务公司与用能单位以契约形式约定节能目标，节能服务公司提供必要的服务，用能单位以节能效果支付节能服务公司投入及其合理报酬的业务活动。

（3）工程勘察勘探服务，是指在采矿、工程施工前后，对地形、地质构造、地下资源蕴藏情况进行实地调查的业务活动。

（4）专业技术服务，是指气象服务、地震服务、海洋服务、测绘服务、城市规划、环境与生态监测服务等专项技术服务。

2. 信息技术服务。

信息技术服务，是指利用计算机、通信网络等技术对信息进行生产、收集、处理、加工、存储、运输、检索和利用，并提供信息服务的业务活动。包括软件服务、电路设计及测试服务、信息系统服务、业务流程管理服务和信息系统增值服务。

（1）软件服务，是指提供软件开发服务、软件维护服务、软件测试服务的业务活动。

（2）电路设计及测试服务，是指提供集成电路和电子电路产品设计、测试及相关技术支持服务的业务活动。

（3）信息系统服务，是指提供信息系统集成、网络管理、网站内容维护、桌面管理与维护、信息系统应用、基础信息技术管理平台整合、信息技术基础设施管理、数据中心、托管中心、信息安全服务、在线杀毒、虚拟主机等业务活动。包括网站对非自有的网络游戏提供的网络运营服务。

（4）业务流程管理服务，是指依托信息技术提供的人力资源管理、财务经济管理、审计管理、税务管理、物流信息管理、经营信息管理和呼叫中心等服务的活动。

（5）信息系统增值服务，是指利用信息系统资源为用户附加提供的信息技术服务。包括数据处理、分析和整合、数据库管理、数据备份、数据存储、容灾服务、电子商务平台等。

3. 文化创意服务。

文化创意服务，包括设计服务、知识产权服务、广告服务和会议展览服务。

（1）设计服务，是指把计划、规划、设想通过文字、语言、图画、声音、视觉等形式传递出来的业务活动。包括工业设计、内部管理设计、业务运作设计、供应链设计、造型设计、服装设计、环境设计、平面设计、包装设计、动漫设计、网游设计、展示设计、网站设计、机械设计、工程设计、广告设计、创意策划、文印晒图等。

（2）知识产权服务，是指处理知识产权事务的业务活动。包括对专利、商标、著作权、软件、集成电路布图设计的登记、鉴定、评估、认证、检索服务。

（3）广告服务，是指利用图书、报纸、杂志、广播、电视、电影、幻灯、路牌、招贴、橱窗、霓虹灯、灯箱、互联网等各种形式为客户的商品、经营服务项目、文体节目或者通告、声明等委托事项进行宣传和提供相关服务的业务活动。包括广告代理和广告的发布、播映、宣传、展示等。

（4）会议展览服务，是指为商品流通、促销、展示、经贸洽谈、民间交流、企业沟通、国际往来等举办或者组织安排的各类展览和会议的业务活动。

4. 物流辅助服务。

物流辅助服务，包括航空服务、港口码头服务、货运客运场站服务、打捞救助服务、装卸搬运服务、仓储服务和收派服务。

（1）航空服务，包括航空地面服务和通用航空服务。

航空地面服务，是指航空公司、飞机场、民航管理局、航站等向在境内航行或者在境内机场停留的境内外飞机或者其他飞行器提供的导航等劳务性地面服务的业务活动。包括旅客安全检查服务、停机坪管理服务、机场候机厅管理服务、飞机清洗消毒服务、空中飞行管理服务、飞机起降服务、飞行通信服务、地面信号服务、飞机安全服务、飞机跑道管理服务、空中交通管理服务等。

通用航空服务，是指为专业工作提供飞行服务的业务活动，包括航空摄影、航空培训、航空测量、航空勘探、航空护林、航空吊挂播洒、航空降雨、航空气象探测、航空海洋监测、航空科学实验等。

（2）港口码头服务，是指港务船舶调度服务、船舶通讯服务、航道管理服务、航道疏浚服务、灯塔管理服务、航标管理服务、船舶引航服务、理货服务、系解缆服务、停泊和移泊服务、海上船舶溢油清除服务、水上交通管理服务、船只专业清洗消毒检测服务和防止船只漏油服务等为船只提供服务的业务活动。

港口设施经营人收取的港口设施保安费按照港口码头服务缴纳增值税。

（3）货运客运场站服务，是指货运客运场站提供货物配载服务、运输组织服务、中转换乘服务、车辆调度服务、票务服务、货物打包整理、铁路线路使用服务、加挂铁路客车服务、铁路行包专列发送服务、铁路到达和中转服务、铁路车辆编解服务、车辆挂运服务、铁路接触网服务、铁路机车牵引服务等业务活动。

（4）打捞救助服务，是指提供船舶人员救助、船舶财产救助、水上救助和沉船沉物打捞服务的业务活动。

（5）装卸搬运服务，是指使用装卸搬运工具或者人力、畜力将货物在运输工具之间、装卸现场之间或者运输工具与装卸现场之间进行装卸和搬运的业务活动。

（6）仓储服务，是指利用仓库、货场或者其他场所代客贮放、保管货物的业务活动。

（7）收派服务，是指接受寄件人委托，在承诺的时限内完成函件和包裹的收件、分拣、派送服务的业务活动。

收件服务，是指从寄件人收取函件和包裹，并运送到服务提供方同城的集散中心的业务活动。

分拣服务，是指服务提供方在其集散中心对函件和包裹进行归类、分发的业务活动。

派送服务，是指服务提供方从其集散中心将函件和包裹送达同城的收件人的业务活动。

5. 租赁服务。

租赁服务，包括融资租赁服务和经营租赁服务。

（1）融资租赁服务，是指具有融资性质和所有权转移特点的租赁活动。即出租人根据承租人所要求的规格、型号、性能等条件购入有形动产或者不动产租赁给承租人，合同期内租赁物所有权属于出租人，承租人只拥有使用权，合同期满付清租金后，承租人有权按照残值购入租赁物，以拥有其所有权。不论出租人是否将租赁物销售给承租人，均属于融资租赁。

按照标的物的不同，融资租赁服务可分为有形动产融资租赁服务和不动产融资租赁服务。

融资性售后回租不按照本税目缴纳增值税。

（2）经营租赁服务，是指在约定时间内将有形动产或者不动产转让他人使用且租赁物所有权不变更的业务活动。

按照标的物的不同，经营租赁服务可分为有形动产经营租赁服务和不动产经营租赁服务。

将建筑物、构筑物等不动产或者飞机、车辆等有形动产的广告位出租给其他单位或者个人用于发布广告，按照经营租赁服务缴纳增值税。

车辆停放服务、道路通行服务（包括过路费、过桥费、过闸费等）等按照不动产经营租赁服务缴纳增值税。

水路运输的光租业务、航空运输的干租业务，属于经营租赁。

光租业务，是指运输企业将船舶在约定的时间内出租给他人使用，不配备操作人员，不承担运输过程中发生的各项费用，只收取固定租赁费的业务活动。

干租业务，是指航空运输企业将飞机在约定的时间内出租给他人使用，不配备机组人员，不承担运输过程中发生的各项费用，只收取固定租赁费的业务活动。

6. 鉴证咨询服务。

鉴证咨询服务，包括认证服务、鉴证服务和咨询服务。

（1）认证服务，是指具有专业资质的单位利用检测、检验、计量等技术，证明产品、服务、管理体系符合相关技术规范、相关技术规范的强制性要求或者标准的业务活动。

（2）鉴证服务，是指具有专业资质的单位受托对相关事项进行鉴证，发表具有证明力的意见的业务活动。包括会计鉴证、税务鉴证、法律鉴证、职业技能鉴定、工程造价鉴证、工程监理、资产评估、环境评估、房地产土地评估、建筑图纸审核、医疗事故鉴定等。

（3）咨询服务，是指提供信息、建议、策划、顾问等服务的活动。包括金融、软件、技术、财务、税收、法律、内部管理、业务运作、流程管理、健康等方面的咨询。

翻译服务和市场调查服务按照咨询服务缴纳增值税。

7. 广播影视服务。

广播影视服务，包括广播影视节目（作品）的制作服务、发行服务和播映（含放映，下同）服务。

（1）广播影视节目（作品）制作服务，是指进行专题（特别节目）、专栏、综艺、体育、动画片、广播剧、电视剧、电影等广播影视节目和作品制作的服务。具体包括与广播影视节目和作品相关的策划、采编、拍摄、录音、音视频文字图片素材制作、场景布置、后期的剪辑、翻译（编译）、字幕制作、片头、片尾、片花制作、特效制作、影片修复、编目和确权等业务活动。

（2）广播影视节目（作品）发行服务，是指以分账、买断、委托等方式，向影院、电台、电视台、网站等单位和个人发行广播影视节目（作品）以及转让体育赛事等活动的报道及播映权的业务活动。

（3）广播影视节目（作品）播映服务，是指在影院、剧院、录像厅及其他场所播映广播影视节目（作品），以及通过电台、电视台、卫星通信、互联网、有线电视等无线或者有线装置播映广播影视节目（作品）的业务活动。

8. 商务辅助服务。

商务辅助服务，包括企业管理服务、经纪代理服务、人力资源服务、安全保护服务。

（1）企业管理服务，是指提供总部管理、投资与资产管理、市场管理、物业管理、日常综合管理等服务的业务活动。

（2）经纪代理服务，是指各类经纪、中介、代理服务。包括金融代理、知识产权代理、货物运输代理、代理报关、法律代理、房地产中介、职业中介、婚姻中介、代理记账、拍卖等。

货物运输代理服务，是指接受货物收货人、发货人、船舶所有人、船舶承租人或者船舶经营人的委托，以委托人的名义，为委托人办理货物运输、装卸、仓储和船舶进出港口、引航、靠泊等相关手续的业务活动。

代理报关服务，是指接受进出口货物的收、发货人委托，代为办理报关手续的业务活动。

（3）人力资源服务，是指提供公共就业、劳务派遣、人才委托招聘、劳动力外包等服务的业务活动。

（4）安全保护服务，是指提供保护人身安全和财产安全，维护社会治安等的业务活动。包括场所住宅保安、特种保安、安全系统监控以及其他安保服务。

9. 其他现代服务。

其他现代服务，是指除研发和技术服务、信息技术服务、文化创意服务、物流辅助服务、租赁服务、鉴证咨询服务、广播影视服务和商务辅助服务以外的现代服务。

（七）生活服务。

生活服务，是指为满足城乡居民日常生活需求提供的各类服务活动。包括文化体育服务、教育医疗服务、旅游娱乐服务、餐饮住宿服务、居民日常服务和其他生活服务。

1. 文化体育服务。

文化体育服务，包括文化服务和体育服务。

（1）文化服务，是指为满足社会公众文化生活需求提供的各种服务。包括：文艺创作、文艺表演、文化比赛，图书馆的图书和资料借阅，档案馆的档案管理，文物及非物质遗产保护，组织举办宗教活动、科技活动、文化活动，提供游览场所。

（2）体育服务，是指组织举办体育比赛、体育表演、体育活动，以及提供体育训练、体育指导、体育管理的业务活动。

2. 教育医疗服务。

教育医疗服务，包括教育服务和医疗服务。

（1）教育服务，是指提供学历教育服务、非学历教育服务、教育辅助服务的业务活动。

学历教育服务，是指根据教育行政管理部门确定或者认可的招生和教学计划组织教学，并颁发相应学历证书的业务活动。包括初等教育、初级中等教育、高级中等教育、高等教育等。

非学历教育服务，包括学前教育、各类培训、演讲、讲座、报告会等。

教育辅助服务，包括教育测评、考试、招生等服务。

（2）医疗服务，是指提供医学检查、诊断、治疗、康复、预防、保健、接生、计划生育、防疫服务等方面的服务，以及与这些服务有关的提供药品、医用材料器具、救护车、病房住宿和伙食的业务。

3. 旅游娱乐服务。

旅游娱乐服务，包括旅游服务和娱乐服务。

（1）旅游服务，是指根据旅游者的要求，组织安排交通、游览、住宿、餐饮、购物、文娱、商务等服务的业务活动。

（2）娱乐服务，是指为娱乐活动同时提供场所和服务的业务。

具体包括：歌厅、舞厅、夜总会、酒吧、台球、高尔夫球、保龄球、游艺（包括射击、狩猎、跑马、游戏机、蹦极、卡丁车、热气球、动力伞、射箭、飞镖）。

4. 餐饮住宿服务。

餐饮住宿服务，包括餐饮服务和住宿服务。

（1）餐饮服务，是指通过同时提供饮食和饮食场所的方式为消费者提供饮食消费服务的业务活动。

（2）住宿服务，是指提供住宿场所及配套服务等的活动。包括宾馆、旅馆、旅社、度假村和其他经营性住宿场所提供的住宿服务。

5. 居民日常服务。

居民日常服务，是指主要为满足居民个人及其家庭日常生活需求提供的服务，包括市容市政管理、家政、婚庆、养老、殡葬、照料和护理、救助救济、美容美发、按摩、桑拿、氧吧、足疗、沐浴、洗染、摄影扩印等服务。

6. 其他生活服务。

其他生活服务，是指除文化体育服务、教育医疗服务、旅游娱乐服务、餐饮住宿服务和居民日常服务之外的生活服务。

二、销售无形资产

销售无形资产，是指转让无形资产所有权或者使用权的业务活动。无形资产，是指不具实物形态，但能带来经济利益的资产，包括技术、商标、著作权、商誉、自然资源使用权和其他权益性无形资产。

技术，包括专利技术和非专利技术。

自然资源使用权，包括土地使用权、海域使用权、探矿权、采矿权、取水权和其他自然资源使用权。

其他权益性无形资产，包括基础设施资产经营权、公共事业特许权、配额、经营权（包括特许经营权、连锁经营权、其他经营权）、经销权、分销权、代理权、会员权、席位权、网络游戏虚拟道具、域名、名称权、肖像权、冠名权、转会费等。

三、销售不动产

销售不动产，是指转让不动产所有权的业务活动。不动产，是指不能移动或者移动后会引起性质、形状改变的财产，包括建筑物、构筑物等。

建筑物，包括住宅、商业营业用房、办公楼等可供居住、工作或者进行其他活动的建造物。

构筑物，包括道路、桥梁、隧道、水坝等建造物。

转让建筑物有限产权或者永久使用权的，转让在建的建筑物或者构筑物所有权的，以及在转让建筑物或者构筑物时一并转让其所占土地的使用权的，按照销售不动产缴纳增值税。

附件2：

营业税改征增值税试点有关事项的规定

一、营改增试点期间，试点纳税人［指按照《营业税改征增值税试点实施办法》（以下称《试点实施办法》）缴纳增值税的纳税人］有关政策

（一）兼营。

试点纳税人销售货物、加工修理修配劳务、服务、无形资产或者不动产适用不同税率或者征收率的，应当分别核算适用不同税率或者征收率的销售额，未分别核算销售额的，按照以下方法适用税率或者征收率：

1. 兼有不同税率的销售货物、加工修理修配劳务、服务、无形资产或者不动产，从高适用税率。

2. 兼有不同征收率的销售货物、加工修理修配劳务、服务、无形资产或者不动产，从高适用征收率。

3. 兼有不同税率和征收率的销售货物、加工修理修配劳务、服务、无形资产或者不动产，从高适用税率。

（二）不征收增值税项目。

1. 根据国家指令无偿提供的铁路运输服务、航空运输服务，属于《试点实施办法》第十四条规定的用于公益事业的服务。

2. 存款利息。

3. 被保险人获得的保险赔付。

4. 房地产主管部门或者其指定机构、公积金管理中心、开发企业以及物业管理单位代收的住宅专项维修资金。

5. 在资产重组过程中，通过合并、分立、出售、置换等方式，将全部或者部分实物资产以及与其相关联的债权、负债和劳动力一并转让给其他单位和个人，其中涉及的不动产、土地使用权转让行为。

（三）销售额。

1. 贷款服务，以提供贷款服务取得的全部利息及利息性质的收入为销售额。

2. 直接收费金融服务，以提供直接收费金融服务收取的手续费、佣金、酬金、管理费、服务费、经手费、开户费、过户费、结算费、转托管费等各类费用为销售额。

3. 金融商品转让，按照卖出价扣除买入价后的余额为销售额。

转让金融商品出现的正负差，按盈亏相抵后的余额为销售额。若相抵后出现负差，可结转下一纳税期与下期转让金融商品销售额相抵，但年末时仍出现负差的，不得转入下一个会计年度。

金融商品的买入价，可以选择按照加权平均法或者移动加权平均法进行核算，选择后36个月内不得变更。

金融商品转让，不得开具增值税专用发票。

4. 经纪代理服务，以取得的全部价款和价外费用，扣除向委托方收取并代为支付的政府性基金或者行政事业性收费后的余额为销售额。向委托方收取的政府性基金或者行政事业性收费，不得开具增值税专用发票。

5. 融资租赁和融资性售后回租业务。

（1）经人民银行、银监会或者商务部批准从事融资租赁业务的试点纳税人，提供融资租赁服务，以取得的全部价款和价外费用，扣除支付的借款利息（包括外汇借款和人民币借款利息）、发行债券利息和车辆购置税后的余额为销售额。

（2）经人民银行、银监会或者商务部批准从事融资租赁业务的试点纳税人，提供融资性售后回租服务，以取得的全部价款和价外费用（不含本金），扣除对外支付的借款利息（包括外汇借款和人民币借款利息）、发行债券利息后的余额作为销售额。

（3）试点纳税人根据2016年4月30日前签订的有形动产融资性售后回租合同，在合同到期前提供的有形动产融资性售后回租服务，可继续按照有形动产融资租赁服务缴纳增值税。

继续按照有形动产融资租赁服务缴纳增值税的试点纳税人，经人民银行、银监会或者商务部批准从事融资租赁业务的，根据2016年4月30日前签订的有形动产融资性售后回租合同，在合同到期前提供的有形动产融资性售后回租服务，可以选择以下方法之一计算销售额：

①以向承租方收取的全部价款和价外费用，扣除向承租方收取的价款本金，以及对外支付的借款利息（包括外汇借款和人民币借款利息）、发行债券利息后的余额为销售额。

纳税人提供有形动产融资性售后回租服务，计算当期销售额时可以扣除的价款本金，为书面合同约定的当期应当收取的本金。无书面合同或者书面合同没有约定的，为当期实际收取的本金。

试点纳税人提供有形动产融资性售后回租服务，向承租方收取的有形动产价款本金，不得开具增值税专用发票，可以开具普通发票。

②以向承租方收取的全部价款和价外费用，扣除支付的借款利息（包括外汇借款和人民币借款利息）、发行债券利息后的余额为销售额。

（4）经商务部授权的省级商务主管部门和国家经济技术开发区批准的从事融资租赁业务的试点纳税人，2016年5月1日后实收资本达到1.7亿元的，从达到标准的当月起按照上述第（1）、（2）、（3）点规定执行；2016年5月1日后实收资本未达到1.7亿元但注册资本达到1.7亿元的，在2016年7月31日前仍可按照上述第（1）、（2）、（3）点规定执行，2016年8月1日后开展的融资租赁业务和融资性售后回租业务不得按照上述第（1）、（2）、（3）点规定执行。

6. 航空运输企业的销售额，不包括代收的机场建设费和代售其他航空运输企业客票而代收转付的价款。

7. 试点纳税人中的一般纳税人（以下称一般纳税人）提供客运场站服务，以其取得的全部价款和价外费用，扣除支付给承运方运费后的余额为销售额。

8. 试点纳税人提供旅游服务，可以选择以取得的全部价款和价外费用，扣除向旅游服务购买方收取并支付给其他单位或者个人的住宿费、餐饮费、交通费、签证费、门票费和支付给其他接团旅游企业的旅游费用后的余额为销售额。

选择上述办法计算销售额的试点纳税人，向旅游服务购买方收取并支付的上述费用，不得开具增值税专用发票，可以开具普通发票。

9. 试点纳税人提供建筑服务适用简易计税方法的，以取得的全部价款和价外费用扣除支付的分包款后的余额为销售额。

10. 房地产开发企业中的一般纳税人销售其开发的房地产项目（选择简易计税方法的房地产老项目除外），以取得的全部价款和价外费用，扣除受让土地时向政府部门支付的土地价款后的余额为销售额。

房地产老项目，是指《建筑工程施工许可证》注明的合同开工日期在 2016 年 4 月 30 日前的房地产项目。

11. 试点纳税人按照上述 4 ~ 10 款的规定从全部价款和价外费用中扣除的价款，应当取得符合法律、行政法规和国家税务总局规定的有效凭证。否则，不得扣除。

上述凭证是指：

（1）支付给境内单位或者个人的款项，以发票为合法有效凭证。

（2）支付给境外单位或者个人的款项，以该单位或者个人的签收单据为合法有效凭证，税务机关对签收单据有疑议的，可以要求其提供境外公证机构的确认证明。

（3）缴纳的税款，以完税凭证为合法有效凭证。

（4）扣除的政府性基金、行政事业性收费或者向政府支付的土地价款，以省级以上（含省级）财政部门监（印）制的财政票据为合法有效凭证。

（5）国家税务总局规定的其他凭证。

纳税人取得的上述凭证属于增值税扣税凭证的，其进项税额不得从销项税额中抵扣。

（四）进项税额。

1. 适用一般计税方法的试点纳税人，2016 年 5 月 1 日后取得并在会计制度上按固定资产核算的不动产或者 2016 年 5 月 1 日后取得的不动产在建工程，其进项税额应自取得之日起分 2 年从销项税额中抵扣，第一年抵扣比例为 60%，第二年抵扣比例为 40%。

取得不动产，包括以直接购买、接受捐赠、接受投资入股、自建以及抵债等各种形式取得不动产，不包括房地产开发企业自行开发的房地产项目。

融资租入的不动产以及在施工现场修建的临时建筑物、构筑物，其进项税额不适用上述分 2 年抵扣的规定。

2. 按照《试点实施办法》第二十七条第（一）项规定不得抵扣且未抵扣进项税额的固定资产、无形资产、不动产，发生用途改变，用于允许抵扣进项税额的应税项目，可在用途改变的次月按照下列公式计算可以抵扣的进项税额：

可以抵扣的进项税额 = 固定资产、无形资产、不动产净值/（1 + 适用税率）× 适用税率

上述可以抵扣的进项税额应取得合法有效的增值税扣税凭证。

3. 纳税人接受贷款服务向贷款方支付的与该笔贷款直接相关的投融资顾问费、手续费、咨询费等费用，其进项税额不得从销项税额中抵扣。

（五）一般纳税人资格登记。

《试点实施办法》第三条规定的年应税销售额标准为500万元（含本数）。财政部和国家税务总局可以对年应税销售额标准进行调整。

（六）计税方法。

一般纳税人发生下列应税行为可以选择适用简易计税方法计税：

1. 公共交通运输服务。

公共交通运输服务，包括轮客渡、公交客运、地铁、城市轻轨、出租车、长途客运、班车。

班车，是指按固定路线、固定时间运营并在固定站点停靠的运送旅客的陆路运输服务。

2. 经认定的动漫企业为开发动漫产品提供的动漫脚本编撰、形象设计、背景设计、动画设计、分镜、动画制作、摄制、描线、上色、画面合成、配音、配乐、音效合成、剪辑、字幕制作、压缩转码（面向网络动漫、手机动漫格式适配）服务，以及在境内转让动漫版权（包括动漫品牌、形象或者内容的授权及再授权）。

动漫企业和自主开发、生产动漫产品的认定标准和认定程序，按照《文化部 财政部 国家税务总局关于印发〈动漫企业认定管理办法（试行）〉的通知》（文市发【2008】51号）的规定执行。

3. 电影放映服务、仓储服务、装卸搬运服务、收派服务和文化体育服务。

4. 以纳入营改增试点之日前取得的有形动产为标的物提供的经营租赁服务。

5. 在纳入营改增试点之日前签订的尚未执行完毕的有形动产租赁合同。

（七）建筑服务。

1. 一般纳税人以清包工方式提供的建筑服务，可以选择适用简易计税方法计税。

以清包工方式提供建筑服务，是指施工方不采购建筑工程所需的材料或只采购辅助材料，并收取人工费、管理费或者其他费用的建筑服务。

2. 一般纳税人为甲供工程提供的建筑服务，可以选择适用简易计税方法计税。

甲供工程，是指全部或部分设备、材料、动力由工程发包方自行采购的建筑工程。

3. 一般纳税人为建筑工程老项目提供的建筑服务，可以选择适用简易计税方法计税。

建筑工程老项目，是指：

（1）《建筑工程施工许可证》注明的合同开工日期在2016年4月30日前的建筑工程项目；

（2）未取得《建筑工程施工许可证》的，建筑工程承包合同注明的开工日期在2016年4月30日前的建筑工程项目。

4. 一般纳税人跨县（市）提供建筑服务，适用一般计税方法计税的，应以取得的全部价款和价外费用为销售额计算应纳税额。纳税人应以取得的全部价款和价外费用扣除支付的分包款后的余额，按照2%的预征率在建筑服务发生地预缴税款后，向机构所在地主管税务机关进行纳税申报。

5. 一般纳税人跨县（市）提供建筑服务，选择适用简易计税方法计税的，应以取得的全部价款和价外费用扣除支付的分包款后的余额为销售额，按照3%的征收率计算应纳税额。纳税人应按照上述计税方法在建筑服务发生地预缴税款后，向机构所在地主管税务机关进行纳税申报。

6. 试点纳税人中的小规模纳税人（以下称小规模纳税人）跨县（市）提供建筑服务，应以取得的全部价款和价外费用扣除支付的分包款后的余额为销售额，按照3%的征收率计算应纳税额。纳税人应按照上述计税方法在建筑服务发生地预缴税款后，向机构所在地主管税务机关进行纳税申报。

（八）销售不动产。

1. 一般纳税人销售其2016年4月30日前取得（不含自建）的不动产，可以选择适用简易计税方法，以取得的全部价款和价外费用减去该项不动产购置原价或者取得不动产时的作价后的余额为销售额，按照5%的征收率计算应纳税额。纳税人应按照上述计税方法在不动产所在地预缴税款后，向机构所在地主管税务机关进行纳税申报。

2. 一般纳税人销售其2016年4月30日前自建的不动产，可以选择适用简易计税方法，以取得的全部价款和价外费用为销售额，按照5%的征收率计算应纳税额。纳税人应按照上述计税方法在不动产所在地预缴税款后，向机构所在地主管税务机关进行纳税申报。

3. 一般纳税人销售其2016年5月1日后取得（不含自建）的不动产，应适用一般计税方法，以取得的全部价款和价外费用为销售额计算应纳税额。纳税人应以取得的全部价款和价外费用减去该项不动产购置原价或者取得不动产时的作价后的余额，按照5%的预征率在不动产所在地预缴税款后，向机构所在地主管税务机关进行纳税申报。

4. 一般纳税人销售其2016年5月1日后自建的不动产，应适用一般计税方法，以取得的全部价款和价外费用为销售额计算应纳税额。纳税人应以取得的全部价款和价外费用，按照5%的预征率在不动产所在地预缴税款后，向机构所在地主管税务机关进行纳税申报。

5. 小规模纳税人销售其取得（不含自建）的不动产（不含个体工商户销售购买的住房和其他个人销售不动产），应以取得的全部价款和价外费用减去该项不动产购置原价或者取得不动产时的作价后的余额为销售额，按照5%的征收率计算应纳税额。纳税人应按照上述计税方法在不动产所在地预缴税款后，向机构所在地主管税务机关进行纳税申报。

6. 小规模纳税人销售其自建的不动产，应以取得的全部价款和价外费用为销售额，按照5%的征收率计算应纳税额。纳税人应按照上述计税方法在不动产所在地预缴税款后，向机构所在地主管税务机关进行纳税申报。

7. 房地产开发企业中的一般纳税人，销售自行开发的房地产老项目，可以选择适用简易计税方法按照5%的征收率计税。

8. 房地产开发企业中的小规模纳税人，销售自行开发的房地产项目，按照5%的征收率计税。

9. 房地产开发企业采取预收款方式销售所开发的房地产项目，在收到预收款时按照3%的预征率预缴增值税。

10. 个体工商户销售购买的住房，应按照附件3《营业税改征增值税试点过渡政策的规定》第五条的规定征免增值税。纳税人应按照上述计税方法在不动产所在地预缴税款后，向机构所在地主管税务机关进行纳税申报。

11. 其他个人销售其取得（不含自建）的不动产（不含其购买的住房），应以取得的全部价款和价外费用减去该项不动产购置原价或者取得不动产时的作价后的余额为销售额，按照5%的征收率计算应纳税额。

（九）不动产经营租赁服务。

1. 一般纳税人出租其2016年4月30日前取得的不动产，可以选择适用简易计税方法，按照5%的征收率计算应纳税额。纳税人出租其2016年4月30日前取得的与机构所在地不在同一县（市）的不动产，应按照上述计税方法在不动产所在地预缴税款后，向机构所在地主管税务机关进行纳税申报。

2. 公路经营企业中的一般纳税人收取试点前开工的高速公路的车辆通行费，可以选择适用简易计税方法，减按3%的征收率计算应纳税额。

试点前开工的高速公路，是指相关施工许可证明上注明的合同开工日期在2016年4月30日前的高速公路。

3. 一般纳税人出租其2016年5月1日后取得的、与机构所在地不在同一县（市）的不动产，应按照3%的预征率在不动产所在地预缴税款后，向机构所在地主管税务机关进行纳税申报。

4. 小规模纳税人出租其取得的不动产（不含个人出租住房），应按照5%的征收率计算应纳税额。纳税人出租与机构所在地不在同一县（市）的不动产，应按照上述计税方法在不动产所在地预缴税款后，向机构所在地主管税务机关进行纳税申报。

5. 其他个人出租其取得的不动产（不含住房），应按照5%的征收率计算应纳税额。

6. 个人出租住房，应按照5%的征收率减按1.5%计算应纳税额。

（十）一般纳税人销售其2016年4月30日前取得的不动产（不含自建），适用一般计税方法计税的，以取得的全部价款和价外费用为销售额计算应纳税额。上述纳税人应以取得的全部价款和价外费用减去该项不动产购置原价或者取得不动产时的作价后的余额，按照5%的预征率在不动产所在地预缴税款后，向机构所在地主管税务机关进行纳税申报。

房地产开发企业中的一般纳税人销售房地产老项目，以及一般纳税人出租其2016

年4月30日前取得的不动产，适用一般计税方法计税的，应以取得的全部价款和价外费用，按照3%的预征率在不动产所在地预缴税款后，向机构所在地主管税务机关进行纳税申报。

一般纳税人销售其2016年4月30日前自建的不动产，适用一般计税方法计税的，应以取得的全部价款和价外费用为销售额计算应纳税额。纳税人应以取得的全部价款和价外费用，按照5%的预征率在不动产所在地预缴税款后，向机构所在地主管税务机关进行纳税申报。

（十一）一般纳税人跨省（自治区、直辖市或者计划单列市）提供建筑服务或者销售、出租取得的与机构所在地不在同一省（自治区、直辖市或者计划单列市）的不动产，在机构所在地申报纳税时，计算的应纳税额小于已预缴税额，且差额较大的，由国家税务总局通知建筑服务发生地或者不动产所在地省级税务机关，在一定时期内暂停预缴增值税。

（十二）纳税地点。

属于固定业户的试点纳税人，总分支机构不在同一县（市），但在同一省（自治区、直辖市、计划单列市）范围内的，经省（自治区、直辖市、计划单列市）财政厅（局）和国家税务局批准，可以由总机构汇总向总机构所在地的主管税务机关申报缴纳增值税。

（十三）试点前发生的业务。

1. 试点纳税人发生应税行为，按照国家有关营业税政策规定差额征收营业税的，因取得的全部价款和价外费用不足以抵减允许扣除项目金额，截至纳入营改增试点之日前尚未扣除的部分，不得在计算试点纳税人增值税应税销售额时抵减，应当向原主管地税机关申请退还营业税。

2. 试点纳税人发生应税行为，在纳入营改增试点之日前已缴纳营业税，营改增试点后因发生退款减除营业额的，应当向原主管地税机关申请退还已缴纳的营业税。

3. 试点纳税人纳入营改增试点之日前发生的应税行为，因税收检查等原因需要补缴税款的，应按照营业税政策规定补缴营业税。

（十四）销售使用过的固定资产。

一般纳税人销售自己使用过的、纳入营改增试点之日前取得的固定资产，按照现行旧货相关增值税政策执行。

使用过的固定资产，是指纳税人符合《试点实施办法》第二十八条规定并根据财务会计制度已经计提折旧的固定资产。

（十五）扣缴增值税适用税率。

境内的购买方为境外单位和个人扣缴增值税的，按照适用税率扣缴增值税。

（十六）其他规定。

1. 试点纳税人销售电信服务时，附带赠送用户识别卡、电信终端等货物或者电信服务的，应将其取得的全部价款和价外费用进行分别核算，按各自适用的税率计算缴纳增值税。

2. 油气田企业发生应税行为，适用《试点实施办法》规定的增值税税率，不再适用《财政部 国家税务总局关于印发〈油气田企业增值税管理办法〉的通知》（财税【2009】8号）规定的增值税税率。

二、原增值税纳税人［指按照《中华人民共和国增值税暂行条例》（国务院令第538号）（以下称《增值税暂行条例》）缴纳增值税的纳税人］有关政策

（一）进项税额。

1. 原增值税一般纳税人购进服务、无形资产或者不动产，取得的增值税专用发票上注明的增值税额为进项税额，准予从销项税额中抵扣。

2016年5月1日后取得并在会计制度上按固定资产核算的不动产或者2016年5月1日后取得的不动产在建工程，其进项税额应自取得之日起分2年从销项税额中抵扣，第一年抵扣比例为60%，第二年抵扣比例为40%。

融资租入的不动产以及在施工现场修建的临时建筑物、构筑物，其进项税额不适用上述分2年抵扣的规定。

2. 原增值税一般纳税人自用的应征消费税的摩托车、汽车、游艇，其进项税额准予从销项税额中抵扣。

3. 原增值税一般纳税人从境外单位或者个人购进服务、无形资产或者不动产，按照规定应当扣缴增值税的，准予从销项税额中抵扣的进项税额为自税务机关或者扣缴义务人取得的解缴税款的完税凭证上注明的增值税额。

纳税人凭完税凭证抵扣进项税额的，应当具备书面合同、付款证明和境外单位的对账单或者发票。资料不全的，其进项税额不得从销项税额中抵扣。

4. 原增值税一般纳税人购进货物或者接受加工修理修配劳务，用于《销售服务、无形资产或者不动产注释》所列项目的，不属于《增值税暂行条例》第十条所称的用于非增值税应税项目，其进项税额准予从销项税额中抵扣。

5. 原增值税一般纳税人购进服务、无形资产或者不动产，下列项目的进项税额不得从销项税额中抵扣：

（1）用于简易计税方法计税项目、免征增值税项目、集体福利或者个人消费。其中涉及的无形资产、不动产，仅指专用于上述项目的无形资产（不包括其他权益性无形资产）、不动产。

纳税人的交际应酬消费属于个人消费。

（2）非正常损失的购进货物，以及相关的加工修理修配劳务和交通运输服务。

（3）非正常损失的在产品、产成品所耗用的购进货物（不包括固定资产）、加工修理修配劳务和交通运输服务。

（4）非正常损失的不动产，以及该不动产所耗用的购进货物、设计服务和建筑服务。

（5）非正常损失的不动产在建工程所耗用的购进货物、设计服务和建筑服务。

纳税人新建、改建、扩建、修缮、装饰不动产，均属于不动产在建工程。

（6）购进的旅客运输服务、贷款服务、餐饮服务、居民日常服务和娱乐服务。

（7）财政部和国家税务总局规定的其他情形。

上述第（4）点、第（5）点所称货物，是指构成不动产实体的材料和设备，包括建筑装饰材料和给排水、采暖、卫生、通风、照明、通信、煤气、消防、中央空调、电梯、电气、智能化楼宇设备及配套设施。

纳税人接受贷款服务向贷款方支付的与该笔贷款直接相关的投融资顾问费、手续费、咨询费等费用，其进项税额不得从销项税额中抵扣。

6. 已抵扣进项税额的购进服务，发生上述第5点规定情形（简易计税方法计税项目、免征增值税项目除外）的，应当将该进项税额从当期进项税额中扣减；无法确定该进项税额的，按照当期实际成本计算应扣减的进项税额。

7. 已抵扣进项税额的无形资产或者不动产，发生上述第5点规定情形的，按照下列公式计算不得抵扣的进项税额：

不得抵扣的进项税额 = 无形资产或者不动产净值 × 适用税率

8. 按照《增值税暂行条例》第十条和上述第5点不得抵扣且未抵扣进项税额的固定资产、无形资产、不动产，发生用途改变，用于允许抵扣进项税额的应税项目，可在用途改变的次月按照下列公式，依据合法有效的增值税扣税凭证，计算可以抵扣的进项税额：

可以抵扣的进项税额 = 固定资产、无形资产、不动产净值/（1 + 适用税率）× 适用税率

上述可以抵扣的进项税额应取得合法有效的增值税扣税凭证。

（二）增值税期末留抵税额。

原增值税一般纳税人兼有销售服务、无形资产或者不动产的，截止到纳入营改增试点之日前的增值税期末留抵税额，不得从销售服务、无形资产或者不动产的销项税额中抵扣。

（三）混合销售。

一项销售行为如果既涉及货物又涉及服务，为混合销售。从事货物的生产、批发或者零售的单位和个体工商户的混合销售行为，按照销售货物缴纳增值税；其他单位和个体工商户的混合销售行为，按照销售服务缴纳增值税。

上述从事货物的生产、批发或者零售的单位和个体工商户，包括以从事货物的生产、批发或者零售为主，并兼营销售服务的单位和个体工商户在内。

附件3：

营业税改征增值税试点过渡政策的规定

一、下列项目免征增值税

（一）托儿所、幼儿园提供的保育和教育服务。

托儿所、幼儿园，是指经县级以上教育部门审批成立、取得办园许可证的实施0～6

岁学前教育的机构，包括公办和民办的托儿所、幼儿园、学前班、幼儿班、保育院、幼儿院。

公办托儿所、幼儿园免征增值税的收入是指，在省级财政部门和价格主管部门审核报省级人民政府批准的收费标准以内收取的教育费、保育费。

民办托儿所、幼儿园免征增值税的收入是指，在报经当地有关部门备案并公示的收费标准范围内收取的教育费、保育费。

超过规定收费标准的收费，以开办实验班、特色班和兴趣班等为由另外收取的费用以及与幼儿入园挂钩的赞助费、支教费等超过规定范围的收入，不属于免征增值税的收入。

（二）养老机构提供的养老服务。

养老机构，是指依照民政部《养老机构设立许可办法》（民政部令第 48 号）设立并依法办理登记的为老年人提供集中居住和照料服务的各类养老机构；养老服务，是指上述养老机构按照民政部《养老机构管理办法》（民政部令第 49 号）的规定，为收住的老年人提供的生活照料、康复护理、精神慰藉、文化娱乐等服务。

（三）残疾人福利机构提供的育养服务。

（四）婚姻介绍服务。

（五）殡葬服务。

殡葬服务，是指收费标准由各地价格主管部门会同有关部门核定，或者实行政府指导价管理的遗体接运（含抬尸、消毒）、遗体整容、遗体防腐、存放（含冷藏）、火化、骨灰寄存、吊唁设施设备租赁、墓穴租赁及管理等服务。

（六）残疾人员本人为社会提供的服务。

（七）医疗机构提供的医疗服务。

医疗机构，是指依据国务院《医疗机构管理条例》（国务院令第 149 号）及卫生部《医疗机构管理条例实施细则》（卫生部令第 35 号）的规定，经登记取得《医疗机构执业许可证》的机构，以及军队、武警部队各级各类医疗机构。具体包括：各级各类医院、门诊部（所）、社区卫生服务中心（站）、急救中心（站）、城乡卫生院、护理院（所）、疗养院、临床检验中心，各级政府及有关部门举办的卫生防疫站（疾病控制中心）、各种专科疾病防治站（所），各级政府举办的妇幼保健所（站）、母婴保健机构、儿童保健机构，各级政府举办的血站（血液中心）等医疗机构。

本项所称的医疗服务，是指医疗机构按照不高于地（市）级以上价格主管部门会同同级卫生主管部门及其他相关部门制定的医疗服务指导价格（包括政府指导价和按照规定由供需双方协商确定的价格等）为就医者提供《全国医疗服务价格项目规范》所列的各项服务，以及医疗机构向社会提供卫生防疫、卫生检疫的服务。

（八）从事学历教育的学校提供的教育服务。

1. 学历教育，是指受教育者经过国家教育考试或者国家规定的其他入学方式，进入国家有关部门批准的学校或者其他教育机构学习，获得国家承认的学历证书的教育形式。具体包括：

（1）初等教育：普通小学、成人小学。

（2）初级中等教育：普通初中、职业初中、成人初中。

（3）高级中等教育：普通高中、成人高中和中等职业学校（包括普通中专、成人中专、职业高中、技工学校）。

（4）高等教育：普通本专科、成人本专科、网络本专科、研究生（博士、硕士）、高等教育自学考试、高等教育学历文凭考试。

2. 从事学历教育的学校，是指：

（1）普通学校。

（2）经地（市）级以上人民政府或者同级政府的教育行政部门批准成立、国家承认其学员学历的各类学校。

（3）经省级及以上人力资源社会保障行政部门批准成立的技工学校、高级技工学校。

（4）经省级人民政府批准成立的技师学院。

上述学校均包括符合规定的从事学历教育的民办学校，但不包括职业培训机构等国家不承认学历的教育机构。

3. 提供教育服务免征增值税的收入，是指对列入规定招生计划的在籍学生提供学历教育服务取得的收入，具体包括：经有关部门审核批准并按规定标准收取的学费、住宿费、课本费、作业本费、考试报名费收入，以及学校食堂提供餐饮服务取得的伙食费收入。除此之外的收入，包括学校以各种名义收取的赞助费、择校费等，不属于免征增值税的范围。

学校食堂是指依照《学校食堂与学生集体用餐卫生管理规定》（教育部令第 14 号）管理的学校食堂。

（九）学生勤工俭学提供的服务。

（十）农业机耕、排灌、病虫害防治、植物保护、农牧保险以及相关技术培训业务，家禽、牲畜、水生动物的配种和疾病防治。

农业机耕，是指在农业、林业、牧业中使用农业机械进行耕作（包括耕耘、种植、收割、脱粒、植物保护等）的业务；排灌，是指对农田进行灌溉或者排涝的业务；病虫害防治，是指从事农业、林业、牧业、渔业的病虫害测报和防治的业务；农牧保险，是指为种植业、养殖业、牧业种植和饲养的动植物提供保险的业务；相关技术培训，是指与农业机耕、排灌、病虫害防治、植物保护业务相关以及为使农民获得农牧保险知识的技术培训业务；家禽、牲畜、水生动物的配种和疾病防治业务的免税范围，包括与该项服务有关的提供药品和医疗用具的业务。

（十一）纪念馆、博物馆、文化馆、文物保护单位管理机构、美术馆、展览馆、书画院、图书馆在自己的场所提供文化体育服务取得的第一道门票收入。

（十二）寺院、宫观、清真寺和教堂举办文化、宗教活动的门票收入。

（十三）行政单位之外的其他单位收取的符合《试点实施办法》第十条规定条件的政府性基金和行政事业性收费。

（十四）个人转让著作权。

（十五）个人销售自建自用住房。

（十六）2018 年 12 月 31 日前，公共租赁住房经营管理单位出租公共租赁住房。

公共租赁住房，是指纳入省、自治区、直辖市、计划单列市人民政府及新疆生产建设兵团批准的公共租赁住房发展规划和年度计划，并按照《关于加快发展公共租赁住房的指导意见》（建保【2010】87 号）和市、县人民政府制定的具体管理办法进行管理的公共租赁住房。

（十七）台湾航运公司、航空公司从事海峡两岸海上直航、空中直航业务在大陆取得的运输收入。

台湾航运公司，是指取得交通运输部颁发的“台湾海峡两岸间水路运输许可证”且该许可证上注明的公司登记地址在台湾的航运公司。

台湾航空公司，是指取得中国民用航空局颁发的“经营许可”或者依据《海峡两岸空运协议》和《海峡两岸空运补充协议》规定，批准经营两岸旅客、货物和邮件不定期（包机）运输业务，且公司登记地址在台湾的航空公司。

（十八）纳税人提供的直接或者间接国际货物运输代理服务。

1. 纳税人提供直接或者间接国际货物运输代理服务，向委托方收取的全部国际货物运输代理服务收入，以及向国际运输承运人支付的国际运输费用，必须通过金融机构进行结算。

2. 纳税人为大陆与香港、澳门、台湾地区之间的货物运输提供的货物运输代理服务参照国际货物运输代理服务有关规定执行。

3. 委托方索取发票的，纳税人应当就国际货物运输代理服务收入向委托方全额开具增值税普通发票。

（十九）以下利息收入。

1. 2016 年 12 月 31 日前，金融机构农户小额贷款。

小额贷款，是指单笔且该农户贷款余额总额在 10 万元（含本数）以下的贷款。

所称农户，是指长期（一年以上）居住在乡镇（不包括城关镇）行政管理区域内的住户，还包括长期居住在城关镇所辖行政村范围内的住户和户口不在本地而在本地居住一年以上的住户，国有农场的职工和农村个体工商户。位于乡镇（不包括城关镇）行政管理区域内和在城关镇所辖行政村范围内的国有经济的机关、团体、学校、企事业单位的集体户；有本地户口，但举家外出谋生一年以上的住户，无论是否保留承包耕地均不属于农户。农户以户为统计单位，既可以从事农业生产经营，也可以从事非农业生产经营。农户贷款的判定应以贷款发放时的承贷主体是否属于农户为准。

2. 国家助学贷款。

3. 国债、地方政府债。

4. 人民银行对金融机构的贷款。

5. 住房公积金管理中心用住房公积金在指定的委托银行发放的个人住房贷款。

6. 外汇管理部门在从事国家外汇储备经营过程中，委托金融机构发放的外汇贷款。

7. 统借统还业务中，企业集团或企业集团中的核心企业以及集团所属财务公司按不高于支付给金融机构的借款利率水平或者支付的债券票面利率水平，向企业集团或者集团内下属单位收取的利息。

统借方向资金使用单位收取的利息，高于支付给金融机构借款利率水平或者支付的债券票面利率水平的，应全额缴纳增值税。

统借统还业务，是指：

（1）企业集团或者企业集团中的核心企业向金融机构借款或对外发行债券取得资金后，将所借资金分拨给下属单位（包括独立核算单位和非独立核算单位，下同），并向下属单位收取用于归还金融机构或债券购买方本息的业务。

（2）企业集团向金融机构借款或对外发行债券取得资金后，由集团所属财务公司与企业集团或者集团内下属单位签订统借统还贷款合同并分拨资金，并向企业集团或者集团内下属单位收取本息，再转付企业集团，由企业集团统一归还金融机构或债券购买方的业务。

（二十）被撤销金融机构以货物、不动产、无形资产、有价证券、票据等财产清偿债务。

被撤销金融机构，是指经人民银行、银监会依法决定撤销的金融机构及其分设于各地的分支机构，包括被依法撤销的商业银行、信托投资公司、财务公司、金融租赁公司、城市信用社和农村信用社。除另有规定外，被撤销金融机构所属、附属企业，不享受被撤销金融机构增值税免税政策。

（二十一）保险公司开办的一年期以上人身保险产品取得的保费收入。

一年期以上人身保险，是指保险期间为一年期及以上返还本利的人寿保险、养老年金保险，以及保险期间为一年期及以上的健康保险。

人寿保险，是指以人的寿命为保险标的的人身保险。

养老年金保险，是指以养老保障为目的，以被保险人生存为给付保险金条件，并按约定的时间间隔分期给付生存保险金的人身保险。养老年金保险应当同时符合下列条件：

1. 保险合同约定给付被保险人生存保险金的年龄不得小于国家规定的退休年龄。

2. 相邻两次给付的时间间隔不得超过一年。

健康保险，是指以因健康原因导致损失为给付保险金条件的人身保险。

上述免税政策实行备案管理，具体备案管理办法按照《国家税务总局关于一年期以上返还性人身保险产品免征营业税审批事项取消后有关管理问题的公告》（国家税务总局公告【2015】第65号）规定执行。

（二十二）下列金融商品转让收入。

1. 合格境外投资者（QFII）委托境内公司在我国从事证券买卖业务。

2. 香港市场投资者（包括单位和个人）通过沪港通买卖上海证券交易所上市 A 股。

3. 对香港市场投资者（包括单位和个人）通过基金互认买卖内地基金份额。

4. 证券投资基金（封闭式证券投资基金，开放式证券投资基金）管理人运用基金买卖股票、债券。

5. 个人从事金融商品转让业务。

（二十三）金融同业往来利息收入。

1. 金融机构与人民银行所发生的资金往来业务。包括人民银行对一般金融机构贷款，以及人民银行对商业银行的再贴现等。

2. 银行联行往来业务。同一银行系统内部不同行、处之间所发生的资金账务往来业务。

3. 金融机构间的资金往来业务。是指经人民银行批准，进入全国银行间同业拆借市场的金融机构之间通过全国统一的同业拆借网络进行的短期（一年以下含一年）无担保资金融通行为。

4. 金融机构之间开展的转贴现业务。

金融机构是指：

（1）银行：包括人民银行、商业银行、政策性银行。

（2）信用合作社。

（3）证券公司。

（4）金融租赁公司、证券基金管理公司、财务公司、信托投资公司、证券投资基金。

（5）保险公司。

（6）其他经人民银行、银监会、证监会、保监会批准成立且经营金融保险业务的机构等。

（二十四）同时符合下列条件的担保机构从事中小企业信用担保或者再担保业务取得的收入（不含信用评级、咨询、培训等收入）3 年内免征增值税：

1. 已取得监管部门颁发的融资性担保机构经营许可证，依法登记注册为企（事）业法人，实收资本超过 2 000 万元。

2. 平均年担保费率不超过银行同期贷款基准利率的 50%。平均年担保费率 = 本期担保费收入 ÷（期初担保余额 + 本期增加担保金额）×100%。

3. 连续合规经营 2 年以上，资金主要用于担保业务，具备健全的内部管理制度和为中小企业提供担保的能力，经营业绩突出，对受保项目具有完善的事前评估、事中监控、事后追偿与处置机制。

4. 为中小企业提供的累计担保贷款额占其两年累计担保业务总额的 80% 以上，单笔 800 万元以下的累计担保贷款额占其累计担保业务总额的 50% 以上。

5. 对单个受保企业提供的担保余额不超过担保机构实收资本总额的10%，且平均单笔担保责任金额最多不超过3 000万元人民币。

6. 担保责任余额不低于其净资产的3倍，且代偿率不超过2%。

担保机构免征增值税政策采取备案管理方式。符合条件的担保机构应到所在地县（市）主管税务机关和同级中小企业管理部门履行规定的备案手续，自完成备案手续之日起，享受3年免征增值税政策。3年免税期满后，符合条件的担保机构可按规定程序办理备案手续后继续享受该项政策。

具体备案管理办法按照《国家税务总局关于中小企业信用担保机构免征营业税审批事项取消后有关管理问题的公告》（国家税务总局公告【2015】第69号）规定执行，其中税务机关的备案管理部门统一调整为县（市）级国家税务局。

（二十五）国家商品储备管理单位及其直属企业承担商品储备任务，从中央或者地方财政取得的利息补贴收入和价差补贴收入。

国家商品储备管理单位及其直属企业，是指接受中央、省、市、县四级政府有关部门（或者政府指定管理单位）委托，承担粮（含大豆）、食用油、棉、糖、肉、盐（限于中央储备）共6种商品储备任务，并按有关政策收储、销售上述6种储备商品，取得财政储备经费或者补贴的商品储备企业。利息补贴收入，是指国家商品储备管理单位及其直属企业因承担上述商品储备任务从金融机构贷款，并从中央或者地方财政取得的用于偿还贷款利息的贴息收入。价差补贴收入包括销售价差补贴收入和轮换价差补贴收入。销售价差补贴收入，是指按照中央或者地方政府指令销售上述储备商品时，由于销售收入小于库存成本而从中央或者地方财政获得的全额价差补贴收入。轮换价差补贴收入，是指根据要求定期组织政策性储备商品轮换而从中央或者地方财政取得的商品新陈品质价差补贴收入。

（二十六）纳税人提供技术转让、技术开发和与之相关的技术咨询、技术服务。

1. 技术转让、技术开发，是指《销售服务、无形资产、不动产注释》中“转让技术”“研发服务”范围内的业务活动。技术咨询，是指就特定技术项目提供可行性论证、技术预测、专题技术调查、分析评价报告等业务活动。

与技术转让、技术开发相关的技术咨询、技术服务，是指转让方（或者受托方）根据技术转让或者开发合同的规定，为帮助受让方（或者委托方）掌握所转让（或者委托开发）的技术，而提供的技术咨询、技术服务业务，且这部分技术咨询、技术服务的价款与技术转让或者技术开发的价款应当在同一张发票上开具。

2. 备案程序。试点纳税人申请免征增值税时，须持技术转让、开发的书面合同，到纳税人所在地省级科技主管部门进行认定，并持有关的书面合同和科技主管部门审核意见证明文件报主管税务机关备查。

（二十七）同时符合下列条件的合同能源管理服务：

1. 节能服务公司实施合同能源管理项目相关技术，应当符合国家质量监督检验检疫总局和国家标准化管理委员会发布的《合同能源管理技术通则》（GB/T24915－2010）

规定的技术要求。

2. 节能服务公司与用能企业签订节能效益分享型合同，其合同格式和内容，符合《中华人民共和国合同法》和《合同能源管理技术通则》（GB/T24915－2010）等规定。

（二十八）2017 年 12 月 31 日前，科普单位的门票收入，以及县级及以上党政部门和科协开展科普活动的门票收入。

科普单位，是指科技馆、自然博物馆，对公众开放的天文馆（站、台）、气象台（站）、地震台（站），以及高等院校、科研机构对公众开放的科普基地。

科普活动，是指利用各种传媒以浅显的、让公众易于理解、接受和参与的方式，向普通大众介绍自然科学和社会科学知识，推广科学技术的应用，倡导科学方法，传播科学思想，弘扬科学精神的活动。

（二十九）政府举办的从事学历教育的高等、中等和初等学校（不含下属单位），举办进修班、培训班取得的全部归该学校所有的收入。

全部归该学校所有，是指举办进修班、培训班取得的全部收入进入该学校统一账户，并纳入预算全额上缴财政专户管理，同时由该学校对有关票据进行统一管理和开具。

举办进修班、培训班取得的收入进入该学校下属部门自行开设账户的，不予免征增值税。

（三十）政府举办的职业学校设立的主要为在校学生提供实习场所、并由学校出资自办、由学校负责经营管理、经营收入归学校所有的企业，从事《销售服务、无形资产或者不动产注释》中“现代服务”（不含融资租赁服务、广告服务和其他现代服务）、“生活服务”（不含文化体育服务、其他生活服务和桑拿、氧吧）业务活动取得的收入。

（三十一）家政服务企业由员工制家政服务员提供家政服务取得的收入。

家政服务企业，是指在企业营业执照的规定经营范围中包括家政服务内容的企业。

员工制家政服务员，是指同时符合下列 3 个条件的家政服务员：

1. 依法与家政服务企业签订半年及半年以上的劳动合同或者服务协议，且在该企业实际上岗工作。

2. 家政服务企业为其按月足额缴纳了企业所在地人民政府根据国家政策规定的基本养老保险、基本医疗保险、工伤保险、失业保险等社会保险。对已享受新型农村养老保险和新型农村合作医疗等社会保险或者下岗职工原单位继续为其缴纳社会保险的家政服务员，如果本人书面提出不再缴纳企业所在地人民政府根据国家政策规定的相应的社会保险，并出具其所在乡镇或者原单位开具的已缴纳相关保险的证明，可视同家政服务企业已为其按月足额缴纳了相应的社会保险。

3. 家政服务企业通过金融机构向其实际支付不低于企业所在地适用的经省级人民政府批准的最低工资标准的工资。

（三十二）福利彩票、体育彩票的发行收入。

（三十三）军队空余房产租赁收入。

（三十四）为了配合国家住房制度改革，企业、行政事业单位按房改成本价、标准价出售住房取得的收入。

（三十五）将土地使用权转让给农业生产者用于农业生产。

（三十六）涉及家庭财产分割的个人无偿转让不动产、土地使用权。

家庭财产分割，包括下列情形：离婚财产分割；无偿赠与配偶、父母、子女、祖父母、外祖父母、孙子女、外孙子女、兄弟姐妹；无偿赠与对其承担直接抚养或者赡养义务的抚养人或者赡养人；房屋产权所有人死亡，法定继承人、遗嘱继承人或者受遗赠人依法取得房屋产权。

（三十七）土地所有者出让土地使用权和土地使用者将土地使用权归还给土地所有者。

（三十八）县级以上地方人民政府或自然资源行政主管部门出让、转让或收回自然资源使用权（不含土地使用权）。

（三十九）随军家属就业。

1. 为安置随军家属就业而新开办的企业，自领取税务登记证之日起，其提供的应税服务 3 年内免征增值税。

享受税收优惠政策的企业，随军家属必须占企业总人数的60%（含）以上，并有军（含）以上政治和后勤机关出具的证明。

2. 从事个体经营的随军家属，自办理税务登记事项之日起，其提供的应税服务 3 年内免征增值税。

随军家属必须有师以上政治机关出具的可以表明其身份的证明。

按照上述规定，每一名随军家属可以享受一次免税政策。

（四十）军队转业干部就业。

1. 从事个体经营的军队转业干部，自领取税务登记证之日起，其提供的应税服务 3 年内免征增值税。

2. 为安置自主择业的军队转业干部就业而新开办的企业，凡安置自主择业的军队转业干部占企业总人数60%（含）以上的，自领取税务登记证之日起，其提供的应税服务 3 年内免征增值税。

享受上述优惠政策的自主择业的军队转业干部必须持有师以上部队颁发的转业证件。

二、增值税即征即退

（一）一般纳税人提供管道运输服务，对其增值税实际税负超过 3% 的部分实行增值税即征即退政策。

（二）经人民银行、银监会或者商务部批准从事融资租赁业务的试点纳税人中的一般纳税人，提供有形动产融资租赁服务和有形动产融资性售后回租服务，对其增值税实际税负超过 3% 的部分实行增值税即征即退政策。商务部授权的省级商务主管部门和国家经济技术开发区批准的从事融资租赁业务和融资性售后回租业务的试点纳税人中的一般纳税人，2016 年 5 月 1 日后实收资本达到 1.7 亿元的，从达到标准的当月起按照上述规定执行；2016 年 5 月 1 日后实收资本未达到 1.7 亿元但注册资本达到 1.7 亿元的，在 2016 年 7 月 31 日前仍可按照上述规定执行，2016 年 8 月 1 日后开展的有形动产融资租赁业务和有形动产融资性售后回租业务不得按照上述规定执行。

（三）本规定所称增值税实际税负，是指纳税人当期提供应税服务实际缴纳的增值税额占纳税人当期提供应税服务取得的全部价款和价外费用的比例。

三、扣减增值税规定

（一）退役士兵创业就业。

1. 对自主就业退役士兵从事个体经营的，在 3 年内按每户每年 8 000 元为限额依次扣减其当年实际应缴纳的增值税、城市维护建设税、教育费附加、地方教育附加和个人所得税。限额标准最高可上浮 20%，各省、自治区、直辖市人民政府可根据本地区实际情况在此幅度内确定具体限额标准，并报财政部和国家税务总局备案。

纳税人年度应缴纳税款小于上述扣减限额的，以其实际缴纳的税款为限；大于上述扣减限额的，应以上述扣减限额为限。纳税人的实际经营期不足一年的，应当以实际月份换算其减免税限额。换算公式为：减免税限额 = 年度减免税限额 ÷ 12 × 实际经营月数。

纳税人在享受税收优惠政策的当月，持《中国人民解放军义务兵退出现役证》或《中国人民解放军士官退出现役证》以及税务机关要求的相关材料向主管税务机关备案。

2. 对商贸企业、服务型企业、劳动就业服务企业中的加工型企业和街道社区具有加工性质的小型企业实体，在新增加的岗位中，当年新招用自主就业退役士兵，与其签订 1 年以上期限劳动合同并依法缴纳社会保险费的，在 3 年内按实际招用人数予以定额依次扣减增值税、城市维护建设税、教育费附加、地方教育附加和企业所得税优惠。定额标准为每人每年 4 000 元，最高可上浮 50%，各省、自治区、直辖市人民政府可根据本地区实际情况在此幅度内确定具体定额标准，并报财政部和国家税务总局备案。

本条所称服务型企业是指从事《销售服务、无形资产、不动产注释》中“不动产租赁服务”“商务辅助服务”（不含货物运输代理和代理报关服务）、“生活服务”（不含文化体育服务）范围内业务活动的企业以及按照《民办非企业单位登记管理暂行条例》（国务院令第 251 号）登记成立的民办非企业单位。

纳税人按企业招用人数和签订的劳动合同时间核定企业减免税总额，在核定减免税总额内每月依次扣减增值税、城市维护建设税、教育费附加和地方教育附加。纳税人实际应缴纳的增值税、城市维护建设税、教育费附加和地方教育附加小于核定减免税总额的，以实际应缴纳的增值税、城市维护建设税、教育费附加和地方教育附加为限；实际应缴纳的增值税、城市维护建设税、教育费附加和地方教育附加大于核定减免税总额的，以核定减免税总额为限。

纳税年度终了，如果企业实际减免的增值税、城市维护建设税、教育费附加和地方教育附加小于核定的减免税总额，企业在企业所得税汇算清缴时扣减企业所得税。当年扣减不足的，不再结转以后年度扣减。

计算公式为：企业减免税总额 = ∑每名自主就业退役士兵本年度在本企业工作月份 ÷ 12 × 定额标准。

企业自招用自主就业退役士兵的次月起享受税收优惠政策，并于享受税收优惠政策的当月，持下列材料向主管税务机关备案：

（1）新招用自主就业退役士兵的《中国人民解放军义务兵退出现役证》或《中国人民解放军士官退出现役证》。

（2）企业与新招用自主就业退役士兵签订的劳动合同（副本），企业为职工缴纳的社会保险费记录。

（3）自主就业退役士兵本年度在企业工作时间表。

（4）主管税务机关要求的其他相关材料。

3. 上述所称自主就业退役士兵是指依照《退役士兵安置条例》（国务院、中央军委令第608号）的规定退出现役并按自主就业方式安置的退役士兵。

4. 上述税收优惠政策的执行期限为2016年5月1日至2016年12月31日，纳税人在2016年12月31日未享受满3年的，可继续享受至3年期满为止。

按照《财政部 国家税务总局 民政部关于调整完善扶持自主就业退役士兵创业就业有关税收政策的通知》（财税【2014】42号）规定享受营业税优惠政策的纳税人，自2016年5月1日起按照上述规定享受增值税优惠政策，在2016年12月31日未享受满3年的，可继续享受至3年期满为止。

《财政部 国家税务总局关于将铁路运输和邮政业纳入营业税改征增值税试点的通知》（财税【2013】106号）附件3第一条第（十二）项城镇退役士兵就业免征增值税政策，自2014年7月1日起停止执行。在2014年6月30日未享受满3年的，可继续享受至3年期满为止。

（二）重点群体创业就业。

1. 对持《就业创业证》（注明“自主创业税收政策”或“毕业年度内自主创业税收政策”）或2015年1月27日前取得的《就业失业登记证》（注明“自主创业税收政策”或附着《高校毕业生自主创业证》）的人员从事个体经营的，在3年内按每户每年8 000元为限额依次扣减其当年实际应缴纳的增值税、城市维护建设税、教育费附加、地方教育附加和个人所得税。限额标准最高可上浮20%，各省、自治区、直辖市人民政府可根据本地区实际情况在此幅度内确定具体限额标准，并报财政部和国家税务总局备案。

纳税人年度应缴纳税款小于上述扣减限额的，以其实际缴纳的税款为限；大于上述扣减限额的，应以上述扣减限额为限。

上述人员是指：

（1）在人力资源社会保障部门公共就业服务机构登记失业半年以上的人员。

（2）零就业家庭、享受城市居民最低生活保障家庭劳动年龄内的登记失业人员。

（3）毕业年度内高校毕业生。高校毕业生是指实施高等学历教育的普通高等学校、成人高等学校毕业的学生；毕业年度是指毕业所在自然年，即1月1日至12月31日。

2. 对商贸企业、服务型企业、劳动就业服务企业中的加工型企业和街道社区具有加工性质的小型企业实体，在新增加的岗位中，当年新招用在人力资源社会保障部门公共就业服务机构登记失业半年以上且持《就业创业证》或2015年1月27日前取得的《就业失业登记证》（注明“企业吸纳税收政策”）人员，与其签订1年以上期限劳动合同并依法缴纳社会保险费的，在3年内按实际招用人数予以定额依次扣减增值税、城市维护建设税、教育费附加、地方教育附加和企业所得税优惠。定额标准为每人每年4 000元，最高可上浮30%，各省、自治区、直辖市人民政府可根据本地区实际情况在此幅度内确定具体定额标准，并报财政部和国家税务总局备案。

按上述标准计算的税收扣减额应在企业当年实际应缴纳的增值税、城市维护建设税、教育费附加、地方教育附加和企业所得税税额中扣减，当年扣减不足的，不得结转下年使用。

本条所称服务型企业是指从事《销售服务、无形资产、不动产注释》中“不动产租赁服务”“商务辅助服务”（不含货物运输代理和代理报关服务）、“生活服务”（不含文化体育服务）范围内业务活动的企业以及按照《民办非企业单位登记管理暂行条例》（国务院令第251号）登记成立的民办非企业单位。

3. 享受上述优惠政策的人员按以下规定申领《就业创业证》：

（1）按照《就业服务与就业管理规定》（劳动和社会保障部令第28号）第六十三条的规定，在法定劳动年龄内，有劳动能力，有就业要求，处于无业状态的城镇常住人员，在公共就业服务机构进行失业登记，申领《就业创业证》。其中，农村进城务工人员和其他非本地户籍人员在常住地稳定就业满6个月的，失业后可以在常住地登记。

（2）零就业家庭凭社区出具的证明，城镇低保家庭凭低保证明，在公共就业服务机构登记失业，申领《就业创业证》。

（3）毕业年度内高校毕业生在校期间凭学生证向公共就业服务机构按规定申领《就业创业证》，或委托所在高校就业指导中心向公共就业服务机构按规定代为其申领《就业创业证》；毕业年度内高校毕业生离校后直接向公共就业服务机构按规定申领《就业创业证》。

（4）上述人员申领相关凭证后，由就业和创业地人力资源社会保障部门对人员范围、就业失业状态、已享受政策情况进行核实，在《就业创业证》上注明“自主创业税收政策”“毕业年度内自主创业税收政策”或“企业吸纳税收政策”字样，同时符合自主创业和企业吸纳税收政策条件的，可同时加注；主管税务机关在《就业创业证》上加盖戳记，注明减免税所属时间。

4. 上述税收优惠政策的执行期限为2016年5月1日至2016年12月31日，纳税人在2016年12月31日未享受满3年的，可继续享受至3年期满为止。

按照《财政部 国家税务总局 人力资源社会保障部关于继续实施支持和促进重点群体创业就业有关税收政策的通知》（财税【2014】39号）规定享受营业税优惠政策的纳

税人，自2016年5月1日起按照上述规定享受增值税优惠政策，在2016年12月31日未享受满3年的，可继续享受至3年期满为止。

《财政部 国家税务总局关于将铁路运输和邮政业纳入营业税改征增值税试点的通知》（财税【2013】106号）附件3第一条第（十三）项失业人员就业增值税优惠政策，自2014年1月1日起停止执行。在2013年12月31日未享受满3年的，可继续享受至3年期满为止。

四、金融企业发放贷款后，自结息日起90天内发生的应收未收利息按现行规定缴纳增值税，自结息日起90天后发生的应收未收利息暂不缴纳增值税，待实际收到利息时按规定缴纳增值税。

上述所称金融企业，是指银行（包括国有、集体、股份制、合资、外资银行以及其他所有制形式的银行）、城市信用社、农村信用社、信托投资公司、财务公司。

五、个人将购买不足2年的住房对外销售的，按照5%的征收率全额缴纳增值税；个人将购买2年以上（含2年）的住房对外销售的，免征增值税。上述政策适用于北京市、上海市、广州市和深圳市之外的地区。

个人将购买不足2年的住房对外销售的，按照5%的征收率全额缴纳增值税；个人将购买2年以上（含2年）的非普通住房对外销售的，以销售收入减去购买住房价款后的差额按照5%的征收率缴纳增值税；个人将购买2年以上（含2年）的普通住房对外销售的，免征增值税。上述政策仅适用于北京市、上海市、广州市和深圳市。

办理免税的具体程序、购买房屋的时间、开具发票、非购买形式取得住房行为及其他相关税收管理规定，按照《国务院办公厅转发建设部等部门关于做好稳定住房价格工作意见的通知》（国办发【2005】26号）、《国家税务总局 财政部 建设部关于加强房地产税收管理的通知》（国税发【2005】89号）和《国家税务总局关于房地产税收政策执行中几个具体问题的通知》（国税发【2005】172号）的有关规定执行。

六、上述增值税优惠政策除已规定期限的项目和第五条政策外，其他均在营改增试点期间执行。如果试点纳税人在纳入营改增试点之日前已经按照有关政策规定享受了营业税税收优惠，在剩余税收优惠政策期限内，按照本规定享受有关增值税优惠。

附件4：

跨境应税行为适用增值税零税率和免税政策的规定

一、中华人民共和国境内（以下称境内）的单位和个人销售的下列服务和无形资产，适用增值税零税率：

（一）国际运输服务。

国际运输服务，是指：

1. 在境内载运旅客或者货物出境。

2. 在境外载运旅客或者货物入境。

3. 在境外载运旅客或者货物。

（二）航天运输服务。

（三）向境外单位提供的完全在境外消费的下列服务：

1. 研发服务。

2. 合同能源管理服务。

3. 设计服务。

4. 广播影视节目（作品）的制作和发行服务。

5. 软件服务。

6. 电路设计及测试服务。

7. 信息系统服务。

8. 业务流程管理服务。

9. 离岸服务外包业务。

离岸服务外包业务，包括信息技术外包服务（ITO）、技术性业务流程外包服务（BPO）、技术性知识流程外包服务（KPO），其所涉及的具体业务活动，按照《销售服务、无形资产、不动产注释》相对应的业务活动执行。

10. 转让技术。

（四）财政部和国家税务总局规定的其他服务。

二、境内的单位和个人销售的下列服务和无形资产免征增值税，但财政部和国家税务总局规定适用增值税零税率的除外：

（一）下列服务：

1. 工程项目在境外的建筑服务。

2. 工程项目在境外的工程监理服务。

3. 工程、矿产资源在境外的工程勘察勘探服务。

4. 会议展览地点在境外的会议展览服务。

5. 存储地点在境外的仓储服务。

6. 标的物在境外使用的有形动产租赁服务。

7. 在境外提供的广播影视节目（作品）的播映服务。

8. 在境外提供的文化体育服务、教育医疗服务、旅游服务。

（二）为出口货物提供的邮政服务、收派服务、保险服务。

为出口货物提供的保险服务，包括出口货物保险和出口信用保险。

（三）向境外单位提供的完全在境外消费的下列服务和无形资产：

1. 电信服务。

2. 知识产权服务。

3. 物流辅助服务（仓储服务、收派服务除外）。

4. 鉴证咨询服务。

5. 专业技术服务。

6. 商务辅助服务。

7. 广告投放地在境外的广告服务。

8. 无形资产。

（四）以无运输工具承运方式提供的国际运输服务。

（五）为境外单位之间的货币资金融通及其他金融业务提供的直接收费金融服务，且该服务与境内的货物、无形资产和不动产无关。

（六）财政部和国家税务总局规定的其他服务。

三、按照国家有关规定应取得相关资质的国际运输服务项目，纳税人取得相关资质的，适用增值税零税率政策，未取得的，适用增值税免税政策。

境内的单位或个人提供程租服务，如果租赁的交通工具用于国际运输服务和港澳台运输服务，由出租方按规定申请适用增值税零税率。

境内的单位和个人向境内单位或个人提供期租、湿租服务，如果承租方利用租赁的交通工具向其他单位或个人提供国际运输服务和港澳台运输服务，由承租方适用增值税零税率。境内的单位或个人向境外单位或个人提供期租、湿租服务，由出租方适用增值税零税率。

境内单位和个人以无运输工具承运方式提供的国际运输服务，由境内实际承运人适用增值税零税率；无运输工具承运业务的经营者适用增值税免税政策。

四、境内的单位和个人提供适用增值税零税率的服务或者无形资产，如果属于适用简易计税方法的，实行免征增值税办法。如果属于适用增值税一般计税方法的，生产企业实行免抵退税办法，外贸企业外购服务或者无形资产出口实行免退税办法，外贸企业直接将服务或自行研发的无形资产出口，视同生产企业连同其出口货物统一实行免抵退税办法。

服务和无形资产的退税率为其按照《试点实施办法》第十五条第（一）至（三）项规定适用的增值税税率。实行退（免）税办法的服务和无形资产，如果主管税务机关认定出口价格偏高的，有权按照核定的出口价格计算退（免）税，核定的出口价格低于外贸企业购进价格的，低于部分对应的进项税额不予退税，转入成本。

五、境内的单位和个人销售适用增值税零税率的服务或无形资产的，可以放弃适用增值税零税率，选择免税或按规定缴纳增值税。放弃适用增值税零税率后，36 个月内不得再申请适用增值税零税率。

六、境内的单位和个人销售适用增值税零税率的服务或无形资产，按月向主管退税的税务机关申报办理增值税退（免）税手续。具体管理办法由国家税务总局商财政部另行制定。

七、本规定所称完全在境外消费，是指：

（一）服务的实际接受方在境外，且与境内的货物和不动产无关。

（二）无形资产完全在境外使用，且与境内的货物和不动产无关。

（三）财政部和国家税务总局规定的其他情形。

八、境内单位和个人发生的与香港、澳门、台湾有关的应税行为，除本文另有规定外，参照上述规定执行。

九、2016 年 4 月 30 日前签订的合同，符合《财政部 国家税务总局关于将铁路运输和邮政业纳入营业税改征增值税试点的通知》（财税【2013】106 号）附件 4 和《财政部 国家税务总局关于影视等出口服务适用增值税零税率政策的通知》（财税【2015】118 号）规定的零税率或者免税政策条件的，在合同到期前可以继续享受零税率或者免税政策。

附录3

国家税务总局公告

国家税务总局关于发布《纳税人转让不动产增值税征收管理暂行办法》的公告

财税【2016】14 号

国家税务总局制定了《纳税人转让不动产增值税征收管理暂行办法》，现予以公布，自 2016 年 5 月 1 日起施行。

特此公告。

国家税务总局

2016 年 3 月 31 日

纳税人转让不动产增值税征收管理暂行办法

第一条　根据《财政部 国家税务总局关于全面推开营业税改征增值税试点的通知》（财税【2016】36 号）及现行增值税有关规定，特制定本办法。

第二条　纳税人转让其取得的不动产，适用本办法。

本办法所称取得的不动产，包括以直接购买、接受捐赠、接受投资入股、自建以及抵债等各种形式取得的不动产。

房地产开发企业销售自行开发的房地产项目不适用本办法。

第三条　一般纳税人转让其取得的不动产，按照以下规定缴纳增值税：

（一）一般纳税人转让其 2016 年 4 月 30 日前取得（不含自建）的不动产，可以选择适用简易计税方法计税，以取得的全部价款和价外费用扣除不动产购置原价或者取得不动产时的作价后的余额为销售额，按照 5% 的征收率计算应纳税额。纳税人应按照上述计税方法向不动产所在地主管地税机关预缴税款，向机构所在地主管国税机关申报纳税。

（二）一般纳税人转让其 2016 年 4 月 30 日前自建的不动产，可以选择适用简易计税方法计税，以取得的全部价款和价外费用为销售额，按照 5% 的征收率计算应纳税额。纳税人应按照上述计税方法向不动产所在地主管地税机关预缴税款，向机构所在地主管国税机关申报纳税。

（三）一般纳税人转让其 2016 年 4 月 30 日前取得（不含自建）的不动产，选择适用一般计税方法计税的，以取得的全部价款和价外费用为销售额计算应纳税额。纳税人应以取得的全部价款和价外费用扣除不动产购置原价或者取得不动产时的作价后的余额，按照 5% 的预征率向不动产所在地主管地税机关预缴税款，向机构所在地主管国税机关申报纳税。

（四）一般纳税人转让其 2016 年 4 月 30 日前自建的不动产，选择适用一般计税方法计税的，以取得的全部价款和价外费用为销售额计算应纳税额。纳税人应以取得的全部价款和价外费用，按照 5% 的预征率向不动产所在地主管地税机关预缴税款，向机构所在地主管国税机关申报纳税。

（五）一般纳税人转让其2016年5月1日后取得（不含自建）的不动产，适用一般计税方法，以取得的全部价款和价外费用为销售额计算应纳税额。纳税人应以取得的全部价款和价外费用扣除不动产购置原价或者取得不动产时的作价后的余额，按照5%的预征率向不动产所在地主管地税机关预缴税款，向机构所在地主管国税机关申报纳税。

（六）一般纳税人转让其2016年5月1日后自建的不动产，适用一般计税方法，以取得的全部价款和价外费用为销售额计算应纳税额。纳税人应以取得的全部价款和价外费用，按照5%的预征率向不动产所在地主管地税机关预缴税款，向机构所在地主管国税机关申报纳税。

第四条　小规模纳税人转让其取得的不动产，除个人转让其购买的住房外，按照以下规定缴纳增值税：

（一）小规模纳税人转让其取得（不含自建）的不动产，以取得的全部价款和价外费用扣除不动产购置原价或者取得不动产时的作价后的余额为销售额，按照5%的征收率计算应纳税额。

（二）小规模纳税人转让其自建的不动产，以取得的全部价款和价外费用为销售额，按照5%的征收率计算应纳税额。

除其他个人之外的小规模纳税人，应按照本条规定的计税方法向不动产所在地主管地税机关预缴税款，向机构所在地主管国税机关申报纳税；其他个人按照本条规定的计税方法向不动产所在地主管地税机关申报纳税。

第五条　个人转让其购买的住房，按照以下规定缴纳增值税：

（一）个人转让其购买的住房，按照有关规定全额缴纳增值税的，以取得的全部价款和价外费用为销售额，按照5%的征收率计算应纳税额。

（二）个人转让其购买的住房，按照有关规定差额缴纳增值税的，以取得的全部价款和价外费用扣除购买住房价款后的余额为销售额，按照5%的征收率计算应纳税额。

个体工商户应按照本条规定的计税方法向住房所在地主管地税机关预缴税款，向机构所在地主管国税机关申报纳税；其他个人应按照本条规定的计税方法向住房所在地主管地税机关申报纳税。

第六条　其他个人以外的纳税人转让其取得的不动产，区分以下情形计算应向不动产所在地主管地税机关预缴的税款：

（一）以转让不动产取得的全部价款和价外费用作为预缴税款计算依据的，计算公式为：

应预缴税款＝全部价款和价外费用÷（1＋5%）×5%

（二）以转让不动产取得的全部价款和价外费用扣除不动产购置原价或者取得不动产时的作价后的余额作为预缴税款计算依据的，计算公式为：

应预缴税款＝（全部价款和价外费用－不动产购置原价或者取得不动产时的作价）÷（1＋5%）×5%

第七条　其他个人转让其取得的不动产，按照本办法第六条规定的计算方法计算应纳税额并向不动产所在地主管地税机关申报纳税。

第八条　纳税人按规定从取得的全部价款和价外费用中扣除不动产购置原价或者取得不动产时的作价的，应当取得符合法律、行政法规和国家税务总局规定的合法有效凭证。否则，不得扣除。

上述凭证是指：

（一）税务部门监制的发票。

（二）法院判决书、裁定书、调解书，以及仲裁裁决书、公证债权文书。

（三）国家税务总局规定的其他凭证。

第九条　纳税人转让其取得的不动产，向不动产所在地主管地税机关预缴的增值税税款，可以在当期增值税应纳税额中抵减，抵减不完的，结转下期继续抵减。

纳税人以预缴税款抵减应纳税额，应以完税凭证作为合法有效凭证。

第十条　小规模纳税人转让其取得的不动产，不能自行开具增值税发票的，可向不动产所在地主管地税机关申请代开。

第十一条　纳税人向其他个人转让其取得的不动产，不得开具或申请代开增值税专用发票。

第十二条　纳税人转让不动产，按照本办法规定应向不动产所在地主管地税机关预缴税款而自应当预缴之月起超过6个月没有预缴税款的，由机构所在地主管国税机关按照《中华人民共和国税收征收管理法》及相关规定进行处理。

纳税人转让不动产，未按照本办法规定缴纳税款的，由主管税务机关按照《中华人民共和国税收征收管理法》及相关规定进行处理。

附录4

国家税务总局关于发布《不动产进项税额分期抵扣暂行办法》的公告

国家税务总局公告

财税【2016】15号

国家税务总局制定了《不动产进项税额分期抵扣暂行办法》，现予以公布，自2016年5月1日起施行。

特此公告。

国家税务总局

2016年3月31日

不动产进项税额分期抵扣暂行办法

第一条　根据《财政部 国家税务总局关于全面推开营业税改征增值税试点的通知》（财税【2016】36号）及现行增值税有关规定，特制定本办法。

第二条　增值税一般纳税人（以下称纳税人）2016年5月1日后取得并在会计制度上按固定资产核算的不动产，以及2016年5月1日后发生的不动产在建工程，其进项税额应按照本办法有关规定分2年从销项税额中抵扣，第一年抵扣比例为60%，第二年抵扣比例为40%。

取得的不动产，包括以直接购买、接受捐赠、接受投资入股以及抵债等各种形式取得的不动产。

纳税人新建、改建、扩建、修缮、装饰不动产，属于不动产在建工程。

房地产开发企业自行开发的房地产项目，融资租入的不动产，以及在施工现场修建的临时建筑物、构筑物，其进项税额不适用上述分2年抵扣的规定。

第三条　纳税人2016年5月1日后购进货物和设计服务、建筑服务，用于新建不动产，或者用于改建、扩建、修缮、装饰不动产并增加不动产原值超过50%的，其进项税额依照本办法有关规定分2年从销项税额中抵扣。

不动产原值，是指取得不动产时的购置原价或作价。

上述分2年从销项税额中抵扣的购进货物，是指构成不动产实体的材料和设备，包括建筑装饰材料和给排水、采暖、卫生、通风、照明、通信、煤气、消防、中央空调、电梯、电气、智能化楼宇设备及配套设施。

第四条　纳税人按照本办法规定从销项税额中抵扣进项税额，应取得2016年5月1日后开具的合法有效的增值税扣税凭证。

上述进项税额中，60%的部分于取得扣税凭证的当期从销项税额中抵扣；40%的部分为待抵扣进项税额，于取得扣税凭证的当月起第13个月从销项税额中抵扣。

第五条　购进时已全额抵扣进项税额的货物和服务，转用于不动产在建工程的，其已抵扣进项税额的40%部分，应于转用的当期从进项税额中扣减，计入待抵扣进项税额，并于转用的当月起第13个月从销项税额中抵扣。

第六条　纳税人销售其取得的不动产或者不动产在建工程时，尚未抵扣完毕的待抵扣进项税额，允许于销售的当期从销项税额中抵扣。

第七条　已抵扣进项税额的不动产，发生非正常损失，或者改变用途，专用于简易计税方法计税项目、免征增值税项目、集体福利或者个人消费的，按照下列公式计算不得抵扣的进项税额：

不得抵扣的进项税额 =（已抵扣进项税额 + 待抵扣进项税额）×不动产净值率

不动产净值率 =（不动产净值 ÷ 不动产原值）×100%

不得抵扣的进项税额小于或等于该不动产已抵扣进项税额的，应于该不动产改变用途的当期，将不得抵扣的进项税额从进项税额中扣减。

不得抵扣的进项税额大于该不动产已抵扣进项税额的，应于该不动产改变用途的当期，将已抵扣进项税额从进项税额中扣减，并从该不动产待抵扣进项税额中扣减不得抵扣进项税额与已抵扣进项税额的差额。

第八条　不动产在建工程发生非正常损失的，其所耗用的购进货物、设计服务和建筑服务已抵扣的进项税额应于当期全部转出；其待抵扣进项税额不得抵扣。

第九条　按照规定不得抵扣进项税额的不动产，发生用途改变，用于允许抵扣进项税额项目的，按照下列公式在改变用途的次月计算可抵扣进项税额。

可抵扣进项税额 = 增值税扣税凭证注明或计算的进项税额 × 不动产净值率

依照本条规定计算的可抵扣进项税额，应取得 2016 年 5 月 1 日后开具的合法有效的增值税扣税凭证。

按照本条规定计算的可抵扣进项税额，60% 的部分于改变用途的次月从销项税额中抵扣，40% 的部分为待抵扣进项税额，于改变用途的次月起第 13 个月从销项税额中抵扣。

第十条　纳税人注销税务登记时，其尚未抵扣完毕的待抵扣进项税额于注销清算的当期从销项税额中抵扣。

第十一条　待抵扣进项税额记入“应交税金——待抵扣进项税额”科目核算，并于可抵扣当期转入“应交税金——应交增值税（进项税额）”科目。

对不同的不动产和不动产在建工程，纳税人应分别核算其待抵扣进项税额。

第十二条　纳税人分期抵扣不动产的进项税额，应据实填报增值税纳税申报表附列资料。

第十三条　纳税人应建立不动产和不动产在建工程台账，分别记录并归集不动产和不动产在建工程的成本、费用、扣税凭证及进项税额抵扣情况，留存备查。

用于简易计税方法计税项目、免征增值税项目、集体福利或者个人消费的不动产和不动产在建工程，也应在纳税人建立的台账中记录。

第十四条　纳税人未按照本办法有关规定抵扣不动产和不动产在建工程进项税额的，主管税务机关应按照《中华人民共和国税收征收管理法》及有关规定进行处理。

附录 5

国家税务总局关于发布《纳税人提供不动产经营租赁服务增值税征收管理暂行办法》的公告

国家税务总局公告

财税【2016】16 号

国家税务总局制定了《纳税人提供不动产经营租赁服务增值税征收管理暂行办法》，现予以公布，自 2016 年 5 月 1 日起施行。

特此公告。

国家税务总局

2016 年 3 月 31 日

纳税人提供不动产经营租赁服务增值税征收管理暂行办法

第一条 根据《财政部 国家税务总局关于全面推开营业税改征增值税试点的通知》（财税【2016】36 号）及现行增值税有关规定，特制定本办法。

第二条 纳税人以经营租赁方式出租其取得的不动产（以下简称出租不动产），适用本办法。

取得的不动产，包括以直接购买、接受捐赠、接受投资入股、自建以及抵债等各种形式取得的不动产。

纳税人提供道路通行服务不适用本办法。

第三条 一般纳税人出租不动产，按照以下规定缴纳增值税：

（一）一般纳税人出租其 2016 年 4 月 30 日前取得的不动产，可以选择适用简易计税方法，按照 5% 的征收率计算应纳税额。

不动产所在地与机构所在地不在同一县（市、区）的，纳税人应按照上述计税方法向不动产所在地主管国税机关预缴税款，向机构所在地主管国税机关申报纳税。

不动产所在地与机构所在地在同一县（市、区）的，纳税人向机构所在地主管国税机关申报纳税。

（二）一般纳税人出租其 2016 年 5 月 1 日后取得的不动产，适用一般计税方法计税。

不动产所在地与机构所在地不在同一县（市、区）的，纳税人应按照 3% 的预征率向不动产所在地主管国税机关预缴税款，向机构所在地主管国税机关申报纳税。

不动产所在地与机构所在地在同一县（市、区）的，纳税人应向机构所在地主管国税机关申报纳税。

一般纳税人出租其 2016 年 4 月 30 日前取得的不动产适用一般计税方法计税的，按照上述规定执行。

第四条 小规模纳税人出租不动产，按照以下规定缴纳增值税：

（一）单位和个体工商户出租不动产（不含个体工商户出租住房），按照 5% 的征收率计算应纳税额。个体工商户出租住房，按照5%的征收率减按1.5%计算应纳税额。

不动产所在地与机构所在地不在同一县（市、区）的，纳税人应按照上述计税方法向不动产所在地主管国税机关预缴税款，向机构所在地主管国税机关申报纳税。

不动产所在地与机构所在地在同一县（市、区）的，纳税人应向机构所在地主管国税机关申报纳税。

（二）其他个人出租不动产（不含住房），按照5%的征收率计算应纳税额，向不动产所在地主管地税机关申报纳税。其他个人出租住房，按照5%的征收率减按1.5%计算应纳税额，向不动产所在地主管地税机关申报纳税。

第五条　纳税人出租的不动产所在地与其机构所在地在同一直辖市或计划单列市但不在同一县（市、区）的，由直辖市或计划单列市国家税务局决定是否在不动产所在地预缴税款。

第六条　纳税人出租不动产，按照本办法规定需要预缴税款的，应在取得租金的次月纳税申报期或不动产所在地主管国税机关核定的纳税期限预缴税款。

第七条　预缴税款的计算

（一）纳税人出租不动产适用一般计税方法计税的，按照以下公式计算应预缴税款：

$$\text{应预缴税款} = \text{含税销售额} \div (1+11\%) \times 3\%$$

（二）纳税人出租不动产适用简易计税方法计税的，除个人出租住房外，按照以下公式计算应预缴税款：

$$\text{应预缴税款} = \text{含税销售额} \div (1+5\%) \times 5\%$$

（三）个体工商户出租住房，按照以下公式计算应预缴税款：

$$\text{应预缴税款} = \text{含税销售额} \div (1+5\%) \times 1.5\%$$

第八条　其他个人出租不动产，按照以下公式计算应纳税款：

（一）出租住房：

$$\text{应纳税款} = \text{含税销售额} \div (1+5\%) \times 1.5\%$$

（二）出租非住房：

$$\text{应纳税款} = \text{含税销售额} \div (1+5\%) \times 5\%$$

第九条　单位和个体工商户出租不动产，按照本办法规定向不动产所在地主管国税机关预缴税款时，应填写《增值税预缴税款表》。

第十条　单位和个体工商户出租不动产，向不动产所在地主管国税机关预缴的增值税款，可以在当期增值税应纳税额中抵减，抵减不完的，结转下期继续抵减。

纳税人以预缴税款抵减应纳税额，应以完税凭证作为合法有效凭证。

第十一条　小规模纳税人中的单位和个体工商户出租不动产，不能自行开具增值税发票的，可向不动产所在地主管国税机关申请代开增值税发票。

其他个人出租不动产，可向不动产所在地主管地税机关申请代开增值税发票。

第十二条　纳税人向其他个人出租不动产，不得开具或申请代开增值税专用发票。

第十三条　纳税人出租不动产，按照本办法规定应向不动产所在地主管国税机关预缴税款而自应当预缴之月起超过6个月没有预缴税款的，由机构所在地主管国税机关按照《中华人民共和国税收征收管理法》及相关规定进行处理。

纳税人出租不动产，未按照本办法规定缴纳税款的，由主管税务机关按照《中华人民共和国税收征收管理法》及相关规定进行处理。

附录6

国家税务总局关于发布《纳税人跨县（市、区）提供建筑服务增值税征收管理暂行办法》的公告

国家税务总局公告

财税【2016】17号

国家税务总局制定了《纳税人跨县（市、区）提供建筑服务增值税征收管理暂行办法》，现予以公布，自2016年5月1日起施行。

特此公告。

国家税务总局

2016年3月31日

纳税人跨县（市、区）提供建筑服务增值税征收管理暂行办法

第一条　根据《财政部 国家税务总局关于全面推开营业税改征增值税试点的通知》（财税【2016】36号）及现行增值税有关规定，特制定本办法。

第二条　本办法所称跨县（市、区）提供建筑服务，是指单位和个体工商户（以下简称纳税人）在其机构所在地以外的县（市、区）提供建筑服务。

纳税人在同一直辖市、计划单列市范围内跨县（市、区）提供建筑服务的，由直辖市、计划单列市国家税务局决定是否适用本办法。

其他个人跨县（市、区）提供建筑服务，不适用本办法。

第三条　纳税人跨县（市、区）提供建筑服务，应按照财税【2016】36号文件规定的纳税义务发生时间和计税方法，向建筑服务发生地主管国税机关预缴税款，向机构所在地主管国税机关申报纳税。

《建筑工程施工许可证》未注明合同开工日期，但建筑工程承包合同注明的开工日期在2016年4月30日前的建筑工程项目，属于财税【2016】36号文件规定的可以选择简易计税方法计税的建筑工程老项目。

第四条　纳税人跨县（市、区）提供建筑服务，按照以下规定预缴税款：

（一）一般纳税人跨县（市、区）提供建筑服务，适用一般计税方法计税的，以取得的全部价款和价外费用扣除支付的分包款后的余额，按照2%的预征率计算应预缴税款。

（二）一般纳税人跨县（市、区）提供建筑服务，选择适用简易计税方法计税的，以取得的全部价款和价外费用扣除支付的分包款后的余额，按照3%的征收率计算应预缴税款。

（三）小规模纳税人跨县（市、区）提供建筑服务，以取得的全部价款和价外费用扣除支付的分包款后的余额，按照3%的征收率计算应预缴税款。

第五条　纳税人跨县（市、区）提供建筑服务，按照以下公式计算应预缴税款：

（一）适用一般计税方法计税的，应预缴税款＝（全部价款和价外费用－支付的分

包款）÷（1+11%）×2%

（二）适用简易计税方法计税的，应预缴税款 =（全部价款和价外费用 - 支付的分包款）÷（1+3%）×3%

纳税人取得的全部价款和价外费用扣除支付的分包款后的余额为负数的，可结转至下次预缴税款时继续扣除。

纳税人应按照工程项目分别计算应预缴税款，分别预缴。

第六条　纳税人按照上述规定从取得的全部价款和价外费用中扣除支付的分包款，应当取得符合法律、行政法规和国家税务总局规定的合法有效凭证，否则不得扣除。

上述凭证是指：

（一）从分包方取得的2016年4月30日前开具的建筑业营业税发票。

上述建筑业营业税发票在2016年6月30日前可作为预缴税款的扣除凭证。

（二）从分包方取得的2016年5月1日后开具的，备注栏注明建筑服务发生地所在县（市、区）、项目名称的增值税发票。

（三）国家税务总局规定的其他凭证。

第七条　纳税人跨县（市、区）提供建筑服务，在向建筑服务发生地主管国税机关预缴税款时，需提交以下资料：

（一）《增值税预缴税款表》；

（二）与发包方签订的建筑合同原件及复印件；

（三）与分包方签订的分包合同原件及复印件；

（四）从分包方取得的发票原件及复印件。

第八条　纳税人跨县（市、区）提供建筑服务，向建筑服务发生地主管国税机关预缴的增值税税款，可以在当期增值税应纳税额中抵减，抵减不完的，结转下期继续抵减。

纳税人以预缴税款抵减应纳税额，应以完税凭证作为合法有效凭证。

第九条　小规模纳税人跨县（市、区）提供建筑服务，不能自行开具增值税发票的，可向建筑服务发生地主管国税机关按照其取得的全部价款和价外费用申请代开增值税发票。

第十条　对跨县（市、区）提供的建筑服务，纳税人应自行建立预缴税款台账，区分不同县（市、区）和项目逐笔登记全部收入、支付的分包款、已扣除的分包款、扣除分包款的发票号码、已预缴税款以及预缴税款的完税凭证号码等相关内容，留存备查。

第十一条　纳税人跨县（市、区）提供建筑服务预缴税款时间，按照财税【2016】36号文件规定的纳税义务发生时间和纳税期限执行。

第十二条　纳税人跨县（市、区）提供建筑服务，按照本办法应向建筑服务发生地主管国税机关预缴税款而自应当预缴之月起超过6个月没有预缴税款的，由机构所在地主管国税机关按照《中华人民共和国税收征收管理法》及相关规定进行处理。

纳税人跨县（市、区）提供建筑服务，未按照本办法缴纳税款的，由机构所在地主管国税机关按照《中华人民共和国税收征收管理法》及相关规定进行处理。

附录7

国家税务总局关于发布《房地产开发企业销售自行开发的房地产项目增值税征收管理暂行办法》的公告

国家税务总局公告

财税【2016】18号

国家税务总局制定了《房地产开发企业销售自行开发的房地产项目增值税征收管理暂行办法》，现予以公布，自2016年5月1日起施行。

特此公告。

国家税务总局

2016年3月31日

房地产开发企业销售自行开发的房地产项目增值税征收管理暂行办法

第一章 适用范围

第一条 根据《财政部 国家税务总局关于全面推开营业税改征增值税试点的通知》（财税【2016】36号）及现行增值税有关规定，特制定本办法。

第二条 房地产开发企业销售自行开发的房地产项目，适用本办法。

自行开发，是指在依法取得土地使用权的土地上进行基础设施和房屋建设。

第三条 房地产开发企业以接盘等形式购入未完工的房地产项目继续开发后，以自己的名义立项销售的，属于本办法规定的销售自行开发的房地产项目。

第二章 一般纳税人征收管理

第一节 销售额

第四条 房地产开发企业中的一般纳税人（以下简称一般纳税人）销售自行开发的房地产项目，适用一般计税方法计税，按照取得的全部价款和价外费用，扣除当期销售房地产项目对应的土地价款后的余额计算销售额。销售额的计算公式如下：

销售额 =（全部价款和价外费用 - 当期允许扣除的土地价款）÷（1 +11%）

第五条 当期允许扣除的土地价款按照以下公式计算：

当期允许扣除的土地价款 =（当期销售房地产项目建筑面积 ÷ 房地产项目可供销售建筑面积）× 支付的土地价款

当期销售房地产项目建筑面积，是指当期进行纳税申报的增值税销售额对应的建筑面积。

房地产项目可供销售建筑面积，是指房地产项目可以出售的总建筑面积，不包括销售房地产项目时未单独作价结算的配套公共设施的建筑面积。

支付的土地价款，是指向政府、土地管理部门或受政府委托收取土地价款的单位直接支付的土地价款。

第六条 在计算销售额时从全部价款和价外费用中扣除土地价款，应当取得省级以上（含省级）财政部门监（印）制的财政票据。

第七条　一般纳税人应建立台账登记土地价款的扣除情况，扣除的土地价款不得超过纳税人实际支付的土地价款。

第八条　一般纳税人销售自行开发的房地产老项目，可以选择适用简易计税方法按照5%的征收率计税。一经选择简易计税方法计税的，36个月内不得变更为一般计税方法计税。

房地产老项目，是指：

（一）《建筑工程施工许可证》注明的合同开工日期在2016年4月30日前的房地产项目；

（二）《建筑工程施工许可证》未注明合同开工日期或者未取得《建筑工程施工许可证》但建筑工程承包合同注明的开工日期在2016年4月30日前的建筑工程项目。

第九条　一般纳税人销售自行开发的房地产老项目适用简易计税方法计税的，以取得的全部价款和价外费用为销售额，不得扣除对应的土地价款。

第二节　预缴税款

第十条　一般纳税人采取预收款方式销售自行开发的房地产项目，应在收到预收款时按照3%的预征率预缴增值税。

第十一条　应预缴税款按照以下公式计算：

应预缴税款＝预收款÷（1＋适用税率或征收率）×3%

适用一般计税方法计税的，按照11%的适用税率计算；适用简易计税方法计税的，按照5%的征收率计算。

第十二条　一般纳税人应在取得预收款的次月纳税申报期向主管国税机关预缴税款。

第三节　进项税额

第十三条　一般纳税人销售自行开发的房地产项目，兼有一般计税方法计税、简易计税方法计税、免征增值税的房地产项目而无法划分不得抵扣的进项税额的，应以《建筑工程施工许可证》注明的“建设规模”为依据进行划分。

不得抵扣的进项税额＝当期无法划分的全部进项税额×（简易计税、免税房地产项目建设规模÷房地产项目总建设规模）

第四节　纳税申报

第十四条　一般纳税人销售自行开发的房地产项目适用一般计税方法计税的，应按照《营业税改征增值税试点实施办法》（财税【2016】36号文件印发，以下简称《试点实施办法》）第四十五条规定的纳税义务发生时间，以当期销售额和11%的适用税率计算当期应纳税额，抵减已预缴税款后，向主管国税机关申报纳税。未抵减完的预缴税款可以结转下期继续抵减。

第十五条　一般纳税人销售自行开发的房地产项目适用简易计税方法计税的，应按照《试点实施办法》第四十五条规定的纳税义务发生时间，以当期销售额和5%的征收率计算当期应纳税额，抵减已预缴税款后，向主管国税机关申报纳税。未抵减完的预缴税款可以结转下期继续抵减。

第五节　发票开具

第十六条　一般纳税人销售自行开发的房地产项目，自行开具增值税发票。

第十七条　一般纳税人销售自行开发的房地产项目，其 2016 年 4 月 30 日前收取并已向主管地税机关申报缴纳营业税的预收款，未开具营业税发票的，可以开具增值税普通发票，不得开具增值税专用发票。

第十八条　一般纳税人向其他个人销售自行开发的房地产项目，不得开具增值税专用发票。

第三章　小规模纳税人征收管理

第一节　预缴税款

第十九条　房地产开发企业中的小规模纳税人（以下简称小规模纳税人）采取预收款方式销售自行开发的房地产项目，应在收到预收款时按照 3% 的预征率预缴增值税。

第二十条　应预缴税款按照以下公式计算：

$$应预缴税款 = 预收款 \div (1 + 5\%) \times 3\%$$

第二十一条　小规模纳税人应在取得预收款的次月纳税申报期或主管国税机关核定的纳税期限向主管国税机关预缴税款。

第二节　纳税申报

第二十二条　小规模纳税人销售自行开发的房地产项目，应按照《试点实施办法》第四十五条规定的纳税义务发生时间，以当期销售额和 5% 的征收率计算当期应纳税额，抵减已预缴税款后，向主管国税机关申报纳税。未抵减完的预缴税款可以结转下期继续抵减。

第三节　发票开具

第二十三条　小规模纳税人销售自行开发的房地产项目，自行开具增值税普通发票。购买方需要增值税专用发票的，小规模纳税人向主管国税机关申请代开。

第二十四条　小规模纳税人销售自行开发的房地产项目，其 2016 年 4 月 30 日前收取并已向主管地税机关申报缴纳营业税的预收款，未开具营业税发票的，可以开具增值税普通发票，不得申请代开增值税专用发票。

第二十五条　小规模纳税人向其他个人销售自行开发的房地产项目，不得申请代开增值税专用发票。

第四章　其他事项

第二十六条　房地产开发企业销售自行开发的房地产项目，按照本办法规定预缴税款时，应填报《增值税预缴税款表》。

第二十七条　房地产开发企业以预缴税款抵减应纳税额，应以完税凭证作为合法有效凭证。

第二十八条　房地产开发企业销售自行开发的房地产项目，未按本办法规定预缴或缴纳税款的，由主管国税机关按照《中华人民共和国税收征收管理法》及相关规定进行处理。